古写真・絵葉書で旅する東アジア150年

村松弘一・貴志俊彦［編］

勉誠出版

旅のはじめに

村松弘一

セピア色の古写真・絵葉書には「懐かしさ」や「ノスタルジー」という言葉がよく似合う。ある風景の一瞬をそのまま切り取り、その瞬間を一五〇年の後の人々にも伝えることができる。そんな古写真や絵葉書と同じアングルから撮影した今の写真を並べてみる。すると、そこから現れてくるものは、その街や建物、そして、そこに生きた人々が明治時代以降現在に至るまでに過ごした一五〇年という時間の変化である。

本書では学習院大学が所蔵する資料を活用して、読者のみなさんに、そういった時間旅行をしてもらいたいと思う。

学習院大学では、現在、約三二〇〇枚のアジアの古写真・絵葉書を所蔵している。それらは戦前の旧制学習院時代の教材として利用されたものと、近年積極的に収集してきた明治以降の絵葉書・古写真（集）に分類される。旧制学習院は一八七七年に華族子弟のための教育機関として開学したが、近衛篤麿《このえあつまろ》（一八六三～一九〇四）が院長となったことや「東洋諸国の歴史」（東洋史）の講義を日本で初めておこなった白鳥庫吉《しらとりくらきち》（一八六五～一九四二）、市村《いちむら》瓚《さん》次郎《じろう》（一八六四～一九四七）、塩谷温《しおのやおん》（一八七八～一九六二）ら多くの東洋学者が在職していたこともあり、その教育の視野は早くからアジアへと向けられていた。一九一八年から満洲や朝鮮・台湾などへの「海外修学旅行」がおこなわれ、また、一八九九年から中国・台湾・朝鮮の学生の受け入れもはじまった。旧制学習院の古写真・絵葉書は、東洋史の授業やアジアへの修学旅行の事前授業の教材として利用されたのである。現在、学習院大学が所蔵する旧制学習院の古写真・絵葉書資料には以下の五つのコレクションがある。

①「満洲及び朝鮮風景風俗」写真（学習院大学図書館所蔵）
一九〇六年に学習院図書館に収められた写真。白鳥庫吉が収集にかかわったと考えられる。四一七枚。

②高松宮宣仁親王下賜台湾絵葉書帖資料（学習院大学史料館所蔵）
関東大震災によって甚大な被害を被った「学習院歴史地理標本室」の再興のため、一九二四年に高松宮宣仁《たかまつのみやのぶひと》親王《しんのう》（一九〇五～八七）から寄贈された。台湾絵葉書は一八七枚あり、消印は押されておらず、コレクションとして高松宮家に収められていたものである。

③石田幹之助収集満洲及支那各地絵葉書資料（学習院大学史料館所蔵）
②と同様、「学習院歴史地理標本室」の再興のため、一九二四年に石田幹之助《いしだみきのすけ》（一八九一～一九七四）から寄贈された。石田は白鳥庫吉の教えを受け、『長安の春』を著した有名な東洋史研究者である。済南・青島《チンタオ》・天津・大連・奉天・京城・漢口・上海・撫順《ぶじゅん》・旅順などの絵葉書を含む。③④合計で五七五枚にのぼる。

④板澤武雄収集絵葉書資料（学習院大学史料館所蔵）

学習院教授で日本近世史の研究者であった板澤武雄《いたざわたけお》（一八九五〜一九六二）が所有していたアジアの絵葉書。

⑤ガラス乾板資料（学習院大学史料館所蔵）

ガラス乾板の資料は教材として利用されたもので、全体で七七枚あり、仏領インドシナ・中国・朝鮮のものを含む。中央アジア史研究者で学習院の教員であった大谷勝真が収集に関わった可能性がある。

このような様々な人々の協力を得て収集された旧制学習院アジア古写真・絵葉書コレクションは全体で約一二〇〇枚にものぼる。そのうち三〇〇枚あまりはすでに『アジアを見る――学習院大学所蔵古写真・絵葉書・ガラス乾板』（学習院大学、二〇一五年）として整理・公刊され、また、その一部は学習院大学史料館および学習院大学東洋文化研究所のホームページ内のバーチャルミュージアムにて公開されており、誰でも閲覧することができる。

これら旧制学習院時代の古写真・絵葉書に関する研究の成果を踏まえ、学習院大学国際研究教育機構では、二〇一五年から三年にわたって「東アジアの都市における歴史遺産の保護と破壊――古写真と旅行記が語る近代」プロジェクトを実施した。このプロジェクトでは、より広い視野から古写真・絵葉書資料を東アジアの諸都市の一五〇年の変化に関する研究に活用することを目指し、新たに二〇〇〇枚以上のアジア絵葉書資料を収集し、コレクションを充実させた。それに加え、旧制学習院図書館から所蔵している『北京写真帖』『震旦旧跡図彙』『支那大観』『朝鮮風俗風景写真帖』などの写真帳の類や、また、一八九〇年創刊の学習院の学生・教員が寄稿する『輔仁会雑誌』に掲載された「北支那紀行」「満鮮旅行記」「中支那の旅」などの旅行記・日誌を日本人が見たアジアの都市の風景を知る資料として利用した。さらに、担当研究者が絵葉書・古写真の現場に赴き、同じアングルから撮影し、古地図と比較する現地調査をおこなった。その成果はインターネット上の「バーチャルミュージアム」や特別展覧会「旅をしぞ思ふ――戦前の絵葉書にみる東アジアの都市景観」（東京芸術劇場アトリエウエスト、二〇一六年）によって少しずつ公開してきた。

本書はこのプロジェクトで近年新たに収集した未公開の学習院大学新規コレクションから三〇〇枚以上の古写真・絵葉書を取り上げてまとめたものである。中国東北部・華北・華南・台湾・朝鮮半島の二五都市の三〇〇以上の風景から読み取れるものは何か。それぞれの街の風景や建物が一五〇年でどう変わったのか、変わらないでいるのかを、じっくりと本書で御覧いただきたい。そして、もし、可能であるならば、是非、本書を片手に東アジアの都市をめぐっていただきたい。絵葉書の風景がそのまま残っているところもあれば、古写真の建物がカフェやデパートになっている場所もある。現地で感じることによって皆さんには一五〇年という時間にどれだけの日本人や現地の人々がそこで悩み、生きてきたのか。それをそれぞれの心の中で考えていただければと思う。

また、本書では現代日本人が描くアニメや漫画・映画に見えるアジアの諸都市についてもふれている。アジアの歴史書というと、どことなくとっつきにくい感じもするが、それらの漫画やアニメから気軽に都市の歴史に興味を持ち、改めて本書を持ってアジアを旅してほしい。

明治37年戦役紀念郵便絵葉書
第1回発行（個人蔵・A）

絵葉書の誕生

長佐古美奈子

レンズを通して、「真」を写し出す写真術は、一八三九年に発明され、四年後の四三年には長崎に写真機材が上陸した。幕末期には長崎、横浜などで写真館が次々と開業し、日本の風景や風俗が「真の日本」として海外へ旅立った。

明治を迎え、近代的郵便制度が一八七一年に始まり、二年後の七三年には早くも「官製葉書」が誕生する。郵便制度の産みの親である前島密《まえじまひそか》（一八三五〜一九一九）は、一八六九年にオーストラリアで発行され、大変な人気を博していた低額の簡易郵便「Correspondenz-Karte」が、郵便制度定着への決め手となると考えた。すなわち、「紙」を購入すれば、そのまま配達されるという「官製葉書」を、素早く導入したのである。

日本で最初の官製葉書は二つ折りの「封箋葉書」とよばれる形態であった。紙が薄く、そのままでは送れなかったためとも、内容を読まれたくないためともいわれる。一八七五年になって現在と同じような形態の葉書が登場した。

その官製葉書に絵を描くことで、文字だけでは語り尽くせないものを、速やかに伝達出来ることに人々が思い至るまで、さほどの時間は要さなかった。絵葉書の誕生である。

制度としての「絵葉書」の始まりは、一九〇〇年一〇月一日、郵便法制定により「私製葉書」の使用が認められるようになってからのことである。官製葉書大の紙（約九〇ミリ×約一四〇ミリ）に「切手」を貼れば郵便として、日本全国あるいは外国にまで届けることが出来たのである。業者は葉書大の紙に絵や写真を刷り込んで「絵葉書」として販売し、消費者は宛名面に文を書き（注：宛名面に文章が記載できるようになったのは一九〇七年からである）切手を貼って出すことができるようになった。

一九〇四年に始まった日露戦争をきっかけに、絵葉書の大ブームが到来する。同年九月五日、逓信《ていしん》省が「明治三十七年戦役紀念絵葉書」を発行するやいなや、瞬く間に売り切れた。郵便局窓口は殺到した群衆で混乱し、怪我人や死者まで出たという。逓信省はこの後八回に渡り一七種類の日露戦争記念絵葉書を発行した。また同時期に民間業者も戦地への慰問用として、多種多様な絵葉書を発行した。また戦地からも軍事絵葉書が届き、戦地の様子を秘かに伝えた。このように絵葉書は信書としてだけではなく、メディアとしての役割も担った。新聞や雑誌が難解な文章を細かい活字で伝えたのに対し、絵葉書は絵や写真を用いた、わかりやすい報道媒体であった。

絵葉書が得意とした画面は風景・風俗である。「真」として写された風景・風俗写真を印刷した絵葉書は、ヴィジュアルメディアとして、土産物として大量に生産された。

本書に掲載された絵葉書からも、そのヴィジュアルメディアとしての役割を大いに感じ取ることが出来るのである。

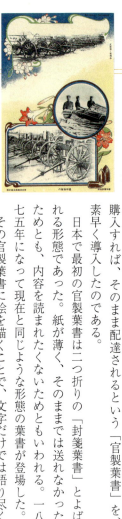

本書とあわせて――絵葉書・古写真データベースの利用

貴志俊彦

本書は、学習院大学が所蔵する絵葉書コレクションから、戦前期の東アジアを中心に三〇〇点以上を厳選して、都市別にその分析を進めている。ここでは、本書掲載の絵葉書に関連した図像を参照する場合を考えて、ウェブサイトに公開（無料）されている二つの絵葉書データベースを紹介しておきたい。

・East Asia Image Collection (EAIC)
（https://dss.lafayette.edu/collections/east-asia-image-collection/）

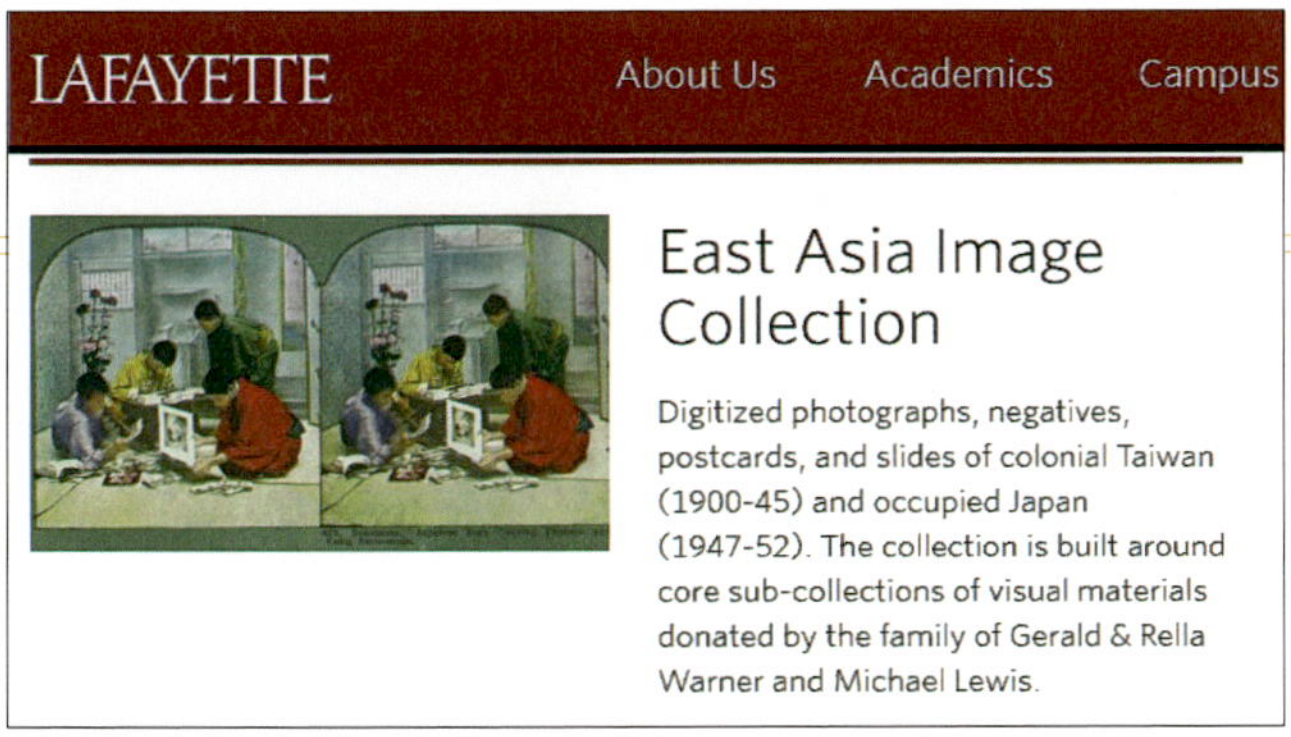

East Asia Image Collection（Lafayette College, USA）

全米でもっとも利用されている東アジア絵葉書データベースが、このEAICである。二〇〇二年に公開されたEAICには、大日本帝国期（一八六八～一九四五）の東アジア各地域のみならず、占領期日本（一九四七～五二）を含めて、二一のコレクションに分けられた六八三〇点の絵葉書、写真、絵図などが含まれている。なかでも、中核をしめているのが、国務省極東局に勤務していたジェラルド・ワーナー（Gerald Warner：在任期間一九三一～五二）夫妻のコレクションである。ワーナー・コレクションには、戦後直後の東アジアの様子が描写されており、興味をかきたてられる。

このデータベースの運用責任者が、ラファイエット大学のポール・バークレー（Paul D. Barclay）教授である。学習院大学でも、二〇一三年六月にバークレー教授を招いて、「図画像資料研究の可能性――East Asian Image Collections 絵葉書データベースをめぐって」と題する講演会を実施したことがある。

なお、バークレー教授が二〇一七年に公刊した『帝国のはぐれもの（*Outcasts of Empire: Japan's Rule on Taiwan's "Savage Border," 1874-1945*）』は、台湾原住民に関する膨大な絵葉書を利用、分析した意欲作である。絵葉書研究の新境地を開拓したものとして、あわせて一読をすすめたい。

・戦前期東アジア絵はがきデータベース
（http://app.cias.kyoto-u.ac.jp/infolib/meta_pub/G0000022PPC）

戦前の日本内地、中国、満洲、台湾、朝鮮、樺太、南洋、極東シベリアを題材にした絵葉書約二五〇〇点を収録している。筆者たちが、これを公開した二〇〇五年当時においては、日本における絵葉書データベースの先駆的試みであったが、いまや所蔵点数、検索システムを含めて更新する時期になっている。その打開策の一つが、本書末尾「旅のおわりに」で言及している絵葉書データベースの日米連携の試みである。

また、公益財団法人東洋文庫とともに構築した『亜東印画輯』データベース（http://www.tbcas.jp/ja/lib/lib3/）、『亜細亜大観』データベース（http://www.tbcas.jp/ja/lib/lib4/）は、戦前の東アジアの古写真を収録している。

【もくじ】

東アジア地図

凡例

・本書は、学習院大学国際研究教育機構のプロジェクト、日本私立学校振興・共済事業団学術研究振興資金「東アジアの都市における歴史遺産の保護と破壊――古写真と旅行記が語る近代」（二〇一五～一七年度）による研究成果の一部である。

・図版キャプションでは所蔵機関を下記の略号で示した。【学】：学習院大学所蔵（国際研究教育機構にて収集）、【図】：学習院大学図書館所蔵、【史】：学習院大学史料館所蔵。

・絵葉書の発行年はオモテ面（宛名を書く面）の情報に基づいて下記の期間に分け、図版キャプションではA～Dの記号で記した。A：一九〇〇～〇七年、B：一九〇七～一八年、C：一九一八～三三年、D：一九三三～四五年。なお、発行年の特定が出来ないものは「不明」とする。

・文字表記に関して、旧漢字は新漢字に改め、引用史料における旧仮名遣いは現代仮名遣いに改めた。ただし、人名に関してはこの限りではない。

・引用文や図版のタイトルには、現代において不適切と思われる用語が含まれるが、歴史的・学術的観点から史料としての性格を考慮し、そのままにした。

・地図では、現在の施設・建物の名称を記載し領域を実線で示した。戦前の施設・建物については、名称を〔　〕でくくり、現存する場合は実線で、現存しない場合は点線で領域を示した。

中国東北部（旧満洲）を旅する

現在は黒竜江省、吉林省、遼寧省の「東三省」を指すが、戦前の満洲は内モンゴル自治区東部、河北省の東北部も含んでいた。この地は山地と平野がほぼ同じ面積を占め、鉱産資源にも恵まれている。山地では森林率が高く、全国の木材生産量の3分の1以上を占め、平野は全国有数の穀倉地帯である。古くから多くの民族が暮らしてきたが、18世紀後半に入ると、ロシアの脅威を受けた清が移民政策を推し進めたため、漢人の人口が増加した。

日清・日露戦争後に成立した南満洲鉄道株式会社（満鉄）は、大連、奉天（現瀋陽）、新京（現長春）、哈爾濱《ハルビン》などの大都市や、鉄道沿線の附属地を中心として近代的なインフラを整備し、多くの日本人を大連などの近代都市、旅順の戦跡巡り、湯崗子《とうこうし》（鞍山《あんざん》）などの温泉地へと誘った。

中華人民共和国成立後も、東北部の農村文化、満鉄沿線の都市文化、北方民族の風俗と言語を融合した多元的文化を包摂する「東北文化」が、東北人のアイデンティティを支えている。ただ、今日、ユネスコの世界遺産に指定されているのは、高句麗前期の都城と古墳など数少ない。

[大連埠頭待合所[現・大連港候船庁]]（【学】D）→地図A－①　航路で大連を訪れる、あるいは大連を経由して大陸各地に赴く旅人を最初に迎えたのが大連埠頭であった。（詳しくは本書14頁参照）

大連 「満蒙」の玄関口

Dalian

もともと青泥窪《チンニーワ》と呼ばれていた村落は、一八九八年に帝政ロシアが租借権を得ると、遠方を意味する「ダーリニー」と名付けられ、開発が始まった。一九〇四年の日露戦争を経て日本に租借権が移ると「大連」と改名され、以降一九四五年まで四〇年間、日本による中国東北部支配の拠点となった。

大連を手中に収めた日本は都市開発を継続し、最新テクノロジーの粋を集めた近代都市を建設、大連は満蒙の玄関口として、さらには政治経済の中心地として空前の発展を遂げることとなった。

市街の中心には円形の大広場が設けられ、それを囲むように市庁舎や警察署・ヤマトホテルなど欧米風の建築群が軒を連ねた。広場からはコールタールで舗装された一〇本の幹線道路が放射状に延び、「浪速通《なにわどお》り」「大山通り」など日本風の名前がつけられた。大連埠頭は大連を象徴する存在で、三万トン級の巨大船舶の接岸が可能であり、約五〇〇〇人を収容できる待合所が設けられた。市街には路面電車が縦横に走り、移動はきわめて便利で、路線は星ヶ浦や老虎灘《ろうこたん》といった郊外の行楽地へも延びていた。また大連には南満洲鉄道株式会社（満鉄）があり、その招きによって夏目漱石をはじめ、数多くの文化人、著名人が訪れた。

満鉄は略称で、正式名称は南満洲鉄道株式会社という。総裁と副総裁が日本政府の任命によること、経営を監視する監理官が政府によって置かれていたことなどから、実質的に国策会社であった。一九〇七年四月に営業を開始。日露戦争後のポーツマス講和条約（一九〇五年）でロシアから譲渡された東清鉄道南部（旅順～長春）とその支線、及び鉄道附属地など関連する利権を維持運営していくために設立された。単なる鉄道会社の域を越えて、炭鉱の経営、新聞の発刊、映画制作、ヤマトホテル運営など多角的な経営をおこなった。本社は営業開始当初から大連に置かれていた。

［大連駅（現・大連站）］（上：【学】C　左：2017年筆者撮影）→地図A－②　1937年に竣工。設計は満鉄建築課の太田宗太郎。上野駅とよく似ており、同駅を模して造られたといわれる。出発する乗客はスロープを上がって2階から駅に入り、到着した乗客は1階から出るという先進的なモデルを採用した。大連駅は大連港と並ぶもう一つの玄関口であった。

地図A　大連広域図

中山広場拡大図→

大連大和ホテル屋上ヨリ見タル大連市街　其二　旅順要塞司令部許可済
THE WHOLE VIEW OF DAIREN CITY NO. 2

大広場

大連大広場は帝政ロシア時代、都市建設の総責任者・サハロフ（一八六〇～一九〇四）によって、ダーリニーの心臓部とするべく建設された直径二一三メートルの円形の広場である。設計にはパリのエトワール広場（現在のシャルル・ド・ゴール広場）が参考にされているという。当初は、皇帝・ニコライ二世（一八六八～一九一八）の名にちなみ、ニコライフスカヤ広場と名付けられた。

日露戦争が終わると、一九〇五年、大連大広場と改名される。ここを起点に山県通り、薩摩町、播磨町、大山通りなど一〇本の幹線道路が放射状に延びている。また大広場の周囲には、大連警察署、朝鮮銀行大連支店、関東逓信《ていしん》局、横浜正金銀行大連支店、東洋拓殖大連支店、大連市役所、大連ヤマトホテルなど、日本による植民地支配の象徴となる建物が軒を連ねていた。広場の南方には、大連ヤマトホテルを背に、横浜正金銀行大連支店の方を向いて、初代関東都督・大島義昌《おおしまよしまさ》（一八五〇～一九二六）の銅像が北に向かって立っていた。この立像は一九一四年七月、「大山元帥騎馬像」などの作品で知られる彫刻家

View of the Dairen Municipal Office.

[大連市役所（現・中国工商銀行大連市分行）]（上:【学】C　下:2017年筆者撮影）→地図A－④　設計者の松室重光（1873～1937）は京都の生まれで、東京帝国大学建築学科を卒業後、京都府技師となり、京都武徳殿や京都市庁舎などの設計に携わった。大連市役所は塔屋頂部に祇園祭の山車のイメージが取り入れられているなど、和風のテイストがところどころ見られる。

[大広場(現・中山広場)](【学】C) →地図A－③　大連ヤマトホテル屋上から大広場を眺望。4枚の続きものの絵葉書のうちの2枚。広場越しに、左から朝鮮銀行、関東逓信局、横浜銀行がみえる。四つ目のブロックに建物はないが、奥にみえるのは大連商工会議所。

の新海竹《しんかいたけ》太郎《たろう》（一八六八～一九二七）の手によって制作された。

ソ連の勢力下に入ると、この像はすぐに撤去された。作家の清岡卓行《きよおかたかゆき》（一九二二～二〇〇六）は終戦後三年の間大連にとどまったが、「私は銅像が取り除かれる現場は眼にせず、あとになって、その場所が大きな穴になっている様子だけを眺めた。その穴のなまなましい喪失の形は、象徴的に、日露戦争が大連の日本人の生活の前提であったことを、改めて深く実感させたのであった」（『アカシアの大連』講談社文芸文庫、一九八八年）と感慨を洩らしている。今、銅像の台座は旅順刑務所に保存されているが、本体部分は行方不明である。大広場は日本の敗戦後「中山広場」と改称され、現在に至る。「中山」は中国建国の父・孫文（一八六六～一九二五）の号である。

中国共産党による解放後も、時の市政府はいかに広場の美観を保ち、時代の流れに即応した空間を演出するかに注意を払った。特に、文化大革命後の大改修では噴水、噴水の周囲には八つ花壇を、その外側には一二の植え込みを設け、そのなかにパーゴラ（テラスの上

[大連ヤマトホテル(現・大連賓館)](上:【学】D　下:2017年筆者撮影) →地図A－⑤　大連随一の高級ホテルで、軍部や政財界の要人らが多く投宿した。1909年に起工し、1914年に竣工。115の客室を擁し、食室、舞踏室、玉突室、読書室、酒場などがあった。現在は大連賓館となっている。

部に組む棚。藤棚のようなもの）や管理亭を建て、ガーデンライトやベンチを設置した。

日露戦争以降、一九〇六年七月の「ろせった丸満韓旅行」を皮切りに、満洲は戦跡巡りや最新の近代都市見学のため内地からの旅行者が増加していった。満洲旅行では、神戸や門司から海路で大陸にアクセスするルートがもっともスタンダードなものであり、夏目漱石や志賀直哉、里見弴《とん》といった文学者たちもそのルートで中国に渡ったのである。その場合、大連港——とりわけそこに設けられた埠頭がその出入り口となった。

大連埠頭

大連埠頭はすでにロシア統治期に建設が始まり、第一・第二埠頭の原型ができていたが、斜面や階段状のものであったため大型船舶の停泊に適せず、随時改修を加える必要があった。一九二〇年には第三埠頭が完成、二万トン級の船舶の接岸が可能となり、さらに一九二三年には第二埠頭の改修により三万トン級の巨大船舶が入港可能となった。「大連市歌」に「東亜に誇る大埠頭、欧亜を結ぶ大鉄路」と唄われるように、大連埠頭は大陸への玄関口であるとともに、大連市民の誇りでもあった。

[大連埠頭待合所(現・大連港候船庁)](上:【学】C　下:2013年筆者撮影) →地図A－①　2017年現在、玄関部分は完全に撤去されている。

大連埠頭待合所はその第二埠頭に建てられた建造物である。一九二二年七月に起工し、一九二四年一月に竣工した。鉄筋コンクリート二階建て、五〇三一平方メートル、一階部分は倉庫として利用され、二階部分が待合スペースとして使用された。待合室には大阪商船、大連汽船の乗車券販売部、和洋中の食堂、喫茶店、理髪店、球戯室、新聞雑誌閲覧所、売店、婦人待合室、貴賓室などがあり、収容人数は五〇〇〇人であった。待合所からは船に向けてブリッジが延びており、乗客はブリッジを通って直接船に乗り込むことが可能であった。また待合所の玄関前には埠頭駅が設けられており、ここから市内各所に移動することができた。待合所は一九八〇年一二月二六日の建て替えを経て、現在でも多くの旅客に利用されている。

第二埠頭の前、ちょうど待合所玄関口を見下ろす位置に満鉄大連埠頭事務所があり、大連港の管理を管轄していた。レンガ造り七階建て。竣工当初は大連一の高層建築であり、屋上からの眺望は絶景だった。

旅を語る言葉◉ 大連の大連たる所以の面目は、この埠頭に立つに於《おい》て初めて感得し了解することが出来る、その何千尺と続く埠頭が幾つかに並んで突出し、何十尺かの水深ある岩壁には、黒煙を吐く幾艘の汽船が横付にされて、更に対岸の柳樹屯《りゅうじゅとん》を望んで、渺茫《びょうぼう》たる海中に、長蛇の如く築かれている防波堤、これ等《ら》の壮観を前にし、山の如き堆貨《たいか》が幾十棟の倉庫に入り切らずして、錯雑、重畳と続いているのを後にしては、流石《さすが》に東洋一の貿易港であるということが頷かれる、——金岡助九郎*『満鮮旅行案内記』（駸々《しんしん》堂書店、一九二〇年）一七三頁

＊金岡助九郎…1875～1947。岡山県の教育者。有漢准教員養成所所長、有漢実科高等女学校長などを歴任。

[第二埠頭]（左：【学】C　下：二〇一七年筆者撮影）大連埠頭待合所があった。

[満鉄大連埠頭事務所]（上：【学】C　右下：2017年筆者撮影）→地図A－⑥　現在は大連港集団の事務所。

あの作品の舞台①
ドラマ「坂の上の雲」

司馬遼太郎原作の同名小説を映像化したもの。一回九〇分のテレビドラマが全一三話、三部構成で二〇〇九年一一月から二〇一一年一二月にかけて、特別番組として三年に亘ってＮＨＫで放送された。四国・松山出身の軍人秋山好古・真之兄弟と文学者正岡子規の三人に焦点をあわせながら、近代国家として第一歩を踏み出そうとする明治の日本を「物語の主人公」にした。

小説では第四、五、六巻に大連市内及び周辺の剣山、大連駅、大連港に関する描写があり、ドラマ第三部第一〇話では「ロシア人大連市長が住んでいた官舎」だった満洲軍総司令部の建物及びその周辺の風景が出てくる。しかし、現地ロケがなかったためか、外観は実物とやや違う。

（『坂の上の雲』第一部／発行：ＮＨＫエンタープライズ／販売元：ポニーキャニオン／価格：ＤＶＤ-ＢＯＸ 一万九〇〇〇円（本体）＋税、Blu-ray ＢＯＸ 二万三五〇〇円（本体）＋税／(C)二〇一〇ＮＨＫ）

[児玉町（現・団結街）]（上：【学】C　下：2017年筆者撮影）露西亜町の中心をなす通りである。通りのつきあたりに小さく見えるのは旧満蒙資源館。

[日本橋（現・勝利橋）]（上：【学】B　下：2017年筆者撮影）→地図A－⑦　日本橋の地点にはロシア統治時代にロシア橋がかかっていたが日露戦争後に取り壊され、1908年に日本橋がかけ直された。跨線橋（こせんきょう：鉄道線路を跨ぐ橋）となっており、埠頭から大連駅へと伸びる路線を跨いでいる。橋をわたった突き当りの建物は旧大連図書館、その右に見えるのが旧満鉄工務課。

露西亜町

大広場から北西、関東州逓信局と横浜正金銀行大連支店の間の大山通りをまっすぐ進み、日本橋を越えると、そこには通称「露西亜町」と呼ばれる町があった。これは乃木町、児玉町、山城《やまぎ》町などの一帯を広く呼ぶ呼び方で、正式名称ではなく、大連在住の日本人が用いた通称であった。ここは帝政ロシアがダーリニーの建設を始めた時、最初に建設された市街地である。露西亜町を抜けると海で、そこには大山埠頭（俗に「露西亜町の波止場」と呼ばれた）があり、常時おびただしい数のジャンクが停泊していた。現在では「ロシア風情街」として整備され、観光地化されている。

[満蒙資源館前の広場]（上:【学】B　下:2017年筆者撮影）児玉町（左側の道路）と山城町（右側）を望む。この付近からの眺めを、夏目漱石は「余は石段の上に立って、玄関から一直線に日本橋まで続いている、広い往来を眺めた。大連の日は日本の日よりもたしかに明るく眼の前を照らした。日は遠くに見える、けれども光は近くにある、とでも評したらよかろうと思うほど空気が透き徹って、路も樹も屋根も煉瓦も、それぞれ鮮やかに眸（ひとみ）の中に浮き出した。」（「満韓ところどころ」『夏目漱石全集』7、ちくま文庫、1987年）と描写している。

[満蒙資源館（現在未使用）]（上:【学】D　下:2017年筆者撮影）→地図A－⑧　ロシア統治時代にダーリニー市役所として建てられた。1900年に起工。日露戦争後は、一時的に満鉄本社、満鉄大連医院として使われ、大連ヤマトホテルとして利用されたこともある。1909年に大連を訪れた夏目漱石が宿泊したのもここである。1926年から満洲物資参考館、28年から満蒙資源館となり、満洲の農業、鉱物、木材、魚類などの標本が展示され、観光スポットの一つになっていた。終戦後は大連自然博物館として使われた。

[北公園（現・北海公園）]（左:【学】C　右:2017年筆者撮影）→地図A－⑨　露西亜町の中央に当たる場所にあり、色々な設備を備えた公園であった。園内にはスケートリンク、機械運動場、花園などがあり、入り口近くには水鳥や鶴などがいる金網張りのゲージがあった。現在は北海公園と称している。

【忠霊塔（現・建築芸術館）】（左：【学】D　下：二〇一七年筆者撮影）↓地図A―⑩　公園南部の丘陵上には二五・八メートルの忠霊塔が屹立していた。もともと朝日広場（現三八広場）にあった表忠碑を一九二五年一月に移し、新たに建て替えた。塔は多角面をなし、塔内四隅には納骨堂が設置されていた。埋葬者は日露戦争と満洲事変の戦死者。現在は巨大なサッカーボール型の「建築芸術館」が建つ。背後に見えるのは一九九〇年に建てられた大連テレビタワーである。

中央公園

大連には北公園、弥生ヶ池公園、小村公園などいくつかの公園があったが、そのなかでも中央公園は星ヶ浦公園に次ぐ規模を有するものであり、市内でもっとも歴史のある公園であった。

その名の通り大連のほぼ中央に位置した。かつて「西公園」と称されていたが、都市開発により大連市が西側に拡大すると、一九二六年に中央公園と改められた。元来は西青泥窪《にしチンニーワ》村といい、現地住民の住居が点在する場所であったが、ロシア統治時代、市街地と中国人居住区を分断する目論見もあって造園が決定され、猿や虎の檻などが設えられた。

しかし、この時点ではまだ公園としての体裁をなすには至らなかった。その当時、ロシア側が安藤テルという日本の女性軍事探偵を捕らえ、同公園で飼っていた虎に食わせたという伝説があり、その檻も保存されていたことから、後に「虎公園」「老虎公園」とも呼ばれた。

一九三二年、造園家の折下吉延《おりしもよしのぶ》（一八八一～一九六六）の指導のもと大規模な整備と拡張がおこなわれ、中央公園の全容がほぼ完成した。

同公園にはアカシアを始め、柳、桃、藤等の樹木が植樹され、来訪者の目を楽しませた。また、南から北へ小川が流れ、下流には春日池が設けられた。園内の施設にはテニスコート、乗馬場、スケートリンク、弓道場、野球

旅を語る言葉◉

この公園は、植民地のシンボルとも云《い》う様な、或《ある》特殊の線と、色とを有して居る気持ちの好《よ》いパークである。殊《こと》に其《その》線と色とが強く表れるのは、晩春から初夏の候にかけてである。植民地特有のアカシヤの花が咲き乱れる頃、この公園は全くその馥郁《ふくいく》たる香につつまれてしまう。白く夢の様に咲き乱れるアカシヤの花……そして、甘く軽いデリケートの香りを持つアカシヤの香い《かお［ママ］》……西公園は全く植民地的公園である。そして、この公園は植民地にふさわしい様な、一種のローマンスを持っているのである。――奥野復堂*『満蒙人の性欲と恋愛』（巳羊社、一九三三年）一〇七頁

＊奥野復堂…未詳。「満洲浪人」を名乗る。

場、ボート遊場などのスポーツ施設や植物園、音楽堂、料亭などがあった。背後には緑山、春日山、大仏山の三山があり、山地部分は「野鳥の聖域」に指定されていた。緑山の麓には日露戦争などの戦死者を弔う忠霊塔が建てられていた。これは従来、朝日広場（現三八広場）にあった表忠碑（一九〇八年竣工）を一九二六年に移築したものである。緑山に上ると、大連市街を一望することができ、絶好の行楽地であった。

戦後、中国共産党はソ連の十月革命を記念して、一九四七年一一月一日に名称を「レーニン公園」に改め、さらに一九四九年三月三日、大連市民のボランティアによる大規模な改修を経て「労働公園」と改称した。荷花池（旧春日池）のほとりには名称の由来となった「労働創造世界」（労働が世界を創造する）と記した石碑が建っている。なお、同名の公園は撫順、長春、瀋陽、西安などにも存在する。

また忠霊塔のその後であるが、戦後、忠霊塔は五一塔（五月一日の労働節にちなむ）と改称され、トップに共産主義を象徴する五角星を施されたうえ、大連「解放」を記念するモニュメントとして再利用された。七一年に取り壊されると、八二年、その跡地に円明閣が建てられた。八五年に円明閣が取り壊されると、それに代わって、直径一九・六メートル、高さ二一メートルの、紅白二色の巨大なサッカーボール型の「建築芸術館」ができた。内部には様々な建築物の図形が展示されているという。大連は昔からサッカーが盛んで、現在でもプロサッカーチーム「大連一方足球倶楽部」を擁する「足球城」（サッカーの街）として有名であることから、このようなデザインが採択されたものである。

風光明媚な同公園は、荷花池に咲き誇る蓮花や、端午の節句の前後に開花するアカシヤの花とともに今でも大連市民に親しまれ、憩いの場として活用されている。二〇〇〇年公開の映画「至福のとき」（チャン・イーモウ監督作品、中国語のタイトルは「幸福時光」）の主要ロケ地の一つとなった。

（原信太郎アレシャンドレ）

［現在の労働公園の地図］（二〇一七年筆者撮影）一九九〇年代、公園の南西方面に幹線道路「勝利路」が開通したことにより、公園の規模が縮小された。

［春日池（現・荷花池）へと注ぐせせらぎ］（右：【学】D　左：2017年筆者撮影）大連湾へと注ぐ西青泥窪河（ダルニー河）を利用して整備された。2017年の撮影時は、水が枯れてしまっている。

旅の道標①

大連で才能を開花させた吉川英治

大正時代、多くの日本人が成功を夢見て新興都市・大連に渡っていった。後に大人気作家となる若き日の吉川英治（一八九二～一九六二）もその一人である。

吉川英治は本名・吉川英次。神奈川県久良《くら》岐《き》郡に旧小田原藩士の子として誕生。一八歳で上京、浅草のドブ板長屋に住み、手提げ金庫製作などの仕事をし、その後、輸出用の象《ぞう》嵌《がん》細工を作った。ところが仕事は不振で、貧困に喘ぐこととなる。一九二〇年、商機を求めて大連に渡航したが何一つ上手くいかず、結局、「安ホテル」に逼塞《ひっそく》する羽目になる。

吉川が泊まったのは日本橋（現・勝利橋）南側たもとにあった日本橋ホテルであるが、そこで偶然講談社の懸賞小説募集の記事を目にし、投稿を決意、夜を徹して筆を執った。結果、童話「でこぼこ花瓶」が一等入選、ユーモア小説「馬に狐を乗せ物語」が一等入選、時代小説「縄帯平八」が三等入選、文体や題材が大きく異なる三分野での入賞という天才ぶりを発揮した。その報せを受けたのは、帰国後だった。

最後の小説を投稿した数日後、吉川は母危篤の電報を受け取り、急遽帰国した。最初、大連港へ行ったが便がなく、取って返して大連駅から奉天へ出、朝鮮半島を経由して、海路、帰国した。賞金の七〇〇円は母の医療代や葬儀代になった。

大連で書いた小説のうち、童話小説「でこぼこ花瓶」は次のような話である。陶工見習いのルリーは、師匠が王様に献上するために作った花瓶を壊してしまい、友人のセイジとともに三日三晩でそれに代わるものを作ることを迫られる。そこで彼らが懸命に作り上げたのは大きなでこぼこの花瓶だった。これは意外にも王様の歓心を得て、二人はたくさんの金貨を受け取り、やがて二人は陶工の名人として成長していく。

渾身の力で花瓶づくりに没頭する二人は次のように描かれている。

それから二人は、不思議に気強い気が、して来ました。あと日もないけれども、神様が護って下さる。きっと、出来ると云《い》う心理になって来たのでした。……夜が明けたのも、昼になるのも忘れて、その小屋を閉め切ったまま、夢中に仕事をし続けていましたから、一心は怖ろしいもので、どうやらこうやら、約束の三日目の夕方頃に自分たちの背丈近い大きさの、花瓶の型だけが出来上りました。

（『吉川英治全集第四六巻』講談社）

時間と闘いながら懸命に小説三本を書いている吉川が、自身の姿をそこに重ね合わせているかのようである。この童話の主人公たちと同様、吉川はここ大連で作家としての才能を開花させ、大作家としての道を切り開いたのである。

（原信太郎アレシャンドレ）

[中央郵便局と大山通り]（上:【学】C　下:2017年筆者撮影）右手が日本橋ホテル、大山通りを挟んで左側が大連中央郵便局。現在は大連市財政局となっている。

船と航路

政府による船の定期便が敷設されたのは、一八七五年であった。海外の会社との競合や船の沈没など、さまざまな困難に遭いながらも、日本の汽船会社は、航路の数を増やしていった。以下に、本書に関わりの深い航路を掲げる（なお、以下は、『世界の艦船　別冊　日本の客船[1]一八六八―一九四五』（株式会社海人社、一九九一年）を基にしている）。

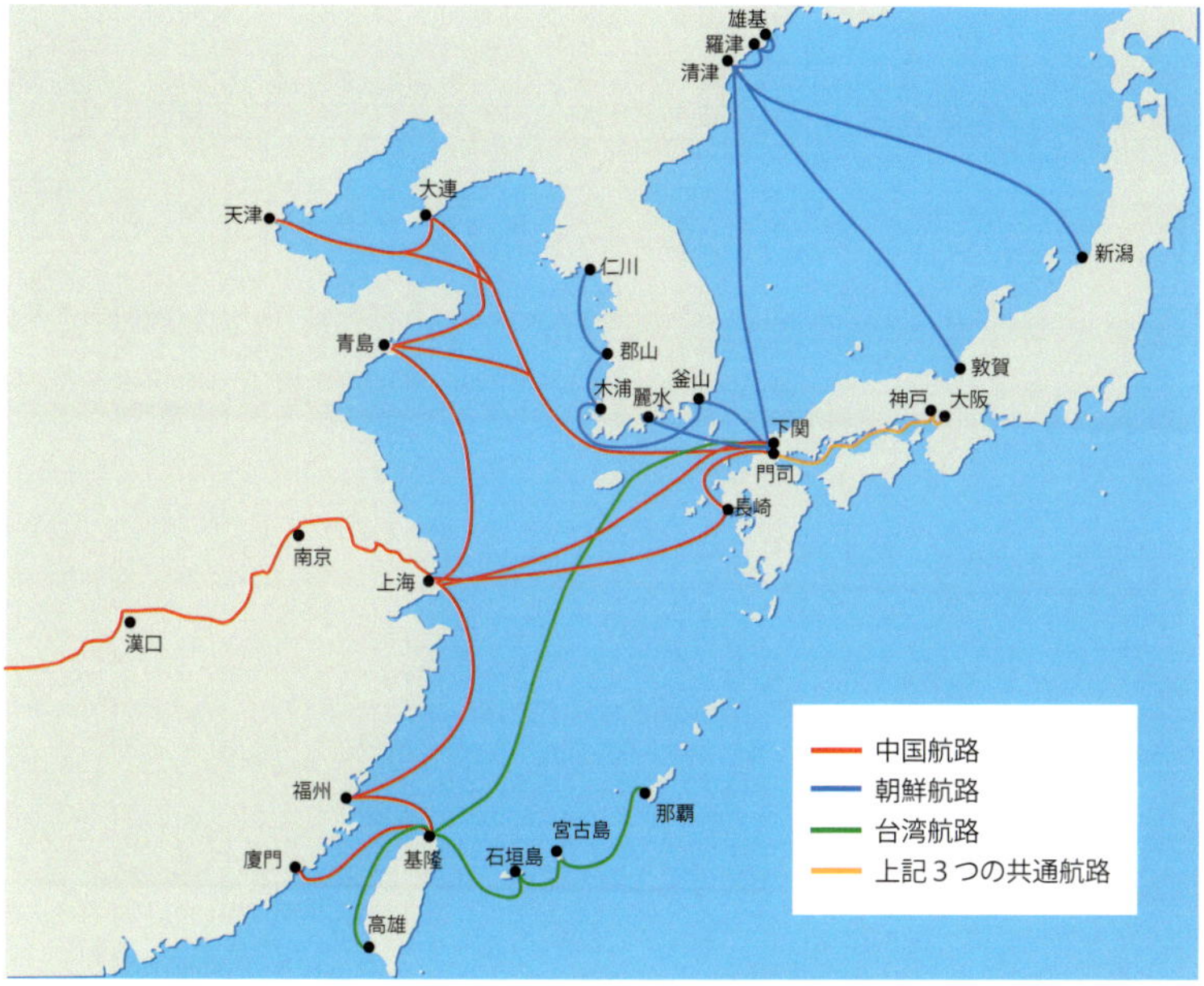

図　戦前の航路

■**上海航路**　上海航路は、日本初の外国定期航路である。金川丸から西京丸までは、海外で建造された船だが、全て一八七五年に郵便汽船三菱会社に移籍している。なお、当初は、東京丸、新潟丸、金川丸、高砂丸の四便が週に一度、運行されていた。このときの寄港地は、横浜―神戸―下関―長崎―上海であった。また、天津航路と上海航路は寄港地が重なることが多かった。

■**揚子江航路**　揚子江航路は、上海―南京―漢口を結ぶルートである。政府の主導で大東汽船、湖南汽船の二社と大阪商船、日本郵船の揚子江航路部門を統合・合併して一九〇七年三月に創立された日清汽船会社が、この航路の多くを占めた。

■**大連航路**　大連港は、中国東北の主要な門戸であった。水深があり、凍らない良港であるため、物資輸送等にも重宝された。ただし、阪神から大連を繋ぐ航路が確立されたのは一九〇五年、それが定期便になったのは一九一四年である。これ以降は、汽船が五隻で毎月一〇回、大阪から青島まで航行した。

■**台湾航路**　台北ではなく、水深の深い基隆《キールン》、高雄を主な寄港地としていた。この航路は大阪商船がほぼ独占しており、神戸―基隆―石垣島―宮古島―那覇を繋いでいた。

■**朝鮮航路**　長崎―釜山の航路が開業されたのが始まりである。この航路は、複数の会社の競合状態となった。

　また、これらの航行していた船舶の一覧を、航路別にして次頁の「表　戦前の航路別船舶一覧」に示した。表の順番は、北から、「大連航路」「華北航路」「天津航路」「青島航路」「上海航路」「揚子江航路」「華南航路」「朝鮮航路」「台湾航路」の順にしている。また、この表では、「船名」「運営会社」「建造年」「終末年」に分けて示している。このうち、「建造年」は、船が建造された年を示しているため、日本にその船が入ってきた年とは合致しない。また、「終末年」は、文字通り、その船の「終末」を示しているが、その理由は、沈没、老朽化による解体など、さまざまである。また、この項目が「不明」となっている場合は、売却後に行方が分からなくなっているものを示す。

（武藤那賀子）

表　戦前の航路別船舶一覧

大連航路

船名	運営会社	建造	終末
舞子丸	大阪商船	一八九一	一九〇五
舞鶴丸	大阪商船	一八九一	一九〇七
天草丸	大阪商船	一九〇一	一九四四
開城丸	大阪商船	一九〇六	一九四五
鉄嶺丸	大阪商船	一九〇六	一九一〇
嘉義丸	大阪商船	一九〇七	一九四三
さかき丸	帝国海事協会	一九一三	一九三三
はるびん丸	大阪商船	一九一五	一九四二
ばいかる丸	大阪商船	一九二一	一九六八
うらる丸	大阪商船	一九二九	一九四四
うすりい丸	大阪商船	一九三二	一九四四
吉林丸	大阪商船	一九三五	一九四五
熱河丸	大阪商船	一九三五	一九四三
黒龍丸	大阪商船	一九三七	一九四四
鴨緑丸	大阪商船	一九三七	一九四四
雲仙丸	日本郵船	一九四二	一九七二
筑紫丸	大阪商船	一九四三	一九五二
河南丸	大阪商船	一九二一	一九四二
長沙丸	大阪商船	一九二一	一九四三
南嶺丸	近海郵船	一九二四	一九四四
北嶺丸	近海郵船	一九二四	一九四四
華山丸	日清汽船	一九二六	一九六〇
唐山丸	日清汽船	一九二六	一九四三
長城丸	大阪商船	一九二七	一九四四
長安丸	大阪商船	一九二七	一九四四
天津丸	大連汽船	一九二七	一九四四
長江丸	大阪商船	一九二七	一九四四
景山丸	近海郵船	一九二七	一九四三
北京丸	大連汽船	一九三七	一九四四
万寿丸	大連汽船	一九四〇	一九四五
北海丸	大連汽船	一九四〇	一九四五

華北航路

船名	運営会社	建造	終末
芝罘丸	日本郵船	一九〇三	一九四五
営口丸	日本郵船	一九〇三	一九四四
淡路丸	日本郵船	一九〇六	一九四四
筑前丸	日本郵船	一九〇七	一九四五
筑後丸	日本郵船	一九〇七	一九四二
泰安丸	日本郵船	一九一七	一九四三

天津航路

船名	運営会社	建造	終末
温州丸	大阪商船	一九〇四	一九四五
大智丸	大阪商船	一九〇五	一九四四
大信丸	大阪商船	一九〇五	一九四五
長春丸	大阪商船	一九〇八	一九三〇
撫順丸	大阪商船	一九〇八	一九二九
湖南丸	大阪商船	一九一五	一九四三
湖北丸	大阪商船	一九一五	一九四四
福建丸	大阪商船	一九二〇	一九四二
貴州丸	大阪商船	一九二〇	一九四五
長平丸	大連汽船	一九二〇	一九四五
武昌丸	大阪商船	一九二一	一九四四
盛京丸	大阪商船	一九二一	一九四四

青島航路

船名	運営会社	建造	終末
照国丸	原田汽船	一八九九	一九四四
泰山丸	大阪商船	一九〇二	一九四二
原田丸	原田汽船	一九〇三	一九五〇
大連丸	大連汽船	一九二五	一九四四
奉天丸	大連汽船	一九二八	一九四四
長春丸	大連汽船	一九三〇	一九四四

上海航路

船名	運営会社	建造	終末
金川丸	郵便汽船三菱会社	一八五二	一八九六
広島丸	郵便汽船三菱会社	一八五三	一九六〇
新潟丸	郵便汽船三菱会社	一八五五	一八九七
高砂丸	郵便汽船三菱会社	一八六〇	一九〇六
玄海丸	郵便汽船三菱会社	一八六三	一八九〇
東京丸	郵便汽船三菱会社	一八六四	一八八六
名護屋丸	郵便汽船三菱会社	一八六六	一八九〇
西京丸	郵便汽船三菱会社	一八六七	一八八五
横浜丸	日本郵船	一八八四	一九一〇
薩摩丸	日本郵船	一八八四	一九二二
東京丸	日本郵船	一八八五	一九〇〇
西京丸	日本郵船	一八八八	一九二七
神戸丸	日本郵船	一八八八	一九二三
博愛丸	日本郵船	一八九八	一九四五
弘済丸	日本郵船	一八九九	一九四二
近江丸	日本郵船	一九一二	一九四二
山城丸	日本郵船	一九一二	一九四三
長崎丸	日本郵船	一九二二	一九四二
上海丸	日本郵船	一九二三	一九四三
筑波丸	日本郵船	一九二三	一九四四
天城丸	日本郵船	一九二四	一九四四
摩耶丸	日本郵船	一九二五	一九四四
生駒丸	日本郵船	一九二五	一九四四
笠置丸	日本郵船	一九二八	一九四四
三笠丸	日本郵船	一九二八	一九四四
神戸丸	東亜海運	一九四〇	一九四二

揚子江航路

船名	運営会社	建造	終末
華利丸	日清汽船	一八六五	一九〇九
萃利丸	日清汽船	一八七三	一九一〇
大井川丸	大阪商船	一八九七	一九五二
天龍川丸	大阪商船	一八九七	不明
大元丸	日清汽船	一八九九	一九二六
大福丸	日清汽船	一九〇〇	一九三三
大利丸	日清汽船	一九〇〇	一九三三
大貞丸	日清汽船	一九〇一	一九四三
大吉丸	日清汽船	一九〇一	一九四四
湘江丸	日清汽船	一九〇三	不明
沅江丸	日清汽船	一九〇三	一九四〇
瑞陽丸	日清汽船	一九〇四	一九三七
大亨丸	日清汽船	一九〇五	一九三三
武陵丸	日清汽船	一九〇六	一九四九
岳陽丸	日清汽船	一九〇七	一九六一
南陽丸	日清汽船	一九〇七	一九三七
襄陽丸	日清汽船	一九〇七	一九三七
鳳陽丸	日清汽船	一九一五	一九四四
宜陽丸	日清汽船	一九二一	一九四四
長陽丸	日清汽船	一九二二	一九三七
雲陽丸	日清汽船	一九二二	一九四三
徳陽丸	日清汽船	一九二二	一九二六
嘉陵丸	日清汽船	一九二七	一九五〇
当陽丸	日清汽船	一九二七	一九四五
信陽丸	日清汽船	一九二九	一九四五
涪陵丸	日清汽船	一九二九	一九三九
洛陽丸	日清汽船	一九二九	一九三七
興東丸	東亜海運	一九三九	一九四五
興亜丸	東亜海運	一九三九	一九四八
興昌丸	東亜海運	一九四〇	一九五四
興隆丸	東亜海運	一九四〇	一九五九

船名	運営会社	建造	終末
興運丸	東亜海運	一九四〇	一九四五
興泰丸	東亜海運	一九四〇	不明
寧波丸	東亜海運	一九四〇	一九五九
興平丸	東亜海運	一九四一	一九五九
興国丸	東亜海運	一九四一	一九五九
鎮江丸	東亜海運	一九四一	一九四三
九江丸	東亜海運	一九四二	一九四五
蕪湖丸	東亜海運	一九四二	一九四三
江寧丸	東亜海運	一九四三	一九五六

華南航路

船名	運営会社	建造	終末
蘇州丸	大阪商船	一八九七	一九三一
大仁丸	大阪商船	一九〇〇	一九一六
大義丸	大阪商船	一九〇一	一九三二
大珠丸	大阪商船	一九二〇	一九四五
廬山丸	日清汽船	一九二〇	一九四四
嵩山丸	日清汽船	一九二一	一九四四
広東丸	大阪商船	一九二八	一九四三
香港丸	大阪商船	一九三六	一九四三
芝罘丸	東亜海運	一九四二	一九四五
済南丸	東亜海運	一九四三	一九八二
太湖丸	東亜海運	一九四三	一九四三

朝鮮航路

船名	運営会社	建造	終末
江原丸	朝鮮郵船	一八六九	一九二七
白川丸	大阪商船	一八八七	一九一五
隅田川丸	大阪商船	一八八七	一九二七
第二君が代丸	尼崎汽船部	一八八八	一九四五
珠磨川丸	大阪商船	一八九〇	一九〇二
筑後川丸	大阪商船	一八九〇	一九二四
木曽川丸	大阪商船	一八九〇	一九〇八
信濃川丸	大阪商船	一八九一	不明
君が代丸	尼崎汽船部	一八九一	一九四五
京城丸	大阪商船	一九〇二	一九二九
平壌丸	大阪商船	一九〇三	不明
義州丸	大阪商船	一九〇四	一九五〇
安東丸	大阪商船	一九〇四	不明
群山丸	大阪商船	一九〇四	一九五一
木浦丸	大阪商船	一九〇四	一九六四
福州丸	大阪商船	一九〇四	一九四二
城津丸	大阪商船	一九〇六	一九一九
馬山丸	大阪商船	一九〇六	一九一二

船名	運営会社	建造	終末
咸鏡丸	朝鮮郵船	一九〇八	不明
朝博丸	川崎汽船	一九〇八	一九五〇
満洲丸	北日本汽船	一九一三	一九四四
京畿丸	朝鮮郵船	一九一四	一九一七
全羅丸	朝鮮郵船	一九一四	一九一七
石見丸	大阪商船	一九一六	一九四二
平安丸	朝鮮郵船	一九一七	不明
昌福丸	川崎汽船	一九一八	一九四五
釜山丸	朝鮮郵船	一九二〇	不明
清津丸	朝鮮郵船	一九二〇	一九四五
会寧丸	朝鮮郵船	一九二〇	一九五〇
北鮮丸	北日本汽船	一九二〇	一九六〇
昌寿丸	川崎汽船	一九二〇	一九四三
白頭山丸	朝鮮郵船	一九二五	一九四四
金剛山丸	朝鮮郵船	一九二八	一九四二
長白山丸	朝鮮郵船	一九二八	一九四五
長寿山丸	朝鮮郵船	一九二九	一九四四
日本海丸	嶋谷汽船	一九三二	一九四四
新京丸	朝鮮郵船	一九三三	一九四四
盛京丸	朝鮮郵船	一九三四	一九四二
洛東丸	大阪商船	一九三五	一九四四
大同丸	大阪商船	一九三五	一九三四
龍興丸	大阪商船	一九三六	一九四四
永興丸	大阪商船	一九三八	一九四三
慶興丸	大阪商船	一九三八	一九四二
咸興丸	大阪商船	一九三八	一九四二
月山丸	北日本汽船	一九三八	一九四四
気比丸	北日本汽船	一九三九	一九四一
射水丸	北日本汽船	一九四〇	一九四四
白山丸	北日本汽船	一九四一	一九六五

台湾航路

船名	運営会社	建造	終末
明石丸	大阪商船	一八八八	一九〇五
台北丸	大阪商船	一八九一	一九三三
台東丸	大阪商船	一八九二	一九二五
須磨丸	大阪商船	一八九五	一九二六
基隆丸	大阪商船	一八九六	一九三一
安平丸	大阪商船	一八九七	一九二七
淡水丸	大阪商船	一八九七	一九〇一
台北丸	大阪商船	一八九七	一九四四
台中丸	大阪商船	一八九七	一九四四
台南丸	大阪商船	一八九七	一九四四
宮島丸	大阪商船	一八九七	一九〇三

船名	運営会社	建造	終末
桃園丸	大阪商船	一九〇五	一九三三
吉野丸	近海郵船	一九〇六	一九四四
さくら丸	帝国海事協会	一九〇八	一九三一
扶桑丸	大阪商船	一九〇八	一九四四
うめか香丸	帝国海事協会	一九〇九	一九一三
蓬莱丸	大阪商船	一九一二	一九四二
瑞穂丸	大阪商船	一九一二	一九四四
宮古丸	大阪商船	一九一四	一九四四
大和丸	近海郵船	一九一五	一九四三
朝日丸	近海郵船	一九一五	一九四四
中華丸	山下汽船	一九二〇	一九四四
華南丸	山下汽船	一九二〇	一九三一
大華丸	山下汽船	一九二一	一九四二
高雄丸	大阪商船	一九二七	一九四一
恒春丸	大阪商船	一九二七	一九三七
高千穂丸	大阪商船	一九三四	一九四三
富士丸	近海郵船	一九三七	一九四三
高砂丸	大阪商船	一九三七	一九五六

（武藤那賀子）

[滙山碼頭と連絡船]（【学】C） 日本郵船の長崎丸（1922～42）である

旅順
日露戦争の戦跡観光

[ロシア軍の大砲]（【学】C）丘の途中に身を隠す所がなかった日本兵はロシア軍の攻撃に一方的な被害を受けた。

[水師営会見所]（【学】C）1905年1月5日に乃木とステッセル両将軍が会見した地。絵葉書解説によれば、当時使用した民屋と前庭の棗（なつめ）は以来大切に保存されている、とある。

旅順は遼東半島南部の最先端に位置する港である。一九〇四年一二月五日、日露戦争で旅順を攻撃した日本軍は、二〇三高地を占領、その後も要塞の堡塁を相次いで攻略した。翌年元旦にロシア軍が降伏し、二日に旅順開城規約が調印された。五日に乃木希典《のぎまれすけ》とステッセル両軍将軍が水師営で停戦会見をおこない、一三日に日本軍は旅順に入城した。

東鶏冠山北堡塁《とうけいかんざんきたほるい》は、旅順攻防戦の大激戦地の一つである。右側から突進してくる歩兵が要塞の銃眼などによじ登るのを防ぐために、絵葉書では中央にあたる緑の部分が低く掘り下げられていた。強固なセメント陣地が造られていたが、日本兵は保塁の壁に爆薬を仕掛けて爆破し、東北の一角を崩壊させた。ここから決死隊が突入し、占領に成功した。絵葉書では手前側の分厚い壁が破壊されていることがわかる。

爾霊山《にれいさん》記念碑は乃木希典が二〇三高地争奪戦の戦死者を弔うために建てた弾丸型の記念

旅を語る言葉◉

八月五日午前八時、大連駅を発して旅順に向う。旅順駅長久保田氏が同車して下さったので沿道の戦跡についての説明を仔細《しさい》に聞いた。乃木院長のステッセル将軍と会見されし水師営も右窓遥かに見える。十時半頃、白玉山上に聳《そび》ゆる表忠塔が眼に映ずる。ややありて列車は旅順停車場に入る。此処《ここ》にて少憩。此間《このかん》駅前には支那馬車十数台吾等《われら》一行のために用意される。一行乗車白玉山へ向う。車馬の往復し得るが如き道が羊腸《ようちょう》として山頂に通じている。益《ますます》登れば益《ますます》眺望開け忽《たちま》ちにして旅順全市を一眸《いちぼう》の下に瞰下《かんか》する。頂上は一つの低地を挟んで二峰に分かれ、一方には国家のため異郷の露と化した日本勇士の納骨祠あり、又他方には表忠塔魏然〔ママ〕として雲表に聳立《しょうりつ》している。先ず納骨祠に参拝し終わって久保田氏の日露戦役当時に於《お》ける戦況・砲台の位置・守備及び攻撃の有様を聞く。……此所より表忠塔前に到り旅順港の内外を俯瞰しながら海戦についての説明を聞く。——片岡鶴四郎「北支那旅行記」（『学習院輔仁会雑誌』一〇六号、一九一八年）九〇頁

［白玉山納骨祠］（【学】C）絵葉書解説には、「白玉山の頂上にあり。旅順攻略戦における我陸軍の陣没者二万七千七百余名の遺骨を納め祠っている」とある。

［東鶏冠山北保塁］（【学】C）

［爾霊山］（【学】C）

碑である。彼の次男・保典《やすすけ》もこの戦闘で死亡している。そのため二〇三（にれいさん）に因んで爾霊山（あなたの霊の山）と名付けられた。そこには乃木希典が詠んだ、「二〇三高地がどんなに険しくてもどうしてよじ登れないことがあろうか。男子であれば功名を立てるためにはどんな困難にも打ち勝つという覚悟があるはずだ。戦いによる武器と人の血でついに山の形を変えてしまった。なんじの霊の山である、と皆が等しく仰ぎみるであろう。」という内容の漢詩が刻まれている。

日露戦争の戦跡は、後の日本軍の行動にも影響を及ぼした。第二次世界大戦中の日本軍が肉弾突撃の威力を盲信し、物質で足りないところは精神で補いうるとした背景に、旅順の戦跡があったことが指摘されている。そして、陸軍士官学校の生徒達は、旅順の戦跡を見学することで、卓越した精神力は敵のあらゆる機動力に克《か》ちえると学んでいたのである。

日露戦争への感銘は、実際に戦地を巡らずとも映像によっても引き起こされた。たとえば文豪の内田百閒《ひゃっけん》（一八八九〜一九七一）は一九二五年に勤務先の法政大学において「旅順入場式」の活動写真を鑑賞した際、水師営での乃木とステッセル両将軍の会見の実況や兵士が大砲を撃つ様子を見て涙で目が曇り、あたかも日露戦争時の兵隊の行列に自らも参加している気になったという旨の文章を残している。

（大知聖子）

旅を語る言葉◉ 東鶏冠山堡塁に至る、「此の堡塁は吾軍《わがぐん》の悪戦苦闘をした所で攻城作業最も精妙を窮《きわ》め、友軍の重砲援護射撃も亦甚《またはなは》だ努めたが流石《さすが》に四か月の長時日を費した砲台だけあって其の精築極めて稠密《ちゅうみつ》、螻蟻《ろうぎ》の潜入すべき微々だにも無かった」とは久保田氏の説明の一節である。……食後自由に堡塁を見る。彼の旅順守将中暁名《ぎょうめい》最も嘖々《さくさく》たりしコンドラチェンコ将軍戦死の場所に碑を弔《とむら》う。堡塁の堅牢なることは門外漢の余等の頭にも明らかに解することが出来、其《その》当時の惨苦想うに余《あま》りあり。然《しか》しながら彼我幾万の腥血《せいけつ》を濺《そそ》ぎたる所は名も知らぬ千草生い茂り、勇士の夢の跡を掩《おお》い、吾等をして感窮《きわま》り覚えず涙滂沱《ぼうだ》たらしめる。
――片岡鶴四郎「北支那旅行記」（『学習院輔仁会雑誌』一〇六号、一九一八年）九〇頁

[奉天駅（現・瀋陽駅）]（【学】C）→地図A－①、B－①　奉天駅は、満鉄最大の駅舎として1910年に竣工。外観は「辰野（たつの）式」とよばれる東京駅と類似した建築様式で、ドーム屋根と赤い壁に対する白のアクセントが特徴的である。

瀋陽〔奉天〕
清朝の故地から近代都市へ

Shenyang

瀋陽は清朝の創始者であるヌルハチが都と定めた地で、盛京（ムクデン）と呼ばれ、北京に遷都した後も副都として栄えた。一六五七年にこの地に奉天府が置かれたことにより、長らく奉天の名で呼ばれることになった。現在の呼称である瀋陽は「瀋水（渾河《こんが》）の北」という意味である。

一九〇三年、東清鉄道南満支線が完成すると、奉天はロシアの勢力下におかれ、急速に開発が進められる。日露戦争後は満鉄の管轄下におかれ、日本の手で計画的な新市街が建設された。清朝滅亡後は張作霖《ちょうさくりん》・張学良の奉天軍閥の拠点となり、関東軍によって引き起こされた柳条湖《りゅうじょうこ》事件の舞台ともなった。

奉天市街は旧市街・満鉄附属地・商《しょう》埠《ふ》地の三つに大別される。旧市街は方形の城壁に囲まれた内城と、その外側を取り囲む辺城から成り立ち、多くの中国人が居住した。鉄道駅が旧市街の西に造られると、駅周辺は満鉄附属地とされ、長方形に整備された市街にヤマトホテルなど近代的な建築が相次いで建てられた。両者の中間に位置する商埠地は、条約によって外国人の居留と貿易が許された地域であった。旧市街と新市街を結びつけるように造られた商埠地は様々な国の人々が往来する賑やかな商業地域となる。

郊外にはヌルハチの墓である東陵、ホンタイジの墓である北陵があり、往時の清朝の繁栄をしのばせる遺構として観光客の人気を集めている。

満鉄附属地

満鉄は奉天を中国東北支配の拠点として重視し、一九一〇年代初頭、鉄道用地という名目で入手した広大な土地に新市街を建設した。奉天駅を起点に碁盤の目状に整備された区画に放射状に街路を貫通させ、それぞれの先に円形広場が配された。広場につながる主要な街路の両側は、木造建築を制限して近代的なビルが立ち並ぶようにする

[奉天駅からみた浪速通（現・中山路）]（【学】C）→地図B－②　奉天駅から大広場を経て商埠地にいたる主要道路であり、道沿いには百貨店や郵便局など多くの建物が立ち並んでいた。右手の高い建物は武蔵屋旅館、その隣にはジャパン・ツーリスト・ビューロー、左手の高い建物は瀋陽ホテルである。

[瀋陽駅からみた現在の中山路]（2017年筆者撮影）

[現在の瀋陽駅]（2017年筆者撮影）旧奉天駅。西側に半円状の屋根を配した大規模な駅舎を増築した。

など、徹底した視覚上の演出も施された。

とりわけ駅から東へ走る目抜き通りである浪速通《なにわどおり》（現・中山路）には企業や銀行のオフィスが軒を連ねた。中国は附属地の発展に対抗するため旧市街の改造に着手し、その結果として新旧両都市が競い合うように並び立つことになる。

あの作品の舞台②

アニメ「閃光のナイトレイド」

A-1 Picturesが手がけたオリジナルアニメ。歴史的背景は一九三一～三六年、第二次世界大戦前の大日本帝国、上海租界、満洲を舞台にしているが、「時代の歴史的事実またはその出来事に対する新しい解釈への試みではない」フィクションである。物語は桜井機関という、四人の超能力者が集ったスパイ集団の暗躍を中心に展開されている。

後半の第七話からは舞台が中国東北部の満洲に移る。第七話に南満洲鉄道沿線の風景や満鉄奉天公所、第九話に奉天駅やヤマトホテル、および当時の奉天〔瀋陽〕の街並み、第一二話には奉天東陵・北陵などの旧蹟が描かれている。

（原作：A-1 Pictures／監督：松本淳／脚本：大西信介／アニメーション制作：A-1 Pictures／発表：二〇一〇年）

[満鉄鉄道総局(現・瀋陽鉄路局)](上:【学】C　右:2017年筆者撮影)→地図B－③　1936年竣工。守備隊の敷地跡に建設された。満鉄が奉天に建てたもっとも巨大な建築物。

地図C　商埠地

地図A　瀋陽広域図

地図D　奉天城内城

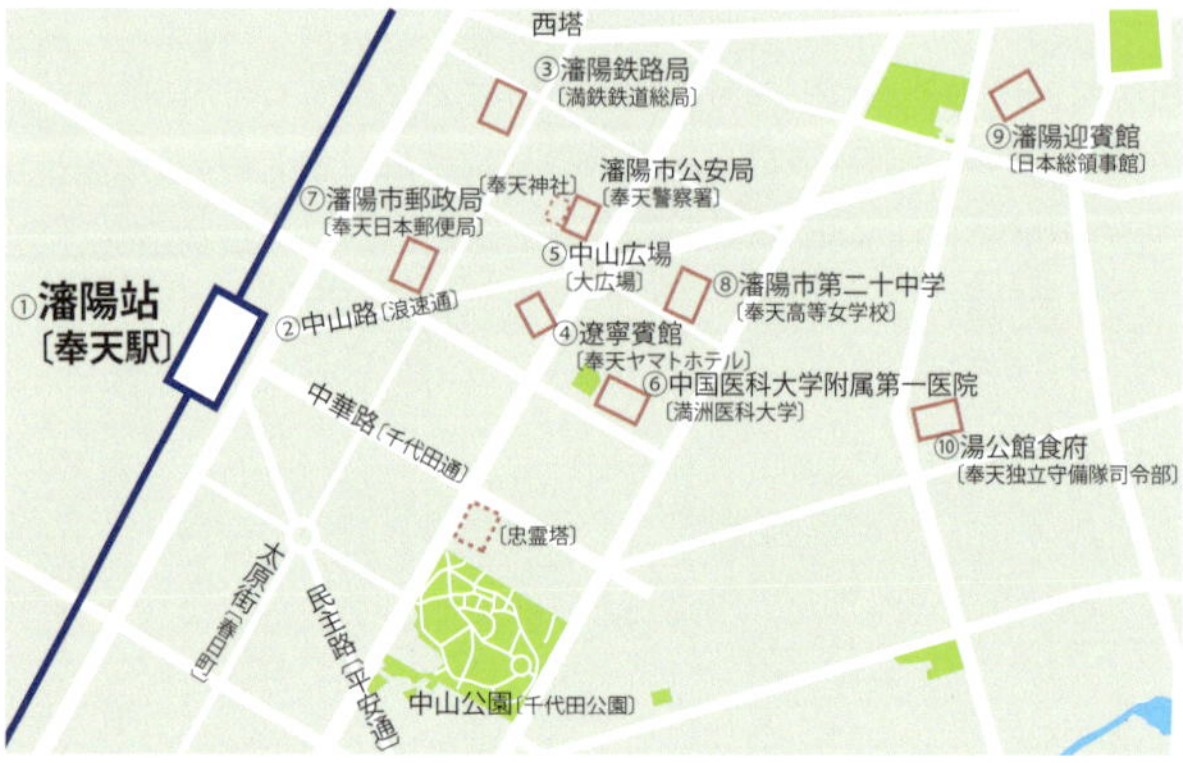

地図B　満鉄附属地

[奉天ヤマトホテル(現・遼寧賓館(りょうねいひんかん))]（右：【学】C　左：2017年筆者撮影）→地図B－④　奉天ヤマトホテルは大広場（現・中山広場）に面して建てられた。150万円の巨費を投じて1929年5月に完成。右手の塔は日露戦争の記念碑。現在は撤去され、代わりに毛沢東の像が建てられている。

[大広場(現・中山広場)]（上：【学】C　右：2017年筆者撮影）→地図A－⑤、B－⑤、C－⑤　大広場は近代的な建築で彩られ、その多くが現存する。この絵葉書はヤマトホテルからみた広場を撮影したもの。左が奉天警察署（1929年）、右が三井ビル（1937年）である。奉天警察署は現在、瀋陽市公安局が使用している。三井ビルは戦後ソ連に接収され、収容所にも使われたという。現在は招商銀行が使用している。

THE WELL FURNISHED S. M. R. CO'S MEDICAL COLLEGE HOSPITAL, MUKDEN.
完備せる滿洲醫科大學附屬病院（奉天）
A

THE WELL EQUIPPED MUKDEN GIRL'S HIGH SCHOOL.
完備せる奉天高等女學校（奉天）
B

[満洲医科大学(現・中国医科大学附属第一医院)]
(2017年筆者撮影　右頁上:【学】不明) →地図B－⑥　1911年、富士町に開校した南満医学堂を前身とし、1922年に医科大学に昇格した。現在は病棟の入った高層の新館が増築されている。

[奉天日本郵便局(現・瀋陽市郵政局)](上:【学】C　下:2017年筆者撮影)
→地図B－⑦　1915年、10万円の工費を投じて建設された。設計は関東都督府による。現在も郵便局として使われている。

[奉天高等女学校(現・瀋陽市第二十中学)](2017年筆者撮影　右頁下:【学】C) →B－⑧　1920年に開校し、その後1935年に奉天浪速高等女学校に改称される。

[日本総領事館(現・瀋陽迎賓館)]
(右:【学】C　右下:二〇一七年筆者撮影)↓地図B−⑨、C−⑨　一九一二年竣工。日本はそれまで奉天城小西門内の中国家屋を借用し領事館にあてていたが、欧米の領事館が立ち並ぶ商埠地に領事館を新築した。一九三九年閉館。

[奉天独立守備隊司令部(現・湯公館食府(とうこうかんしょくふ))]
(上:【学】C　下:2017年筆者撮影)→地図B−⑩、C−⑩　この洋館は1929年に奉天派軍閥の一人である湯玉麟(とうぎょくりん)の公館として建てられたが、満洲国建国後は南満洲一帯の治安維持を受け持った日本軍の最高司令部として使われるようになった。中華人民共和国建国後は、中央人民政府副主席、東北人民政府主席である高崗(こうこう)の住宅となり、その後瀋陽市中級人民法院として使われた。現在は「湯公館食府」というレストランになっている。

商埠地

清朝は列強と結んだ条約に従い奉天城と満鉄附属地のあいだに商埠地を設けた。商埠地では外国人の自由な商業活動が保障されたため、各国が領事館を競って開設し、国際色豊かな地域となった。同時に軍閥や富裕層もこの地に邸宅を構え始めた。小西辺門《しょうせいへんもん》から奉天駅方面へ向かう通りである十間房《じっけんぼう》は、満鉄附属地が発展するまでは代表的な日本人街として栄え、多彩な施設が立ち並んだ。満洲国が建国されると商埠地の欧米色は薄れ、満洲国の行政施設・軍事施設・博物館など重要な建築物が建てられた。

THE VIEW OF THE CONFUSION OF PEOPLE, WAGGONS, AND HORSES IN THE MANCHURIAN DISTRICT.
（奉天）人、車、馬、入乱る満洲人街の混雑
B

[奉天城内]（【学】C）城内は通行人・人力車・馬が盛んに往来した。この絵葉書は鼓楼の周辺である。

奉天城（旧市街）

奉天城は内城とそれを取り囲む辺城の二つに分かれ、それぞれが高さ一〇メートル余りの城壁に囲まれた城塞都市であった。中央にはかつてヌルハチやホンタイジが政務を執った宮殿があり、そこから「井」の字状に四方に道路が延び、八つの城門で城外に通じていた。地元の中国商人による経済活動がきわめて盛んであった城内では、商店が櫛比《しっぴ》し、極彩色の看板が道を覆うなど殷賑《いんしん》を極めた。

一九一六年に張作霖が奉天の実権を握ると、奉天城内の大規模な都市改造を計画し、道路や上下水道の整備、民間建築の管理などをおこなった。これに伴い、中華バロックと呼ばれる擬洋風建築がつぎつぎと建てられ、城内を彩った。それでも、街路は近代都市としては狭く、訪れた人の多くが人馬織るがごとく四時雑踏を極めていたことを伝える。

辺城には同善堂という福祉施設があり、日本人が好んで視察に訪れた。満洲国期には本庄繁・板垣征四郎といった関東軍上層部も多額の援助をおこなったという。

[現在僅かに残されている奉天城の城壁]（2017年筆者撮影）

THE MUKDEN CASTLE WALL TOWERING 18FT HIGH.
（奉天）高さ一丈八尺岌乎として聳ゆる奉天城々壁
A

[ありし日の奉天城城壁]（【学】C）

［吉順絲房（ジーシュンスーファン）百貨商場（現・瀋陽市第二百貨商店）］（【学】不明）→地図D－⑪　奉天城内で最も賑やかな繁華街である四平街に位置する。一九二五年竣工。いわゆる「中華バロック」様式の代表的な建築物。

［四平街（現・中街）］（左：【学】C　右：2017年筆者撮影）→地図D－⑫

［奉天城小西辺門付近］（【学】C）→地図C－⑬　奉天城は大きく分けて内城と、それを囲む辺城の二つから成る。小西辺門は辺城の入口として商埠地と旧市街との境目に位置する。この道路は小西関大街といい、物資の主要運搬路として多くの荷馬車が往来した。

［吉順絲房百貨商場（現・瀋陽市第二百貨商店）入口］（【学】C）→地図D－⑪

[北陵]（【学】D）→地図A－⑭　正式名称は昭陵。清の第2代皇帝ホンタイジが葬られる。周囲は松などの森林で覆われ、その合間から華麗な建築が顔をのぞかせる。戦前から風光明媚な観光地として知られていた。

歴史遺産——満洲人の「故地」として

中国東北部は満洲人の故地として清朝では特別な扱いを受けていた。省には編入されず、奉天将軍、吉林将軍、黒竜江将軍の三人の将軍が支配する土地となり、漢人の流入を禁止する封禁政策が実施された。このような特別な地位は清朝滅亡とともに失われるが、かつての歴史的遺産は観光資源として訪れる人を楽しませた。旧城内の中心にある奉天行宮は、かつてヌルハチやホンタイジが政務をとった場所であった。北京の故宮ほどの規模ではないが美しい瑠《る》璃《り》瓦《がわら》に覆われた壮麗な建築が人々の目を引く。

奉天駅から北へ八キロほどの所にある北陵は太宗ホンタイジの陵墓として知られる。この地は松が生い茂るなか、清朝によって立てられた豪壮なる石碑、駱駝・馬・文官・武官の彫刻がならぶ。門前に屹立する巨大な石象はとりわけ象徴的なもので、絵葉書にもたびたび使われた。

さらには東郊にはヌルハチの陵墓である東陵が残っており、絵葉書にもよく取り上げられるが、実際に訪れた記録は極めて少ない。この地は奉天城からさらに東へ行くこと一〇キロ以上。北陵に比べて距離があるため、多くの観光客は北陵を訪れるだけで満足するようだ。

瀋陽には至るところに仏寺・道観があったが、とりわけ目を引いたのがチベット仏教寺院であった。清朝は初期

[北陵隆恩門前の石象]（上:【学】C　下:2017年筆者撮影）

[奉天行宮（現・瀋陽故宮）]（右：【学】C　左：2017年筆者撮影）→地図A－⑮、D－⑮　故宮は城内のほぼ中央に位置する。ヌルハチとホンタイジによって段階的に整備され、北京に都を遷してからも改修を重ね離宮として用いられた。写真の鳳凰楼は最も雄壮な建築とされ、皇室の系譜・座像・玉璽（ぎょくじ）・書画などの宝物を安置した。

[東陵の神道]（右：【学】C　左：2017年筆者撮影）→地図A－⑯　東陵の正式名称は福陵。太祖ヌルハチの陵墓である。奉天城から東に行くこと10キロメートル、渾河（こんが）のほとりの小高き天柱山を背にする。数里に連なる古松の中に一際高く瑠璃瓦の建造物を配置する。北陵とほぼ同じ構造だが、規模は一回り小さい。

からチベット仏教を積極的に保護し、盛京（瀋陽）に多数の寺院を建立した。最も壮麗な建築と評価されたのが、モンゴル遠征成功の記念として一六三八年に完成した実勝寺である。この寺は皇寺（黄寺）とも呼ばれ、皇帝も巡幸の際にたびたび参拝したという。毎年旧暦一月一四日にはこの寺で打鬼（悪魔払いの儀式）がおこなわれ、観衆が広大な寺内を埋めつくした。

城外には四つのチベット仏教寺院が造られ、それぞれ仏舎利塔が建立された。これらを総称して四塔寺と呼ぶ。チベット式の仏塔は、異国情緒豊かであると見られたのであろうか、戦前の絵葉書や観光案内にもしばしば取り上げられた。

（石野一晴・金子元・呉修喆）

旅を語る言葉◉

これ等《ら》の建物の台石は全部大理石で風化されてはいるが、昔の面影を十分に想像することが出来る。或《あ》る所には金を用い、又翡翠《またひすい》の原石を用いた所もあった。併《しか》しこれ等《ら》はあるいは掘られ、あるいは悪いものと取り代えられてしまう。これが為に、支那兵の番兵が武器をもって立って居るのは甚《はなは》だ殺風景であった。――加賀淑郎「満鮮旅行記」（『学習院輔仁会雑誌』一三七号、一九二九年）二五八頁

旅の道標③

学習院修学旅行生の奉天滞在と見学先の変遷

奉天は学習院の修学旅行でもしばしば訪問地となった。修学旅行での各都市の滞在時間は短いときは数時間、長くても一、二泊といったところで、ゆっくり見物を楽しむという雰囲気ではない。主要な見所を自動車や遊覧バスで効率的に見て回り、あとは自由行動ということが多かったようである。

奉天ではヤマトホテルや瀋陽館といった宿泊施設が駅に近い附属地にあったため、修学旅行生はここを拠点として、奉天城内や郊外の歴史遺産への小旅行をおこなった。北陵や故宮が代表的なものである。ときには名所旧跡にすら目もくれず、撫順《ぶじゅん》炭鉱の視察を選ぶこともあった。若者にとっては歴史よりも最新鋭の採掘技術のほうに興味がそそられたとみえる。一九一八年の旅行ではほぼ全員が撫順行きを選び、奉天観光を選んだ学生はわずかひとりだけであった。このとき撫順までは乗り継ぎも含めて列車で四時間ほどかかっているから、彼らの目にはそれだけ魅力のある場所として映っていたのであろう。

一九二二年には日程の大幅な遅れにより奉天は駆け足で見て回るだけとなる。選ばれたのは附属地内にある忠魂碑と南満医学堂であった。一九二九年の修学旅行では朝八時に自動車に分乗して北陵・故宮を参観、午後は自由見物となっている。

一九三五年の修学旅行はそれまでの修学旅行と大きく様変わりしている。バスガイド付きの遊覧バスを使っているのである。奉天駅前を出発したバスはまず忠霊塔に向かう。水晶形の花崗岩づくりの塔を参観して日露戦争から満洲事変に至るまでの犠牲者に思いをはせた後に、馬車や人力車の行き交う平坦な道を進み城内へと向かう。車窓からは中国人商人の掲げるバリエーション豊かな看板の数々を目にする。「當」の文字を大書した質屋の看板や、「紙製の采配の出来損ない」と形容された料理屋の看板は、彼らの目にはさぞかし珍しいものとして映ったことであろう。城内では社会的弱者を救済する慈善施設である同善堂を参観するだけで、故宮には足を踏み入れなかったようだ。それから郊外に移動して歴史遺産である北陵を見たのちに、張学良がつくった競技場・奉天総站、さらには清朝以来のチベット式仏塔などを遠望しつつ満洲事変勃発の地である柳条湖、さらに北大営へと向かう。両者は満洲事変の現場であり、この地を訪れることはある種の聖地巡礼であった。それから附属地へ戻り奉天神社を参拝してから自由行動になり、夜はヤマトホテル屋上で盛大なパーティーが催された。

このように満洲事変の勃発は、それを美化するための新たな観光地を生み出し、旅行経路に影響を与えた。それまでも日露戦争を想起するために満洲各地において戦跡が観光地化されていたが、満洲事変の戦跡もまた、関東軍の戦果と満洲国建国を称揚する場所として、観光ルートに組み込まれていったのである。

（石野一晴・金子元）

［満洲事変発端の地に立つ記念碑］(【学】C)

忠霊塔と忠魂碑

旅順要塞司令部前より敦賀町通り白玉山を望む

［旅順　白玉山忠霊塔］（【学】B）

戦前の日本では、忠霊塔・忠魂碑と呼ばれるモニュメントが各地に建てられた。これらは、戦死者を弔うと同時に、命をかけて国家に忠誠を尽くす行為を顕彰する役割も果たした。ただし、忠霊塔と忠魂碑は、並び称される一方で、性格を異にする部分もあった。

忠霊塔は、内部に納骨堂を持つことを基本とする、いわば墓碑に近い施設で、仏教的な色彩を帯びたものが多い。そもそも「塔」という言葉がサンスクリット語のstupaに由来するもので、宝塔形式の墓碑は仏教寺院において珍しいものではなかった。忠霊塔の起源は、東京都豊島区にある護国寺境内の多宝塔および忠霊堂とされる。これは、日清戦争の戦死者の遺骨を安置するため、一九〇二年に建立されたものである。戦地に埋葬されていた遺骨が、京都の泉涌寺に仮安置された後、七つの箱に分けて四輪車に載せられ、「明治廿七八年戦役戦病歿者之遺骨」と大書した旗とともに、宿場をリレーする形で各地の在郷軍人会によって東海道を搬送されたのである。

対して忠魂碑は、戦没者を祀り顕彰する神道的な色彩を帯びたものと考えられており、遺骨は安置されないのが一般的である。西南戦争に従軍した屯田兵の死者を祀るため、札幌に招魂碑が建立され、これを中心として後に護国神社が造営された。この碑が忠魂碑の起源といわれている。

日本のアジア侵出によって忠霊塔・忠魂碑が外地にも建てられるようになると、忠霊塔の性格が変化した。先に述べたように、忠霊塔の原型はもともと仏教の多宝塔であったと考えられる。それが、旅順の白玉山忠霊塔を始めとして、砲弾を模した頭頂部を持つ忠霊塔が主流となって各地で建設されるようになった。多宝塔と砲弾とではフォルムが似ていることから、忠霊塔が戦死者の慰霊から戦意高揚のための顕彰へと読み替えられていったと考えられる。

[済南　忠魂碑]（【学】不明）1934年11月完成。1928年に起こった済南事件の戦没将兵157人を祀った。現在、この場所は博遠広場として市民に利用されているが、碑は残っていない。

日中戦争開始後、忠霊塔建設はいっそうの盛りあがりを見せた。財団法人日本忠霊顕彰会という団体が組織され、同会が新聞各紙で忠霊塔の設計図案を募集したところ、応募総数は一七〇〇点以上という反響があった。審査で評価されたのが「穏健雄大なスタイル」で「雄渾がその精神となっている」ことであるように、顕彰に相応しいデザインが好まれた。顕彰会は建設に際して「一日戦死」、すなわち一日戦死したつもりでその分の給与を寄付するよう国民に呼びかけた。忠霊塔建設は、国家による顕彰だけでなく、国民による自発的な貢献によっても支えられていった。

（犬飼崇人・金子元）

[大連　忠霊塔]（【学】C）1925年11月に労働公園南部の丘陵上に建てられた。25.8メートルの高さがある。塔は多角面をなし、塔内四隅には納骨堂が設置されており、日露戦争と満洲事変の戦死者を埋葬した。現在はまったく別のモニュメントが置かれている。

撫順《ぶじゅん》

炭鉱の町

[新装なれる市街全景]（【学】C）「新装」とは永安台新市街を指す。移転作業完了後、市街の中心には住宅が立ち並んだ。

撫順は炭鉱の町である。奉天の東方六〇キロ、遼河の支流である渾河《こんが》に沿う。かつてより石炭を産出することで知られていたが、清代は太祖の東陵に近く風水に悪いとの理由で採掘が禁止され、中国人による炭鉱経営がおこなわれたのは二〇世紀に入ってからのことであった。その後ロシアが利権を得たが、日露戦争によって日本が採掘権を得ると、満鉄がこの経営に乗り出すことになった。

撫順では、モンドガス（劣等炭から得られる燃料用ガス）を利用した発電による自給自足の事業がおこなわれた。石油も頁岩《けつがん》からの採取でまかなう。石炭採掘をおこなうにあたって、満鉄本社建築課による都市計画のもとにデザインされた街には、住宅・商店・学校・病院等々、充実した設備が整えられた。これは熟練労働者の確保のために福利厚生の拡充が不可欠であったからである。満鉄は一九〇七年から千金寨に市街地建設をおこない、一〇年間で人口二万四〇〇〇人弱の都市をつくり上げた。地下に有力な炭層が確認されると、千金寨《せんきんさい》市街地を放棄し、永安台に都市そのものを新たに建設し、一九三一年に移転が完了した。永安台の新市街は千金寨市街地と同じく、満鉄特有の格子状街路に斜路と円形広場を組み合わせる街路構成をもち、大きく分けると住宅・商業・工業の三地域となる。現在の撫順はこの街がもとになっている。

旅を語る言葉◉

撫順の市街は新旧二街に分かれ旧市街は其《その》東方に在ります。左来《〔ママ〕》の支那村落を拡張したもので道路も挟く市街も甚《はなは》だ不規則でありますが、日支商人が雑居して炭鉱の職工を顧客にして居るのでなかなか段賑《〔ママ〕》でした。しかし新市街は南満洲鉄道会社の経営で出来たもので、通路も整然としステーション前より本町通りと云《い》う大通りを基礎として各巷を作り人道、車道を分かち水道、瓦斯《ガス》及び電気を設備してあって真の工業の為に出来た町である事は一目して分かります。建築物もステーションを始めとし小学校医院図書館公学堂及社宅等内地に有る様なものは一通りありました。――後藤良輔「撫順炭坑」（『学習院輔仁会雑誌』一〇六号、一九一八年）一〇〇頁

[炭鉱事務所]（【学】C）撫順における満鉄炭鉱事業の中央事務所である（1925年に竣工）。建物の両端がY字形に開いているのが特徴である。満鉄が行政権を撤廃するまでは撫順の行政を担当した機関である。

[撫順炭鉱倶楽部]（【学】B） 撫順・永安台に一九二四年竣工。多人数を収容するホールや集会室を持ち、余暇活動の場として読書室、華道や茶道のための和室、柔道・剣道をおこなえる道場があり、また社交場として食堂、球戯室、バーを備えていた。宿泊施設も併設されており、ホテルとして使われた時期もあった。

[撫順名勝絵葉書（第一号）の表紙]（【学】C） 袋は赤い空に灰色の鉱山、上半身裸の炭鉱夫がつるはしを振り下ろし、シャベルを持った炭鉱夫が土を掘り返す様子が描かれている。

[撫順炭鉱（たんこう）露天堀之（の）実況]（【学】D） 露天掘りとは炭層を覆っている地表の土砂および頁岩を剥離し、採炭をおこなう方法である。絵葉書では真ん中にトロッコ用の線路が通っており、階段状に露天掘りが進められていることがわかる。写真と「撫順観光記念」のスタンプがほぼ同じ構図となっている。

[整然として立並ぶ南台町炭鉱社宅]（【学】C） 南台町は撫順市街地の最東部。東西に走る永安通の北側が北台町、南側が南台町。炭鉱で働く人々のための社宅がこの地につくられた。

（呉修喆）

長春〔新京〕

「満洲国」の計画都市

Changchun

State Council of Mancnoukuo, Hsinking.
（新京）國務院の偉容

【国務院庁舎（現・吉林大学新民校区基礎医学院）】（上：【学】D　下：2014年筆者撮影）→地図A－①、D－①　国務院は満洲国の中央行政機関である。日本の国会議事堂にも似たこの庁舎は1936年に竣工した。建物正面に立てられているのは戦前に中国共産党を支援した医師ノーマン・ベチューン（白求恩）の銅像である。

瀋陽から北に三〇〇キロメートル。吉林省の省都として栄える長春を語る上で満洲国を避けて通ることはできない。

日露戦争後、ポーツマス条約で長春以南の鉄道が日本に譲渡されると、この地は日露両勢力の境界となる。満鉄は長春駅を中心に開発を進め、道路・公園・住宅・病院・学校などを整備した。

中規模の都市であった長春が首都に選ばれたのは、首都建設を通じて新興国家満洲国を内外に宣伝するためであった。奉天・哈爾濱《ハルビン》は国土の南北に偏っており、中国・ロシア（ソ連）の政治的影響も強い。比較的歴史の浅い長春であれば、地価も安く、都市計画を進めるための広大な土地を買収しやすかった。

一九三二年の満洲国建国後、関東大震災後の東京でも実現できなかった壮大な都市計画が実行に移される。附属地の南につくられた新市街は最大幅員五四メートルの大同大街が南北を貫き、東京ドームより大きい直径三〇〇メートルのロータリーを囲むように満洲国政府第一庁舎や満洲中央銀行総行など新国家の中枢を担う建築が立ち並んだ。緑地や貯水池が計画的に配置された緑多き首都は、日本の敗戦によってその座を退くが、野心的な日本人建築家が設計した建築の一部は、現在に至るまで使われ続けている。

[新京駅(現・長春站)](【学】D)→地図A－②、B－②　1914年に新築されたこの赤煉瓦造りの駅舎は、ロシアに対峙するため威厳ある佇まいを見せた。満洲国成立後、首都にふさわしい駅舎として貴賓室などが増設されたが、現在は取り壊され近代的な駅舎に生まれ変わっている。

日本人の生活の場——満鉄附属地

長春の発展は鉄道とともにあった。最初にこの地に鉄道を通したロシアは、一八九九年に哈爾濱から大連・旅順までの鉄道敷設権を得て、現在の長春駅の西北にある寛城《かんじょう》子《し》の地に停車場を置き、周辺を整備する。しかし、位置づけはあくまでもローカル駅の一つでしかなく、中国人居住地域からも離れていた。

長春がその地位を高める契機になったのは、一九〇五年のポーツマス条約の締結であった。日本が長春―旅順間の鉄道を譲り受けると、寛城子駅の東南に長春駅が造られ、満鉄附属地として駅周辺に新たな市街地が形成された。満鉄最北端のターミナルとなった長春は、大豆の集積地として栄え、「豆の都」と呼ばれたほどであった。満洲の大豆は世界有数の生産高を誇り、様々な形に加工されて、大連経由で全世界に輸出された。

地図A　長春広域図

［吉野町（現・長江路）］（【学】D）→地図Ｂ－③　附属地最大の日本人街である吉野町の風景。附属地のほぼ中央を東西に走る道であった。専門店や飲食店が集い、周辺にはカフェや映画館なども見られ、その賑わいは銀座にもたとえられた。満洲国が成立して市街が拡大した後も、官僚・ビジネスマン・大学生などがバスに乗って吉野町まで繰り出したという。

満鉄は附属地内の公共施設の整備に積極的に取り組み、学校・病院・公園などが早々に整えられ、日本人が次々に移住した。最大の繁華街である吉野町には多くの商店や飲食店が建ち並び、賑わいを見せた。附属地には、中国人・ロシア人の姿も多数見られ、戦前にこの地に暮らした人々はかつて中国料理やロシア料理を楽しんだことを嬉々として語る。

附属地南西に造られた西公園（一九三八年に児玉公園と改称）は、自然の地形を活かした親水公園として多くの人に親しまれた。中国人の姿も目立ち、彼らが排除された上海租界内の公園とは対照的な様子を見せていたようだ。

地図Ｂ　満鉄附属地
長春駅から放射状に大通りが延び、格子状の街路と鋭角に交わる。実際にこの地を歩いてみると、鋭角な交差点はときに見通しが悪く、慣れないと肝を冷やすことがある。新京の都市計画ではこのような交差は避け、基本的に十字に交差するようにデザインされた。

[日本橋通り(現・勝利大街)](【学】D) →地図A－④、B－④　長春駅から放射状につくられた三筋の大通りのうち、東南へ伸びたものが日本橋通りである。附属地と中国人居住地域の旧市街を結んでいたため、人通りが多く、馬車が頻繁に行き交った。馬車の鈴の音色は多くの旅行者が風情あるものとして記録している。絵葉書が示すのは附属地と商埠地の境界上に位置した日本橋付近である。

[満鉄病院(現・長春市人民医院)](【学】D) →地図B－⑤　満鉄は設立当初から社員の健康問題に直面した。日本人にとって大陸の気候は過酷で、結核やチフスなどの伝染病の罹患率は高く、医療施設の整備が急がれた。長春の満鉄病院も満鉄営業開始から半年後の1907年11月に開院している。満洲国成立後も新京随一の設備を誇った。

[室町小学校(現・天津路小学)](【学】C) →地図B－⑥　室町通りに面して建てられた長春最初の小学校。グラウンドでは児童が元気に走り回っているが、冬期には放水して氷を張りスケートリンクに姿を変えた。長春駅から近いため列車で通学する児童もいたという。もとの校舎はとりこわされてしまったが、現在も新たな建物で児童が学んでいる。

View of Tatung Street, Hsinking.
（新京）大同大街の偉観

［大同大街（現・人民大街）］（【学】D）↓地図A－⑦、B－⑦、C－⑦　駅から南へ伸びる中央通りを延伸した大通り。手前の白い建物は三中井（みなかい）百貨店、中央の赤煉瓦の建物は三菱の建設したオフィスビルである康徳会館（地図A－⑧）。新京は景観の美しさにも意を尽くし、大通りは電柱と電線をなくし、高層建築も四階建てを上限とした。さらに、建物は通りから一定程度の距離を置き、ゆとりある空間を生み出した。この絵葉書に見られる広く明るい新市街は、綿密な都市計画の賜物であった。

計画都市「新京」

長春は満洲国建国後、新国家の首都「新京」として大きな変貌を遂げる。附属地の南に大規模な計画都市がつくられたのである。

豊かな緑、広々とした空間、公園的な並木道、潤いをあたえる人工湖など、日本では実現していない美観とゆとりを重視した理想的な都市計画が荒野の上に実現されていた。

新京での人々の生活が理想的であったかどうかは定かではない。モニュメンタルな建築物が建ち並ぶなか、住宅供給は遅れ、水は不足し、日中戦争による燃料不足からバスの運行にも支障が出た。満洲国政府が宣伝するような薔薇色の生活が待っていたわけではなかった。

それでも、新京は新興国家の理想を体現すべく努力がなされた壮大な実験場であった。そしてこの都市計画は若手官僚や建築家たちにとって自らの理想を具現化するまたとない機会であった。

都市計画の中核となるのは駅から南に向かう大通りの先に設けられた大同広場（現・人民広場）であった。もともと荒地であったこの地は、シビックセンターとして生まれ変わる。道路も含めると直径三〇〇メートル、外周は一キロに及ぶ巨大な広場からは大同大街・興安大路などの幹線道路が放射状に延び、周辺には満洲中央銀行総行や満洲電信電話株式会社・満洲国第一庁舎など重要施設が立ち

（新京）ロータリー式環状道路を繞る大同廣場・電々會社附近
THE DAIDO SGURE, SHINKYO.

［大同広場（現・人民広場）］（【学】D）↓地図A－⑨、C－⑨　大同広場南東側から北西に向かって撮影したもの。巨大なロータリー中央は公園として整備される。正面の満洲電信電話株式会社の右隣では、満洲中央銀行総行が建設中である。

Tatung Street, viewed from by the Mound of Dutiful Child, Hsinking

（新　京）大同大街、孝子塚より大同廣場を望む

［孝子塚］（【学】D）→地図A－⑩　大同広場の南にある孝子塚付近から大同広場の方向を眺めたもの。孝子塚は民間信仰の聖地で、寄進の品々が捧げられた。手前には参詣者が香を買うために集まっている。孝子塚は大同大街の予定地と重なってしまったが、戦前は道の一部を遮る形で、そのまま保存された。この絵葉書に見られるのは大同大街の最も幅の広い部分で、人や車との比較からその大きさがわかる。また、大同大街が北に向かって緩やかな上り坂になっていることも見て取れる。長春は京都のような平坦な土地ではなく、起伏のある土地を巧みに利用して建設された都市であった。

並んだ。

都市の中心軸をつくり出すのは南北を貫く二本の大通り、大同大街（現・人民大街）と順天大街（現・新民大街）であり、長春の主要な建築の多くはどちらかの通りに面していた。最も栄えていた大同大街には満洲中央銀行総行など金融関係の施設や康徳会館などのオフィスビルが多く見られ、朝は通勤ラッシュで混雑した。順天大街は国務院庁舎など主要官庁が並ぶ霞が関のような場所であり、近隣には官僚たちの住宅が建設された。

官庁建築は若手官僚や建築家たちの手で設計され、急ピッチで建設が進められた。これらの建築は左右対称の空間構成をみせ、中央を強調し、東洋の伝統形式に沿った屋根、西洋古典建築様式の正面デザイン、褐色のタイルによる外壁、といった外観上の特徴を見せた。これらの堅牢な建築は戦後も引き続き使用されている。

満洲国の行政の中心であった順天大街は、今では病院を中心とする緑豊かな文教地区に姿を変えている。行政の中心はかつて関東軍が拠点を置いていた旧附属地西部に移された。さらに関東軍司令部は中国共産党吉林省委員会、関東憲兵隊司令部は吉林省人民政府に生まれ変わった。

長春は歴史ある建築が多数残るが、徐々に建て替えも進んでいる。満洲国の遺産に興味があれば、早いうちに現地を訪れたほうが良いだろう。

Near the Telephone and Telegram Co., Hsinking

（新京）電々會社附近の壯觀

［満洲電信電話株式会社（現・吉林省通信公司）］（【学】D）→地図C－⑪
満洲の電信電話通信とラジオ放送網を一手に握った国策会社。森繁久彌が勤務していたことでも知られる。

地図C　人民広場

[満洲国政府第二庁舎(現・長春市公安局)](【学】D) →地図C－⑬
第一庁舎と同一の平面で建てられ、外観にも類似点が多い。第一庁舎と第二庁舎はそれ以後の満洲国政府庁舎の外観に大きな影響を与えた。当初は司法部と外交部として使われ、のちに首都警察庁(日本で言う警視庁)となる。戦後も長春市公安局として使われている。

[満洲国政府第一庁舎(現・市委機関会堂)](【学】D) →地図C－⑫
建国当初の庁舎不足に対応するため1932年7月に起工し、4か月後には文教部及び国都建設局として内部の使用が開始された(竣工は翌年)。のち新京特別市公署となる。現在は解体され、跡地は中国共産党長春市委員会が用いる。

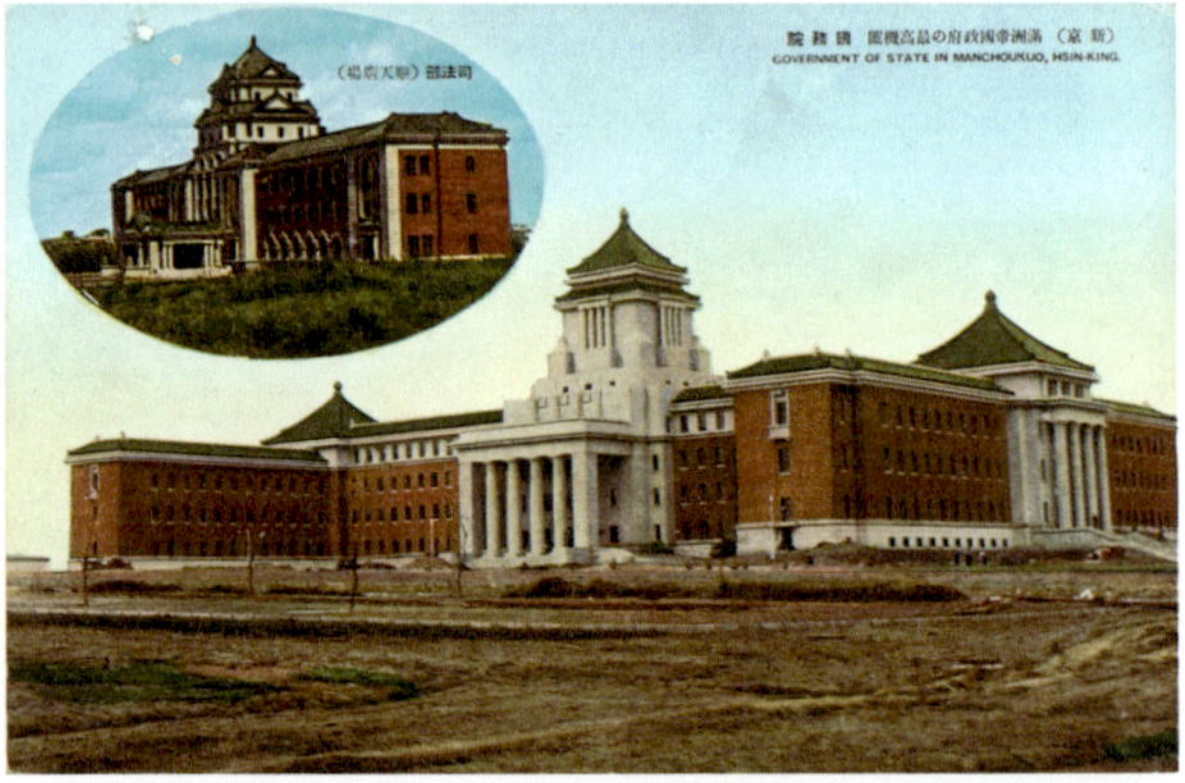

[関東軍司令部(現・中国共産党吉林省委員会)](【学】D) →地図A－⑮、B－⑮　日本の城郭建築の形態を模した特徴的な屋根が架けられる。その特徴的な外観から当時の日本人からは「お城」と呼ばれていた。現在は街路樹などが生い茂りこのように全容を眺めることはできないが、この建物は中国共産党吉林省委員会が使い続けている。

[国務院庁舎(現・吉林大学新民校区基礎医学院)](【学】D) →地図A－①、D－①　満洲国の中央行政機関。1936年に竣工した。中国風の方形屋根に西洋風の円柱を組み合わせた様式は、政府庁舎の白眉と評された。宮廷予定地に最も近い官庁街北端に建てられ、軍政部の庁舎と順天大街をはさんで向かい合った。現在も吉林大学医学部の一部として使われている(本書42頁参照)。絵葉書左上には同年に竣工された司法部の庁舎(地図D－⑭)も写される。

[満洲中央銀行総行(現・中国人民銀行)](【学】D) →地図C－⑰
満洲国の中央銀行にふさわしい堅牢で重厚な建築である。正面入り口に立ち並ぶ十本の円柱はギリシャ神殿を思わせる。内部は三階まで吹き抜けになり、大理石がふんだんに用いられた。

[合同法衙(現・中国人民解放軍第461医院)](【学】D) →地図D－⑯
最高法院・最高検察庁・新京高等法院・高等検察庁の合同庁舎。満洲国の最高司法機関であった。全体的に曲線が目立つ造りで、中央には中国風の屋根がかけられる。現在は中国人民解放軍の病院として使われている。

[大同公園（現・長春市児童公園）]（【学】D）→地図A－⑱
長春が緑豊かな街になったのは、都市計画の賜物であった。乾燥しているこの地に新首都を建設するにあたって、緑地帯を積極的に設けたのである。小河川や低湿地はすべて公園へと姿を変え、その面積は市内の10パーセントに及んだ。満洲一の公園と讃えられた大同公園には池・芝生・樹木・花壇・プール・野外音楽堂などが備わり、大相撲の新京場所も毎年開催された。

長春〔新京〕

[関東軍司令官邸（現・松苑賓館）]（【学】D）地図B－⑲
関東軍司令官は事実上、満洲国皇帝に比肩する地位を有していた。この建物は歴代の司令官の住居として使われたものである。現在は松苑賓館の一部として使われる。

地図D　満洲国の官庁街

あの作品の舞台③

漫画『虹色のトロツキー』

日本人とモンゴル人との混血の青年ウムボルトは、幼いころの出来事で記憶を失っていた。新京の建国大学に編入した後、馬賊となった彼は、トロツキーを満洲に招く「トロツキー計画」に深く関わることとなる。関東軍の思惑に翻弄されて、満洲国の士官学校・興安軍官学校へ赴任し、蒙古少年隊に派遣されてノモンハン事件に直面するなど、数奇な人生を歩んでゆく。

作中では、新京旧市街の大馬路や関東軍総司令官邸、大同大街・大同公園の様子が描かれており、満洲国・新京の雰囲気が味わえる。

（安彦良和、中央公論新社、二〇〇〇年、全8巻）

（石野一晴）

旅の道標⑤

「満洲国」執政府に招かれた日本人

一九三二年学習院の学生であった鍋島直紹《なべしまなおつぐ》（一九一二～八一）は夏休みを利用して従弟の毛利広慶《ひろよし》と二人で満洲に旅した。彼らが新京に到着したのは八月一〇日のこと。新京駅で鍋島の同級生である二條・大迫と合流したのち馬車で街中へと向かう。この年の三月に建国されたばかりの満洲国の都は、まだ都市計画の立案段階で、官庁は旧市街の建物などに間借りしていた。

学習院に留学していた溥傑《ふけつ》と潤麒《じゅんき》もこの時期、新京に滞在していた。八月一五日におこなわれる潤麒の結婚式を間近に控えていたからである。一一日の朝、溥傑からの電話を受けて、鍋島・毛利・二條・大迫の四名は満洲国政府の中枢である執政府へと向かう。彼らはおそらく附属地内に宿泊していたのであろう。広場で新政府の告知に見入る群衆を目にしながら、日本橋通りを東南に向かう。

おびただしい馬車、人力がガラガラ、チリンチリンチリンと橋を渡って此方へかせぎに来る。この橋を渡ると附属地になるから、附属地の方へと出てくるのである。橋を渡ると町へ入る。ゴチャゴチャした色とりどりの町の装飾が盛にあって、毒々しいまでごてごてぬり上げた龍が、家の真中から街路へぬーっと出ばったり、看板が縦に下ったり、房がついていたり、唯雑多に店が並んでいる。

（鍋島直紹「満洲旅行断片」『学習院輔仁会雑誌』第一四六号、一九三二年、五三頁）

目指す執政府は旧商埠地北東部の高台にあった。物々しい警備がおこなわれる中、控え室で待機していると、中国服を着た潤麒が彼らを迎え執政府内を案内した。

広い応接室に入って色々話がはずむ。まるで平常学校で駄弁っているようである。此所は満洲の新京で、しかも執政府の中だと時々気がつくと、変な心理になって、そうでないような気がする。我々文三の乙類の一〇人の中、五人までが此所に集っているのだから無理もない。

（前掲「満洲旅行断片」五五頁）

彼らは歓待を受け、昼になるとロシア料理を食べに車で外出する。附属地の街並みを眺め、西公園を散策したのち、再び執政府に戻ると、こんどはビリヤードや卓球に興じた。二〇皿近いおやつを平らげると、再び歓談に興じ、豪華な夕食を供されたのち、午後九時半ごろに執政府を離れ宿に戻ったのであった。

匪賊《ひぞく》が出没すると噂され、鍋島たちの乗った満鉄の車両も実際に襲撃をうけている。そのような状況下で、執政府での体験はまるで別世界にいるかのようであったろう。

執政府はのちに溥儀の皇帝即位にともない宮内府と名が改められた。当時は内部の撮影が禁じられていたため、絵葉書に使われているのは門の写真だけである。計画では官庁街の北側に壮大な宮廷が造営されることになっていたが、日中戦争・太平洋戦争の戦況の悪化により、工事は遅々として進まぬまま終戦を迎えた。

（石野一晴）

［執政府（宮内府）正門］（【学】D）

旅の道標⑥

長春と哈爾濱の時差

長春駅は、日露両勢力が接する場所であった。ロシアの東清鉄道は満鉄とは異なる軌道を使っていたため、この地で乗客の乗換・貨物の積み替えをおこなわなければならない。両鉄道の列車は長春駅のプラットホームに並んで停車し、乗客は同じホームで乗り換えることになった。

PLATFORM OF HSINCHING STATION, HSINKING.

［長春（新京）駅のプラットホーム］（【学】D）

満鉄から東清鉄道に乗り換える際には時計を二六分進める必要があった。東清鉄道の採用した標準時は、満鉄が採用していた西部標準時よりも二六分進んでいたからである。これはハルビン標準時と呼ばれ、満洲国が標準時を統一するまで用いられ続けた。乗り換え客の便宜のため、長春駅のプラットホームの時計は、満鉄が使う標準時は黒い針で、ハルビン標準時は赤の針で示され、双方の時刻が一目でわかるよう配慮されていた。

この長春駅における微妙な時差には学習院の修学旅行参加者も戸惑ったらしい。

> はてしない満洲の野に夜は白々と明け離れた。列車はなおも北へ北へと広野を横切って走っている。おい起きろよ、もうすぐ長春に着くよ。いったい何時だい、六時過ぎだよ。昨晩はよく寝たよ。でも寒かったね。などと云う会話がまだ寝むそうにとぎれとぎれ聞こえ始めた。その内に一同の仕度も終り荷物もまとめて七時になると列車は長春駅に着いた。荷物をホームの一箇所にまとめ駅員に頼み、我々は同駅の食堂で簡単な朝食をすました。此処で一時間余り有るものと思って居たところ東支鉄道の時間は今迄のより三六分進んで居るので、非常にあわてて大急ぎで二等車内に席を取った。そして間もなく今迄の時間で七時四五分列車は長春を後にした。
>
> （伊達宗文「満鮮旅行日記」『学習院輔仁会雑誌』一三七号、一九二九年、一六八頁）

三六分はおそらく二六分の誤りであろう。この記述からは、駅構内に食堂があり、乗り換え時間を利用して簡単な食事を済ませることができたこと、乗り換えの際には荷物の積み替えを駅員に任せることができたことなどがわかる。修学旅行生は慌ただしく乗り換えをしたが、三〇分程度の余裕はあったようだ。

鉄道運行における時差は満洲国成立後もしばらく残された。一九三五年に北満鉄道譲渡協定によってソ連が満洲国に鉄道利権を譲渡すると、広軌から標準軌（一四三五ミリ）への移行が進められ、大連から特急あじあ等の直通運転が始まる。最終的に時刻表は満洲国の標準時に統一され、さらに、一九三七年一月一日、その標準時も日本と統一されることになる。

（石野一晴）

［ハルピン駅（現・哈爾濱站）］（【学】不明・1903年頃撮影か）→地図A－①、B－①

哈爾濱《ハルビン》

東洋の小パリ

Harbin

黒龍江省の中南部、松花江《しょうかこう》（スンガリー）の東河畔に位置する哈爾濱は、一九世紀末までは四、五軒の民家が点在する沼地であった。しかし、一八九八年春、帝政ロシアが清朝と「旅順大連租借条約」を結び、哈爾濱から大連に至る南満洲支線の敷設権を獲得したことで、哈爾濱は帝政ロシアによる満洲支配の拠点として急速に発展する。

一九〇六年、日本は満鉄を設立した。しかし、哈爾濱はロシア（ソ連）の満洲支配の拠点であったことから、新京以北の鉄道経営権は日露戦争後も日本の手には渡らなかった。二〇年ほど経ってようやく、ソ連との交渉が実を結んで日本は経営権を取得した。これにともない、一九三五年九月に、特急列車「あじあ」の運転区間が哈爾濱まで延長され、日本人の哈爾濱への進出も加速した。

異国情緒あふれる哈爾濱が、日本人にとって憧れの街であったことが、「あ、哈爾賓へ来たのだ。ステツプを下りる靴の音にも心が跳る。」「なる程これがロシヤ気分か」といった絵葉書の表題から伝わってくる。

なお、現在も、哈爾濱は、「東洋（東方）の小パリ」「東方のモスクワ」と呼ばれている。

地図A　哈爾濱広域図

旅を語る言葉◉

街を剪《き》り街を剪り、馬車がたがたならぶ。舗道を行く馬車の古風さ、馭者は赤いルパシカの上に黒いチョッキ、白い馬などは、実に春は馬車に乗っての感が深い。何と云《い》う古風な街だろう、空も美しいけれど、中央寺院の円屋根、煙草のスマートな絵看板の広告、支那料理店の軒には、ぼたんばけのような赤い房が朝風に埃をキリキリ払っています。私の泊ったのは、埠頭区田舎街（ポレワヤ）の北満ホテル、北向きのバザール市場の軒を見はらした金参円也《なり》の部屋。ベッドは少々背が高すぎます。——『林芙美子紀行集 下駄で歩いた巴里』（岩波書店、二〇〇三年）三八頁哈爾濱は、満鉄の最北にあり、ロシア人がつくった街である。北側に松花江が流れ、中国人の商業都市である四家子（東傅家甸《フージャデン》）と傅家甸（道外）、倉庫や工場のあった八区、国際商業都市であった埠頭区《ブリスタン》、スラム街であった新安埠、鉄道会社の施設・社宅・官庁・各国領事館があった新市街《ノヴィゴロド》（南崗）、一九二〇年代以降につくられた閑静な郊外住宅地である馬家溝《マチャゴ》、ロシア最初の入植地であった香坊といった地区に分かれていた。

［霽虹橋と線路］（【学】C・1926～33年の撮影であろう）→地図A－②、B－②、C－②

［霽虹橋から見たホームの様子］（【学】C）→地図A－②、B－②、C－②

哈爾濱の入口は、哈爾濱停車場である。現在の駅舎は一九五〇年代に建て替えられたものであるが、当時はアールヌーヴォー様式であった。なお、一九〇九年一〇月二六日に伊藤博文（一八四一～一九〇九）が暗殺された場所として有名である。哈爾濱駅の出口は、新市街に向いて建っており、そこからまっすぐに伸びる道には路面電車が走っていた。哈爾濱駅から松花江方面に行くためには駅の北にある霽虹橋《さいこうばし》（霽江橋）を通る必要がある。

霽虹橋は、一八九八年に初代橋（木造）が建てられ、一九二六年に現在の橋となった。全長五一メートル、幅二七・六メートルの橋で、真中に車道、両側に歩道がある。上の写真は、霽虹橋を南東側から撮影したものだろうか。左奥に小さく見える建物はその形からソフィスキー寺院（本書五六頁）のように見える。下の写真は、霽虹橋から撮影したプラットホームであろうか。右側に列車が停まっているが、絵葉書の年代を考慮すると、これは「あじあ」ではない。

旅を語る言葉◉　何町おきかに日本の守備兵が一人一人列車の窓から見えていましたが、内地の波止場でよく見た満洲行きの兵隊さんが、こんな茫漠《ぼうばく》とした広い野原を背に、鉄道を守っている立派な姿は何か胸が熱くなります。

……

大連の満鉄本社では、長春までのパスを貰うのに、個人の場合は駄目だと云《い》う事で、やむなく、一晩大連に泊り、朝、十河理事にお願いして、やっと、長春までの二等切符を貰いました。――『林芙美子紀行集 下駄で歩いた巴里』（岩波書店、二〇〇三年）三五～三六頁

[キタイスカヤ街（現・中央大街）]（【学】C・1909年以降の撮影）→地図B－③

[キタイスカヤ街（現・中央大街）]（【学】不明・1909年以降の撮影）→地図B－③

[キタイスカヤ街（現・中央大街）]（【学】不明）→地図B－③

埠頭区
——哈爾濱の中心地

埠頭区は、哈爾濱の中でも最も賑わった場所である。ショッピングストリート、大寺院、公園があることで観光客が集まった。松花江で水泳や舟遊びができるという点でも人気であった。

キタイスカヤ街

キタイスカヤ街は、一八九八年につくられた、全長一四五〇メートル、幅二一・三四メートルの埠頭区一のショッピングストリートである。一九二四年に一八センチ×一〇センチの花崗岩の石畳が路面に敷き詰められ、現在も、同じものが使用されている。もともとは中国人が定住するための地区であったが、後に、秋林《チューリン》百貨店（一九一一年竣工）や松浦洋行（一九〇九年竣工）といったランドマークになる建物ができた。左下の写真の左奥にある松浦洋行は四階建てで、その上のドームからは哈爾濱が一望できる。このため、このドームから哈爾濱の景色が撮影されることが多かった。上の写真はまさしく松浦洋行のドームから撮影されたものである。

モストワヤ街

モストワヤ街は、日本人が住んでいた街であり、日本商店が多く軒を並べていた。左頁上の二枚の写真は、日本民留民会を違う角度から

[モストワヤ街(現・石頭道街)](【学】C) →地図B－④

[モストワヤ街(現・石頭道街)](【学】C) →地図B－④

[ノウオゴロドナヤ街(現・尚志大街)](【学】不明) →地図B－⑤

[モストワヤ街(現・石頭道街)](【学】C) →地図B－④

表　ロシア語による通りの名称とその他の呼び名

通りの名称	別称および現在の名称
③キタイスカヤ街	中国人街、中央大街
④モストワヤ街	日本人街、石頭道街、中国十二道街
⑤ノウオゴロドナヤ街	新城大街、尚志大街
⑥ウチヤストコーワヤ街	希爾科夫王爵街、地段街

地図B　中心街

[ウチヤストコーワヤ街(現・地段街)](【学】C) →地図B－⑥

撮影したものである。ここには、哈爾濱日本商業会議所、および日本居留民会の図書館もあった。

ノウオゴロドナヤ街

一九〇〇年にできた道で、現在は張尚志烈士を記念して尚志大街と呼ばれる。経緯街以北、友誼路以南、全長一三〇〇メートル。もともとは石畳の道だったが、一九五八年にアスファルトに変わった。中央大街に匹敵する、中国人商業街であった。

ウチヤストコーワヤ街

埠頭区と香坊を繋いだ最初の道路。江岸から南崗までの区間を、石を打ち込んで路盤をつくった道である。工場ができたため、労働者の集落ができた。

［ソフィスキー寺院（現・建築芸術館）］（【学】D）→地図B－⑨　聖ソフィア寺院ともいわれた。

［横浜正金銀行ハルピン支店（現・黒竜江省美術館）］（【学】C）→地図B－⑦

［埠頭公園（現・兆麟公園）］（【学】C）→地図B－⑧

横浜正金銀行ハルピン支店

ウチヤストコーワヤ街（現・地段街一三三号）にあった。一九一二年竣工。一九三七年に建て替えられ、四五年以降は複数の企業が入ったが、六二年からは、黒竜江省美術館となっている。

埠頭公園

公園の入口には、中国人の巡警（南洋群島の警察に配属された警察職員）が三、四人立っており、「博覧会へでも入る様に」一人ずつしか入れないようになっていた。公園内には一本の大道があり、その両側にはベンチがあった。この公園に入場する人々は、「皆中流以上の家庭の子女」であった（奥野他見男『ハルピン夜話』玉井清文堂、一九二九年）。現・兆麟公園。

ソフィスキー寺院

聖ソフィア寺院、聖ソフィア大聖堂、ソフースキツエルカ教会などとも呼ばれた。ロシア正教会の聖堂である。初代教会は木造で、一九一二年に建てられた。これは南側にあった帝政ロシアの軍隊の教会の内部の資材を、部隊撤退に伴い、この教会に移して造ったものである。一九二三年五月に、一五〇〇人を収容できるよう、サンクトペテルブルクの教会を模して造り直した。一九二八年に作業は中断したものの、二九年に再開、三二年に完成した。現在は建築芸術館として公開されている。

あの作品の舞台④
漫画『フイチン再見！』

「女流漫画家」の開拓者である上田としこ（一九一七～二〇〇八）を主人公とした物語。一人の少女が戦前の哈爾濱の高く広い空に、想像の絵を思いうかべた時から、日本における「女流漫画の歴史」は始まったといえる。

『フイチン再見！』第一巻の背景は中央寺院（本書五九頁参照）である。（村上もとか、小学館、二〇一三～一七年、全一〇巻）

[松花江鉄橋]（【学】不明）→地図A－⑩、B－⑩、C－⑩

[松花江鉄橋遠景]（【学】C）→地図A－⑩、B－⑩、C－⑩　鉄橋の西側から撮影されたものである。よくよく見ると、鉄橋を列車が走っているのがわかる。手前の船は対岸への渡し船だろうか。「大黒河」の文字が見える。

[松花江鉄橋]（【学】C）→地図A－⑩、B－⑩、C－⑩　写真手前に見える石造の建物は警備兵詰所。橋桁の石垣は、長崎から渡った日本人石工20名によって施工され、「将来、日本のものになるのだから頑丈につくった」というエピソードが伝えられている。

[水泳場のロシア人女性]（【学】C）奥に松花江鉄橋とアーチ部分が見えることから、埠頭区の対岸に位置する太陽島（当時、ロシア人の別荘があった）の鉄橋の西側で撮影されたものかと考えられる。また、この写真にはロシア人女性のみが写っているが、実際には、現地に住んでいる人々は皆泳いでいたとのことである。なお、松花江は、汚染が進んだ影響で、現在は遊泳ができなくなっている。

[松花江の水泳場]（【学】C）中心に、「ミニアチュール」と書かれた売店がある。中央大街85号にあった「カフェ・ミニアチュール」（現在は哈爾濱撮影所、建物は1921年完成）の出張所か。上の看板には煙草の絵が描かれており、1箱10銭で売られていたことが窺える。

松花江——大河と鉄橋

もともと、哈爾濱は、「松花江市《スンガリー》」と呼ばれていた。スンガリーとは、満洲語で「天の川」を意味する「スンガリウラ」にちなんだものである。現在は、松花江河にその名が残っている。

この松花江に架かる松花江鉄橋（現・濱洲鉄路橋）は、一九〇〇年にできた。長さ一〇五〇・八七メートル、幅七・二メートル、橋上部のアーチ部分は一九ある。

［正陽街（現・靖宇街）］（【学】C）→地図C－⑪　左下の馬具が満洲独特のアーチ型を描く。

旅を語る言葉◉　一番活気のあるのは支那街の伝《〔ママ〕》家甸でしょう。歩いていると、火事のある街に行っているように、人の往来がはげしくて、キタイスカヤの露西亜人の街とくらべて、二、三の識者の話では、これからのハルピンは、伝《〔ママ〕》家甸が中心になって行くでしょうと云う事でした。――『林芙美子紀行集 下駄で歩いた巴里』（岩波書店、二〇〇三年）四五頁

［濱江新市街］（【学】C）→地図A－⑬

［傅家甸（現・道外区）］（【学】不明）→地図A－⑫、C－⑫

傅家甸――中国人街

傅海山、傅連山の兄弟が、漁民や旅人のための宿を開き、そこに、血縁者（傅姓）が集まってできた街であったことから、当初は傅家店という名がついたが、後にこの名前に変わった。

埠頭区と線路を挟んだ縦長の土地は「八区」と呼ばれる。八区を除いた傅家甸の松花江に接した土地は、全て埋立地である。また、傅家甸の東は楊、韓、劉、辛の四姓が定住したことから四家子と呼ばれるようになった。

この地域は、古くから中国人が居住する地域である。しかし、八区、北の埋立地、東の四家子、傅家甸の発展は、地域ごとに異なっていたとされる。

なお、「傅」（かしずく）という字は、「傅」（「伝」の旧字体）と間違えられやすい。左上に掲げた『林芙美子紀行集 下駄で歩いた巴里』でも「伝家甸」となっている。

地図C　傅家甸付近（中国人街）

[南崗の大直街]（【学】C）→地図A－⑬

[中央寺院]（【学】C）→地図A－⑬　南崗の新市街にあった。

[秋林百貨店（現・秋林集団股份有限公司）]（左右ともに：【学】不明）→地図B－⑭　右図は南崗の本店、左図は中央大街の支店。

哈爾濱

南崗――新市街／香坊

中央寺院は大直街にあった、ロシア正教の哈爾濱におけるカテドラル（本山）である。釘を一本も使用せず、建築史上最高傑作であったといわれている。しかし、一九六六年の文化大革命のため破壊された。

東清鉄道庁は、西大直街に面している。一九〇二年竣工、〇四年から使用開始。一九〇五年一一月に五回の火災に見舞われたが、〇六年に修繕された。一九二四年に、中国とソ連は共同で運営を始めたが、三五年に満洲国に売却。この時、中東鉄道（ロシアの勢力基盤だった鉄道会社）は満鉄に吸収された。一九三七年に哈爾濱鉄道局に改名。一九四五年に中国とソ連で再運営を始め、中国長春鉄路局に改名。一九五二年、ソ連は撤退し、哈爾濱鉄路局に改名。

左上：[志士の碑]（【学】C）、左下：[小林・向後二烈士の碑]（【学】C）、右：[忠霊塔]（【学】D）

哈爾濱の南東に位置する香坊《スタールハルビン》と呼ばれる地区には、忠霊塔（右）、志士の碑（左上）、小林・向後二烈士の碑（左下）がある。この碑は、ロシアを密偵する任に失敗し、銃殺に処された小林環、向後三四郎の両名の碑である。なお、この三つの位置関係は地図によって違い、正確な位置関係は不明である。また、志士の碑は、鉄橋の爆破に失敗し、一九〇四年に銃殺に処された沖禎介、横川省三の両名の碑である。

（武藤那賀子）

旅の道標⑦

シリーズもの絵葉書

『ハルピン景観』の袋（右）と絵葉書のウラ（左）（【学】C）「明朗色」「十六枚組」とある。絵葉書のウラに書かれた中央寺院と、袋の絵が一致する。

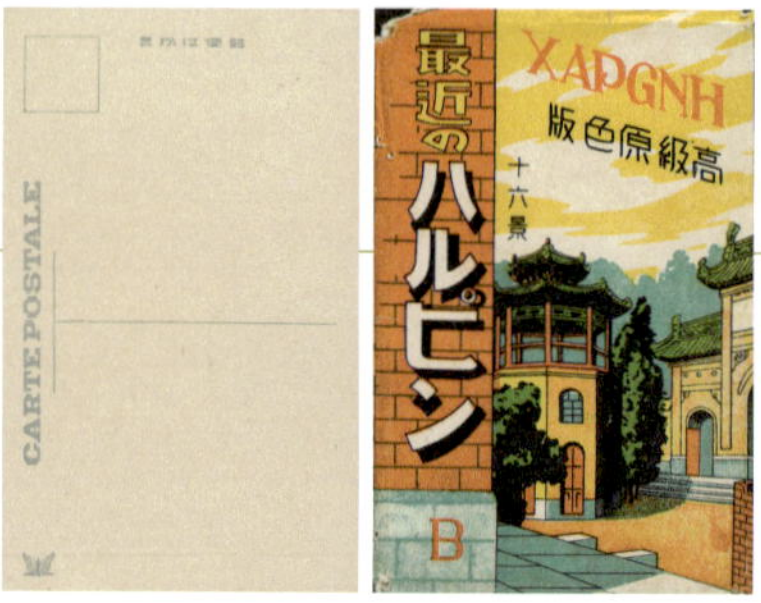

『最近のハルピン』の袋（右）と絵葉書のオモテ（左）（【学】C）「高級原色版」「十六景」とある。

シリーズもの絵葉書は、一組一〇数枚ほど（多くは一六枚）の絵葉書が袋に入ったものである。現存するものの中には、枚数が足りない、袋の中に別の絵葉書が入っているといった場合もある。

では、どのようにして、袋と中身となる絵葉書を一致させるのか。学習院大学国際研究教育機構が所蔵している絵葉書をもとに、考えてみたい。

まず、シリーズものの絵葉書の袋の記載に着眼すると、「明朗色」「原色」といった言葉の入るものがあることに気づく。これは、中に入っていた絵葉書の着色の有無を示すが、それでもセットであったはずのものを見つけるのはたやすくない。ここで、絵葉書のオモテ（宛名を書く面）を見てみると、その多様さに驚かされる。着色された、オモテのデザインが同じ絵葉書は、そう多くはない。これが一つの目安となる。また、絵葉書のウラ（絵や写真のある面）に書かれたタイトルも目安となる。字のポイント、フォント、タイトルのつけ方が一致したら、その絵葉書はセットであったと言ってよいであろう。

だが、それでも、絵葉書とその袋の組み合わせが正しいかどうかはわからない。もちろん、『志士記念絵端書』など、中身が特殊なものであればわかりやすいのだが、シリーズものの絵葉書の多くは「景色」である。ここでヒントになるのが、袋に描かれた絵である。袋に描かれた絵には、中に入っていた絵葉書の中でも代表的な建造物が描かれることが多い。袋に描かれた建造物と同じ建造物が絵葉書にあり、かつ、その絵葉書が、一〇枚以上のセットであることが確実ならば、これらは、袋付のシリーズもの絵葉書であるといえよう。

一方、モノクロで、特に特徴のないシリーズもの絵葉書もある。しかし、その場合でも、『北満都 ハルピンの風光を集めて』のように、袋と絵葉書のオモテの色相が一致することがある。このシリーズもの絵葉書は、袋に描かれた絵と中に入っていた絵葉書の絵も一致する。このようにして、袋と一致するであろう絵葉書を推定することは可能だが、絵葉書のオモテを見ると、袋は見当たらないものの、明らかにシリーズ化されていたものというのもある。袋そのものがなかった可能性もあるが、袋が付いていたものならば、絵葉書に使用されている紙の質や色相などから、袋が特定されることもあるだろう。

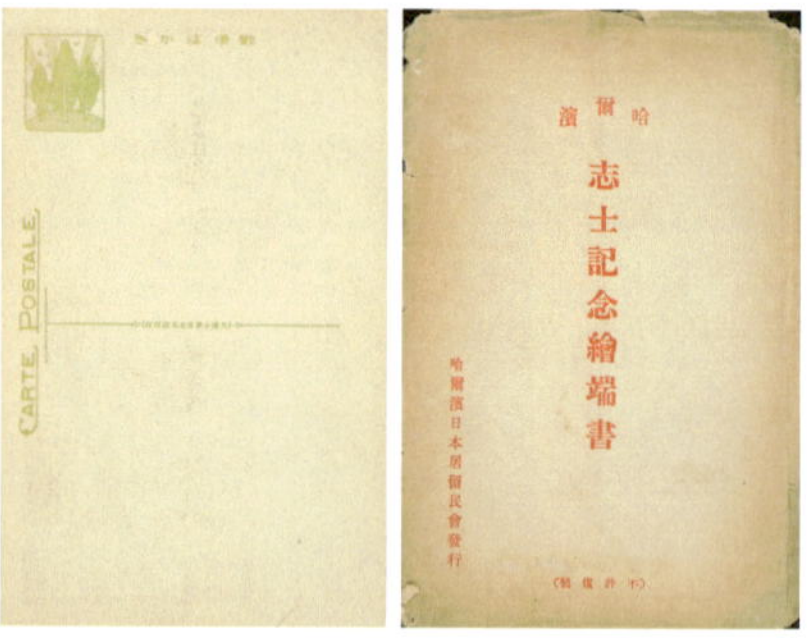

『志士記念絵端書』の袋（右）と、絵葉書のオモテ（左）（【学】C）

『北満都　ハルピンの風光を集めて』の袋（左上）と絵葉書のオモテ（右上）、ウラ（下）（【学】C）絵葉書のオモテに書かれた志士の碑と袋の絵が一致している。また、袋の色と絵葉書のオモテの色味も一致している。

『歓楽の都市　ハルピンに遊ぶ』の絵葉書オモテ（右）、袋（左）（【学】不明）絵葉書ウラの左下にあるマークから、和歌山県にあった大正写真工芸所が作成したものであるとわかる。

◉『歓楽の都市　ハルピンに遊ぶ』

『歓楽の都市　ハルピンに遊ぶ』は、一九一八年四月以降に発行された一六枚組の絵葉書である。この葉書は、日本人男性が哈爾濱駅に到着するところから始まり、齋虹橋を渡って、埠頭区（松花江、キタイスカヤ街）に行き、その後で新市街（哈爾濱駅の南東側）で夜まで観光するというストーリーになっている。なお、日本人男性一人、ロシア人女性二人で哈爾濱を観光するというコンセプトのシリーズもの絵葉書は、もう一組あったらしい。

シリーズものの絵葉書が全枚数揃っており、またその袋が残っているというのは状態が良く珍しい。なお、このシリーズには、必ず「ハルピン見物」の文字と、シリーズの順番を示す漢数字、日本人男性あるいは現地ロシア人女性の言葉が入る。

なお、このシリーズのNo.7には、「他見男」という名前が出てくるが、これは、『ハルピン夜話』（玉井清文堂、一九二九年）の著者である奥野他見男（本名：西川他見男）であろうと考えられる。ペンネームである「奥野他見男」の「奥野」は、日本の東北を「奥」と呼ぶように、中国の「東北」である哈爾濱を意識してのものであろうか。

なお、『歓楽の都市　ハルピンに遊ぶ』のNo.3、7、10には、『ハルピン夜話』の文言が引かれている。以下に掲げる。

A『ハルピンに遊ぶ』No.3

空は青く地は広い。橋を渡ると、もう①店と云《い》い、すべての装飾と云い、すっかり異国情緒だ……。②美しく着飾ったロシヤの娘、夫人、紳士……が三々伍々楽しげに快活に散歩して居る。『③なる程これがロシヤ気分か』

『ハルピン夜話』一一頁

馬車は明るい街へと入って行った。もう其処からは曖にも日本人の姿が見られなかった。②美しく着飾ったロシアの娘、夫人、紳士が三々五々楽しげに快活に散歩している。①店と云い、すべての装飾と云い、すっかり異国情緒だ。

「③なる程《ほど》、これがロシア気分か」

B『ハルピンに遊ぶ』No.7

他見男さんが『①は〔ママ〕入って見て呀《ああ》と驚いて了《しま》った』と云うその公園！……『②凡《およ》そ哈爾賓中の美人という美人が悉《ことごと》く集まるというその公園！』彼女は語る。木の葉が光る。美しい夕日がベンチに映える。

『ハルピン夜話』五四頁

さて①入って見て、己れは呀っと驚いて了った。何たる華やかな光景であろう。②凡そハルピン中の妙齢の女と云う女、美人と云う美人が悉く集まった様な美しさ、艶麗さ、私は呆気に取られるよりも驚喜した、驚喜するよりも愕然として、暫くポカンとして立っていた。

C『ハルピンに遊ぶ』No.10

①成程哈爾賓だわい。成程異国情緒だわい。と一々感心して見て廻ると是《これ》でも可《か》なりくたびれる。街頭の〔ママ〕ペンチに腰を下してキタイスカヤ街の雑閙に疲れた眸を投げる。様々の風態と様々の容姿・美人も通れば醜婦も通る。日本人が一人も通らぬ所が①成程異国情緒だわい。

『ハルピン夜話』一二頁

「あゝ素敵だ、実に素敵だ、①成程ハルピンだわい、成程異国情緒だわい」

ほぼ同じ文言の箇所は同じ番号の傍線で示した。「他見男」と入っていないNo.3、10にも、『ハルピン夜話』の文章が引かれていることがわかる。

（武藤那賀子）

旅の道標⑧

一九一九年の学習院北満旅行

一九〇五年に日露戦争に勝利したのち、日本軍は満洲に駐留し、一九〇六年には文部省と陸軍が「満韓旅行」を企画する。学習院中高の海外修学旅行は、一二年後の一九一八年に始まった。この年以降、海外修学旅行に行った学生たちは、『輔仁会雑誌』に現地での様子を記すことが多かった。このため、現在の私たちにも、当時の修学旅行の様子が事細かに伝わる。しかし、一九一九年の旅行は、こうした見聞録が一切見当たらない。一九一九年の『庶務課日記』によれば、修学旅行の途中で帰国したことになっている。彼らは、なぜ帰国したのだろうか。

『西受大日記』と学習院の『庶務課日記』

『西受大日記』（旧陸海軍記録）を見てみると、一九一九年七月八日に提出された「学習院学生西伯利満洲方面旅行ニ付便宜供与ノ件」には、学習院長・北条《ほうじょう》時敬《ときゆき》から陸軍大臣・田中義一への文書がある。そこには、学生約一〇名が大谷勝真と安楽直治の二教官の引率で、七月二四日に敦賀を出発し、ハバロフスクに向かうシベリア・満洲の修学旅行に行くための便宜供与の依頼があり、日程表も付されている。日程表には、「敦賀発　七月二四日発」とあり、この日を一日目として全二四日間の行程が書かれている。

同年の『庶務課日記』を見てみると、七月八日に学生一〇名がシベリア満鮮旅行に行くための依頼状を提出しており、これは『西受大日記』と一致する。しかし、八月六日には、シベリア汽車の出発の可能性がないために引率者である安楽・大谷から引き返す旨の電報が来ている。そして、一一日には学生たちは帰国し、大谷がその報告をしている。

『西受大日記』にある当初の予定では、学習院の一行は、八月六日には長春に滞在していることになる。しかし、『庶務課日記』のシベリア汽車が出発しないという事態を考えると、八月六日時点で、彼らはニコリスクかハバロフスクでとどまったまま、哈爾濱に至っていない可能性が大きい。

一九一九年八月の哈爾濱

学習院生の修学旅行とほぼ同時におこなわれた一高生三〇名のシベリア旅行に関する八月一九日付けの記事によると、彼らは、旅行の半ばで引き返している。この原因は、哈爾濱の鉄道従業員によるストライキ、吉林奉天軍の騒動、普茶店のコレラが帰国の原因であったと言う。

問題は、一高生たちがいつ哈爾濱に着いたのかということであるが、交代の不寝番を二週間続け、八月一七日に連絡船に乗っているとあるため、八月四日より前、つまり、学習院の学生より前に哈爾濱に到着していた可能性が高い。とするならば、やはり、学習院の修学旅行の帰国の理由も、一高と同じように哈爾濱の鉄道従業員のストライキ、吉林奉天軍の騒動、普茶店のコレラの三つが考えられる。

哈爾濱の鉄道従業員のストライキと吉林奉天軍の騒動

そもそも、なぜこの時に哈爾濱の鉄道従業員はストライキをしたのだろうか。国立公文書館所蔵目加田家文書の八月九日の記事によると、原因は、給料の支払い通貨問題のためであったとされる。さらに、八月一二日の『時事新報』には、露貨の暴落と物価の騰貴による生活難が原因とある。しかし、七月一日から三日にかけて『横浜貿易新報』に掲載された「日貨排斥魂胆（一〜四）」や、六月一二日の『東京朝日新聞』の二つの記事によると、反日運動によるものである可能性が浮上する。それは、いうまでもなく、三月一日に朝鮮半島で始まった三一運動と五月四日に北京で始まった五四運動の影響がある。三一運動と五四運動を皮切りに高まっていった反日感情は、ストライキを引き起こし、それがシベリアにも飛び火して、修学旅行生たちの足をとどめたのである。

一九一九年のコレラ流行

シベリア旅行に向かっていた一高生が引き返してきた理由の三つ目であるコレラは、この当時にどれほど流行っていたのであろうか。

飯島渉『ペストと近代国家』（二〇〇〇年）によると、日本では、「コレラは一八二二年以後、たびたび流行し、大きな被害を与えたが、一九世紀後半から展開された水道などの衛生インフラの整備や検疫制度の確立によって、しだいに流行は抑制されることになった」。そして、「東南アジアの各地域に被害を与えたコレラは、一九一九年五月末に中国南部の仙頭、潮州に感染し、以後、中国沿岸地域、すなわち、香港、澳門、厦門、福州、上海、青島、大連、営口などに感染した。一九一九年八月初旬には、上海から無錫、常州などの内陸都市にも感染がひろがった。……こうした内陸都市への感染は、主として鉄道路線を経由したものであり、江蘇州では、上海から江蘇、無錫、鎮江、常州、揚州、江陰、蕪湖、南京（以上、京滬鉄道）、松江、嘉興、杭州、呉興、粛山（滬寧鉄道）に感染し、東北では、営口に感染したコレラが、満鉄によって奉天へ、中東鉄道によって哈爾浜、ウラジオストックへも感染した」（二三七頁）。これらのことから、一九一九年八月が特にひどい状況であったことがわかる。さらに『《明治百年史叢書》関東局施政三十年史』（一九三六年）に詳細を求めると、コレラは、上海や華南方面からの船舶によってもたらされ、一九一九年の夏には、華南沿海から上海方面に流行した際は、大連にまで感染したものの、流行するまでにはいたらなかった。しかし、営口満人街から始まった感染はその附属地にまで及び、また京奉線によって各地に伝播し、南北満洲一帯に蔓延した。最終的には二三四二人の患者と、二三一人の保菌者を出してようやく収束した。

また、「東支沿線ニ於ケルコレラ病ノ流行並ニ其予防」によると、東支鉄道のストライキがようやく終息した頃に、哈爾濱ではコレラが発生し、八月初頭から一〇日までの間に感染が拡大し、軍でも予防講習がおこなわれている。また、現地のみならず日本にもその状況が伝えられていたことがわかる。この状況は「哈爾賓市会議員ノ選挙ニ関スル件」においても、本来八月一〇日に実施する予定であった市会議員選挙がコレラのため延期されたことなどからも伺える。さらに同一四日の「西比利亜経済援助関係雑件／衛生材料供給（陸軍委嘱ノ分）」では、コレラ予防接種に関する記載もあり、また、同一六日には「関東都督府虎列剌防遏費ヲ同府特別会計第二予備金其ノ他ヨリ支出」の文書がある。

同年八月下旬には、「蘭領政府ノ大連ヲコレラ流行地ト認定ノ件」、「コレラ予防設備ニ関スル件（チ、ハル）」、「威海衛ニ於ケルコレラ病ニ関スル件」、「後貝加爾州ニ於ケル虎列剌予防会議ニ関スル件」などの文書があり、九月に入るとドイツの「砲艦ワチャーグ任務経過報告」に、「九月八日　ハルピン〔ママ〕からの朝鮮人コレラに罹患し死亡」という記事が見られる。また、「汕頭以北ノ支那諸港及関東州諸港ヲコレラ流行地ト指定ノ件（解除令ヲ含ム）」として、汕頭から始まったコレラの流行の広まりをまとめた資料もある。

一九二〇年に入ると、日本の各地の港でもコレラが発生し、デンマーク司法省、スウェーデン商務院、中国の芝罘《チーフ》海関などが認定している。神戸・長崎、そして台湾でもコレラは流行した。なお、同年の学習院修学旅行では台湾を訪問しているらしいが、その実施時期は明確ではない。また、中国・朝鮮でもこの年にコレラは引き続き発生しており、中国から朝鮮を経て、日本に入る旅行者と中国国内での日本人に対して検疫が実施されている。

このような公文書からわかる哈爾濱のコレラの流行状況は、新聞記事などに見られるように広く日本の市民にも知られるようになった。また、一九一九年のコレラの新聞記事は広告も含めて全部で一二九件である。これに対し、前年一九一八年のコレラ関係の記事はその二割にも満たない二二件、翌年一九二〇年は、半数に満たない五八件であった。また、一九一九年の上半期に「猖獗《しょうけつ》」「指定」「続発」の文字が多いこと、二月五日の「安政の虎疫以上各人注意すべし」などの記事から、コレラの蔓延が予見されること、そしてそれが長引きそうであることが伝えられている。さらに、八月一一日「満洲虎疫益蔓延」、同一三日の「渡満団体一時差止」の記事があり、その他、同九日鉄嶺、一〇日満鉄、一一日安東・遼陽、一二日北京・天津、一三日奉天と、その範囲が拡大していったことがわかる。

おわりに

一九一九年の修学旅行は、哈爾濱の鉄道従業員のストライキ、吉林奉天軍の騒動、普茶店のコレラの三つが原因となって引き返してきた可能性が高いことを示した。これは、反日運動が高まり、かつコレラが猛威を振るう中、学習院生たちが限界まで挑んだことの表れだといえる。なお、最後に、『輔仁会雑誌』『学習院時報』『西受大日記』を元に、詳細のわかる学習院の修学旅行を、一九一九年の志半ばで引き返してきた修学旅行の予定も併せて一覧にしておきたい。

◉一九〇六年七月一七日～八月一三日
・行き先〔満洲教員視察旅行〕
大連、旅順、奉天、京城
・参加者：教員四名以上、学生一三名
・出典：『学習院輔仁会雑誌』第七一号

◉一九一八年七月一七日～八月一四日
・行き先
青島、済南、曲阜、泰山、済南、北京、張家口、青龍橋、南口、天津、大連、旅順、奉天、撫順、奉天、平壌、京城、釜山
・参加者：教員三名、医官一名、学生三五名
・出典：『学習院輔仁会雑誌』第一〇六号

◉一九一九年七月二四日～八月一六日
・行き先（予定）
ウラジヴォストーク、ニコリスク、ハバロフスク、哈爾濱、長春、鉄嶺、奉天、安東、新義州、平壌、開城、京城、釜山
・参加者：教員二名、学生一〇名
・出典：『西受大日記』

◉一九二二年七月二一日～八月二〇日
・行き先
青島、済南、曲阜、泰安、北京、大同、石仏寺、天津、大連、旅順、奉天、安東、新義州、京城、釜山
・参加者：教員一名、学生六名
・出典：『学習院輔仁会雑誌』第一一八号、『学習院時報』第一号

◉一九二三年七月二一日～八月一三日
・行き先
基隆、台北、淡水、台中、二水、日月潭、埔里、霧社、嘉義、阿里山、台南、泰平、高雄、屏東、北投
・参加者：教員一名、学生五名
・出典：『学習院時報』第三号

◉一九二四年七月一八日～八月八日
・行き先
小樽、亜港（アレキサンドロフスク）、ルイコフ、真岡、多蘭泊、豊原、川上炭山、小沼、栄浜、大泊、稚内、旭川、帯広、札幌、苫小牧、支笏湖、白老、室蘭
・参加者：教員一名、学生一三名
・出典：『学習院時報』第四号

◉一九二五年七月二一日～八月一三日
・行き先
大連、旅順、鞍山、奉天、撫順、四平街、洮南、鄭家屯、公主嶺、長春、哈爾賓、安東、平壌、京城、釜山
・参加者：教員一名、学生六名、卒業生一名
・出典：『学習院時報』第六号

◉一九二六年七月一九日～八月八日
・行き先
基隆、台北、桃園、角板山、台中、二水、日月潭、嘉義、阿里山、台南、高雄、屏東、草山
・参加者：教員一名、学生三名、卒業生一名
・出典：『学習院時報』第八号

◉一九二九年七月二三日～八月一二日
・行き先
釜山、京城、元山、長箭、温井里、平壌、奉天、撫順、長春、哈爾濱、大連、旅順
・参加者：教員一名、学生一四名
・出典：『学習院輔仁会雑誌』第一三七号、『学習院時報』第一四号

＊詳細については、武藤那賀子「大正八（一九一九）年の学習院北満旅行をめぐって」（『学習院大学国際研究教育機構研究年報』第三号、二〇一七年二月）を参照。

（武藤那賀子）

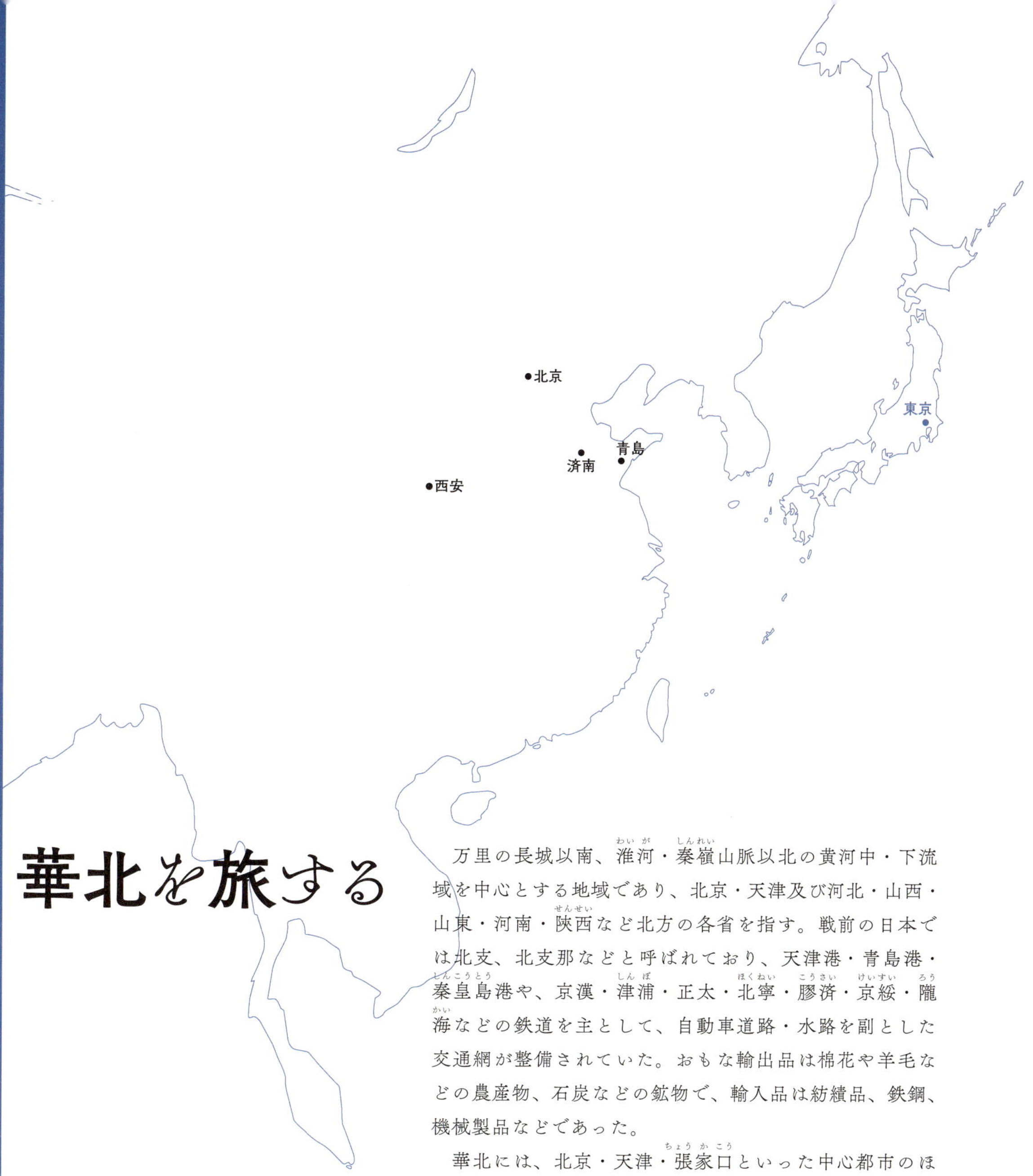

華北を旅する

万里の長城以南、淮河《わいが》・秦嶺《しんれい》山脈以北の黄河中・下流域を中心とする地域であり、北京・天津及び河北・山西・山東・河南・陝西《せんせい》など北方の各省を指す。戦前の日本では北支、北支那などと呼ばれており、天津港・青島港・秦皇島《しんこうとう》港や、京漢・津浦《しんぽ》・正太・北寧《ほくねい》・膠済《こうさい》・京綏《けいすい》・隴《ろう》海《かい》などの鉄道を主として、自動車道路・水路を副とした交通網が整備されていた。おもな輸出品は棉花や羊毛などの農産物、石炭などの鉱物で、輸入品は紡績品、鉄鋼、機械製品などであった。

華北には、北京・天津・張家口《ちょうかこう》といった中心都市のほか、西安・洛陽・開封など歴史的都市も多い。華北地域でユネスコの世界遺産に指定されたものには、万里の長城、北京の故宮や天壇・周口店の北京原人洞窟、陝西省西安の秦の始皇帝陵と兵馬俑坑、山西省大同の雲崗石窟・五台山や平遥《へいよう》古城、河南省安陽の殷墟《いんきょ》（甲骨文の発見地）・洛陽の龍門石窟、山東省の曲阜などがある。古き良き中国と北方民族や諸外国に翻弄される中国の歴史が入り混じった地域である。

[景山からの紫禁城の眺め]（【学】1911年以降の撮影）→地図B－①　紫禁城（故宮）の北側にあった人口の山・景山から見た紫禁城。中軸線上に主要な建物が並ぶ特徴的な配置が一目でうかがえる。

北京　八〇〇年の古都

Beijing

北京は、一一五九年に金王朝がこの地に首都を築き、その金を滅ぼした元が同地に大都を建設して以降、明代の初期と中華民国国民政府のときを除いて、一貫して首都であった。現在に至っても、人口の過密化や大気汚染などといった都市問題を抱えながらも、政治・経済・文化等の中心地として偉容を誇っている。金代も含めると、北京はおおよそ八〇〇年もの間、首都として機能してきたことになる。

北京の市街はかつて、旧来のすべての古都がそうであったように、周りを堅牢な城壁で囲まれており、それが外敵を防ぐとともに都市の境界をはっきりと示す役割を担っていた。近代に入るとそれは取り壊され、その跡地は現在、二環路という環状線となっている。

北京城の構成を語る場合、最初に説明せねばならないのが、城全体を南北にまっすぐ貫く中軸線の存在である。北京城の設計者たちは、まず長さ八キロに及ぶ中軸線をひき、そのうえに、正陽門、天安門、午門、太和殿、保和殿、乾清宮など、国政上重要な建物や門扉を設置し、それに沿って天壇や先農壇などの儀礼施設を配していった。中軸線は北京の背骨であり、同地の市街構成特有の壮麗な秩序美は、近代の建築家・梁思成（一九〇一～七二）がいうように、実にこの中軸線によってもたらされたものであった。

城壁のあった時代の北京は、これを上から俯瞰すると全体が凸型をなしていた。その城内はさらに四層に別れており、それぞれが壁によって隔てられていた。まず、凸型の下部の口の部分を「外城」といい、庶民が生活を営む空間であった。上部は、外側から順に、高級官僚らが居住していた「内城」、皇族らが住んだ「皇城」、国家的儀礼が挙行される場であるとともに皇帝が執務し、私的生活を送るところでもある「宮城」（紫禁城）の三重の入れ子状に分かれている。宮城は現在、「故宮」の名で呼ばれている。

[正陽門・箭楼]（上:【学】C　左:2015年筆者撮影）→地図A－②　正陽門の前面には、門を守る役割を果たす箭楼がそびえている。

外城

外城は一六世紀半ば、すでに完成していた内城の南側に建設されたが、当初の計画では外城が内城の周囲を囲み、「回」字の形になる予定であった。ところが、予算等の都合で中止され、結果的に凸型になったものである。

外城と内城は正陽門、崇文門、宣武門によって繋がっており、正面玄関は、中軸線上に位置した正陽門（紫禁城から見て南方正面にあることから「前門」とも呼ばれた）であった。正陽門は一四一九年に初めて建造。皇帝専用

地図B　宮城（紫禁城）

地図A　北京市街図

北京　前門大街（正陽門上ヨリ見タル）　(Peking) The Che'en-men street

の門であったため、庶民はその側面にあった閘門《こうもん》を利用した。

正陽門から南、天橋にかけての一キロほどの通りは前門大街と名付けられ、目抜き通りとして繁栄してきた。通りには乾隆帝がお忍びで通ったというシューマイ屋「都一処《といっしょ》」、四〇〇年の歴史がある漬物屋「六必居《ろくひっきょ》」、六〇〇年の歴史がある北京ダック屋「便宜坊《べんぎぼう》」、京劇の劇場「中和戯院《ぎいん》」、「広和楼」など、多くの老舗や施設が立ち並び、常時たくさんの人で賑わった。

前門大街の東側北から二本目の横道には「大柵欄《だいさくらん》」と呼ばれる通りがある。もともとは「廊房四条」と言われる道であったが、入り口に設けられた「柵欄」（不審者対策の木戸のようなもの）がひときわ精巧で大型であったことから大柵欄と呼ばれるようになり、こちらの名称が定着した。ここは北京でもとりわけ古い地域で、長さ三〇〇メートルにも満たないが、伝統的な建築が軒を連ねている。清代から北京っ子の間に「頭には馬聚源《ばしゅうげん》の帽子、足には内聯昇《ないれんしょう》の靴、身体には瑞蚨祥《ずいふしょう》の絹で設えた服」という言葉がある。馬聚源は帽子屋、内聯昇は毛沢東も顧客の一人であった布靴屋、瑞蚨祥は絹織物の老舗であるが、これらの店はすべて大柵欄にあり、要するに上から下まで大柵欄で揃えるというのが粋な北京人だ、ということであった。他にも薬屋の「同仁堂」、お茶屋の「張一元」など、北京を代表するような老舗が多く集まっていた。

外城にはもう一つ重要な施設がある。それは外城のほぼ十分の一の面積を占める天壇である。明の永楽帝の創建にかかり、明清時代、冬至と正月に皇帝が天を祭り、五穀豊穣や雨乞いの祈りをささげた神聖な場所とされていた。往時、天地の祭祀は皇帝のみに許された重要な儀式の一つだったのである。天壇は円丘壇、皇穹宇《こうきゅうう》、祈年殿などからなる。

天壇を上から俯瞰すると、北側が円弧上になっており、南側が方形になっているが、これは「天円地方」（天は丸く、地は四角い）という古来の宇宙観を表現している。一般観光客に公開されるようになったのは一九一八年からである。一九九八年には世界文化遺産に登録された。また中軸線を隔てた西側には、農業神などを祀る先農壇が設けられている。

内城

内城は皇族や高級官僚らの居住スペースであった。他に雍和宮《ようわきゅう》や孔子

GRAND VIEW OF CHIEN-MEN-TA-CHIEH-STREET, PEI-PING.
（北平）　人車絡繹賑やかな前門大街の景観

右：［正陽門上から前門大街を望む］（【図】①）→地図A－③　写真に見える橋は正陽橋。そこを渡り、正陽門牌楼をくぐると、そこから前門大街である。左：［前門大街］（【学】C）路面電車のレールが見える。通行人は長衫（チャンシャン）を着ている。これは清代に満洲人の伝統衣装（旗装）に改良を加えて作られた常用服で、ワンピース形式のものである。

大柵欄
北京　大柵蘭東入口（前門外目抜キノ場所ニシテ恰モ日本東京銀座通ノ如シ）
(Peking)　The Ta-shih-pan street

［大柵欄東入口］（【図】①）→地図A－④　数々の名店が並ぶ北京随一の商店街・大柵欄の入口。立派な柵欄がトレードマークとなっている。

廟、天主教の教会といった宗教施設や国子監のような教育施設もあった。内城と外城は堅牢な城壁で隔てられ、入るには正陽門、崇文門、宣武門のいずれかの城門をくぐる必要があった。

雍和宮は当初、清朝の第五代皇帝・雍正帝の皇太子時代の住居であり、乾隆帝の生誕地でもあったが、宗教政策を重んじた乾隆帝によりラマ教寺院とされ、全国のラマ教活動の中枢となった。

雍和宮のそばには国子監街があり、最高学府たる国子監と、その西側に孔子を祀る孔廟が併設されている。学校と孔子廟を並べて建てるのは「廟学制」といい、唐代以来の伝統であった。日本の湯島聖堂も同様の形式を取っている。

国子監の中心的な建造物は、乾隆帝や嘉慶帝らが即位の後、自ら儒教の講義をおこなった「辟雍《へきよう》」である。辟雍は遠く周代に天子が郊外に建てた学校に由来する。それは周囲を円状の池に囲まれ、全体が円環のかたちをなすものであった。これに対して天子から領地を与えられ、各地を支配した諸侯の学校は「泮宮《はんきゅう》」といった。国子監の辟雍の前面には色とりどりの瓦で彩色された瑠璃牌坊が建っており、南側には「圜橋 教沢《かんきょうきょうたく》」、北側には「学海節観《がっかいせっかん》」との題字がは

[内城城壁]（【図】①）→地図A－⑤　内城南面の城壁を、正陽門外の東側（現在の前門東大街付近）から崇文門に向かって、東向きに撮影。手前から後方にのびるレールは北京・奉天（現・瀋陽）間を結ぶ京奉線。

[国子監・瑠璃牌坊]（【学】C）→地図A－⑥　国子監の玄関である集賢門、それから大学門をくぐると、正面に聳えるのが黄色の瑠璃瓦で葺かれた目にも鮮やかな瑠璃碑坊である。そのさらに北には皇帝自らが学問を講じた辟雍があった。

[清代の官吏]（【図】①）清朝では男性は満洲人スタイルの衣服を着用した。袖は中国伝統の、袖のゆったりしたものではなく、筒形の短いものであった。前の打ち合わせはボタンで留めた。写真は清朝の官吏であるが、涼帽（夏用の風通しのよい帽子）をかぶっている。保温性の高い暖帽もあった。帽子のてっぺんには冠頂といわれる飾りがついており、ルビー、サファイヤ、サンゴなどで作られるが、それによって等級を表した。

[天安門]（上:【図】②　左：2015年筆者撮影）→地図A－⑦、B－⑦
民国期、天安門には蔣介石の巨大な肖像画が掲げられていたが、中華人民共和国建国以降はその場所に毛沢東の肖像画が据えられ、権力の在処の変遷を物語っている。

め込まれている。

皇城・宮城（紫禁城）

内城のさらに内側には皇族の居住空間である皇城、さらにその内には皇帝らの生活空間と様々な儀礼の舞台となる宮城（紫禁城）があった。

皇城の玄関口が天安門である。清朝までは、皇帝の即位や結婚、皇后を立てるにあたって詔書を発布する儀礼（頒詔《はんしょう》の礼《れい》）がおこなわれる場であった。天安門は近代以前までは、「承天門」という旧名も物語るように、天命を承けた皇帝の権威をあまねく示す場として機能していたのである。

近代に入ると天安門（及びその前方に広がる空間）は皇帝権力を一方的に見せつける空間から、ある種の「民意」を示す場ともなった。一九一九年五月四日、数千人の学生や労働者が集まり、対華二一ヶ条要求とヴェルサイユ条約反対を叫ぶデモをおこなったが、やがてそれが全国へと波及していった。この五四運動の発端となった場所こそ天安門であった。

一九二五年には上海で起こった五・三〇事件に抗議する大規模な反日デモがおこなわれた。さらに一九二六年三月一八日、日本の帝国主義と段祺瑞《だんきずい》政権の政策に反対し学生や市民らがデモをおこなったが、軍閥政府による粛清にあい、数百人が犠牲になった（三・一八虐殺）。

一九四九年一〇月一日、毛沢東は中華人民共和国の建国を宣言したが、その舞台となっ

［午門］（【学】C）→地図B－⑧

たのも天安門である。

　天安門をくぐり皇城に入ると、午門にぶつかる。宮城の入り口である。午門前の広場では、元代には八つ裂きの刑や、少しずつ肉を切り取って死に至らしめる陵《りょう》遅《ち》処《しょ》死《し》などの処刑がおこなわれ、明代には杖刑などの刑罰がおこなわれた場所であった。清代では死刑宣告の場として利用され、実際の処刑は、盛り場であった宣武門南の菜市口で、衆人環視のもとに実施された。

　皇城の西方、宮城の西隣には、北京郊外の玉泉山から引いた水で造られた、北海・中海・南海という三つの巨大な人工池があり、その周辺には庭園、住宅、寺院や殿閣などが設けられ、これらは皇帝の行宮《あんぐう》とされた。このうち、現在、北海は「北海公園」として一般に公開されているが、中海と南海は共産党中央、および国務院の所在地となっており、開放されていない。日本でいう永田町のような区域になっており、中央指導部に参画することを「中南海入りする」という。

　午門をくぐると宮城（紫禁城）である。南北約一キロ、東西約七

あの作品の舞台⑤

漫画『燕京伶人抄《ペキンれいじん》』

　一九二〇年代の北京を舞台とした全八作の短編集。辛亥革命と第一次世界大戦を経た北京［中国］では、列強の影響、軍閥の台頭による政治の混乱や腐敗の一方で、自由主義や民主主義が流入して、体制に対して批判的な人々も現れていた。それと同時に、近代化のなかで新たな価値観も生まれつつあった。本作は、前半は京劇の役者たちや京劇に魅せられた人々、後半はさまざまな立場の女性たちを中心としながら、新しい時代に伝統と革新の狭間で苦悩しつつ生きる人々の姿を描く。

　本作を描くため、著者の皇なつきは戦前の絵葉書や写真集を貪欲に漁ったという。作中にも正陽門や前門大街、門大街五牌楼、北海や南堂といった名所のほか、京劇はもちろんのこと、胡同やそこで暮らす人々の姿、北京の街並みが丹念に描かれている。

（皇なつき、潮出版社、二〇〇四年）

同書134頁より。正陽門の正面、前門大街の入り口に建つ牌楼（はいろう：華麗な装飾が施された鳥居型の建築物）。

Wulungting or Five-dragon-pavilions in Peihai Park, Peiking
(北京) 北海公園、五龍亭

(NO. 16) THE PEI-HAI WINTER PALACE, PEKING.
北京北海

GRAND SIGHT OF TAI-HO-MEN-GATE IN TZU-CHIN-CHENG-PALACE, PEI-PING.
(北平) 壯麗雄大なる紫禁城大和門の全景

[太和殿前の広場]（【学】不明）→地図B－⑨　映画「ラスト・エンペラー」（ベルナルド・ベルトルッチ監督、1987年）でお馴染みの場所である。

上：[北海　五龍亭]（【学】D）→地図A－⑩　北海の西北岸にある。五軒の亭が連なっており、往時、皇帝らが観月や釣りを楽しんだ。
下：[北海　白塔]（【学】不明）→地図A－⑩　北海には人工島・瓊華（けいか）島があり、そこには巨大なラマ塔（白塔）がある。絵葉書は東岸から瓊華島を眺めたもの。左に見えるのは陟山（ちょくざん）橋、島上に見える塔は白塔である。白塔は高さ35.9m。

〇〇メートル、七二万平方メートル。公的な行事や執務などがおこなわれる外朝（南部）と皇帝や皇后らが居住する私的空間である内廷（北部）からなる。

外朝には太和殿、中和殿、保和殿などがあった。太和殿は即位、皇后の決定、元旦、冬至などの儀式がおこなわれ、儀式の際には、約三・三平方キロ余りの広大な前庭に文武百官が整列した。中和殿は太和殿の北にあり、皇帝が儀式に臨んで心身を整える場であった。保和殿はさらにその北に位置し、皇帝が親王や外藩の使臣と新年の宴を開いた。また、科挙（高級官僚登用試験）の最終試験である「殿試」の会場となったこともある。

内廷には皇帝の寝宮である乾《けん》清宮《せいきゅう》、玉璽《ぎょくじ》を保管した交泰殿《こうたいでん》、結婚の場となった坤寧殿《こんねいでん》などがあり、外朝からは乾清門を通って入る。

頤和園　萬壽山玉泉山ヨリ見タル全景
(Peking)　The Summer Palace (Wan-shou-shan)

[頤和園の全景]（【図】①）頤和園西方の玉泉山から頤和園を望む。手前から奥に蛇行しているのは北長河。

郊外の景勝地

頤和園《いわえん》は北京城から一五キロほど北西に位置する、皇帝の別荘兼保養地であった。金代の「金山行宮」、明代の「好山園」を前身とし、乾隆帝が一五年の歳月をかけて完成させ、「清漪園《せいいえん》」と名づけた。第二次アヘン戦争に際して円明園とともに破壊されたが、一八八八年、西太后が余生を送る場として改築が始められ、一〇年近くの歳月を費やし、一八九七年に完成。その際に「頤和園」と改名されて、皇族の避暑地兼西太后の住居となった。

しかし、一九〇〇年には再び八か国連合軍による破壊にさらされる。二年後には再び修築が開始された。一九一二年に中華民国臨時政府が成立すると頤和園は溥儀《ふぎ》の私有財産として管理されることになり、一九一四年には入園料を取って一般に開放されるようになった。一九三八年から四五年の日本による占領期には日本の軍人や学生らの観覧にも供された。

全面積の四分の三を占める巨大な人工湖「昆明湖」を中心に様々な建物が並び、北側には掘った土をもって造った人工の山「万寿山」がそびえている。

（原信太郎アレシャンドレ）

（北京の古写真の出典は、①岩田秀則『北京写真帖』中村写真館、一九一八年。②山本明『震旦旧跡図彙』山本明写真場、一九三一年による。）

[画中遊]（【学】C）万寿山の西側にある。言い伝えによると乾隆帝が自ら設計したという。命名は楼上からの眺望の見事さから。

北京　萬壽山石舫
THE MARBLE BOAT, SUMMER PALBCE, PEIKING

[石舫]（【学】CかD）頤和園の人工湖に建てられた。古来、船は国家に譬えられるが、それを石で造ることにより、国家の安定を象徴。

北京城保護の挫折

北京は一九一一年の辛亥革命以降、皇城の一部が撤去されるなど開発＝伝統的城市の損壊が断続的に進んでいた。一九三七年から四五年まで日本軍は北京を占領したが、その間、日本軍は天安門門前を東西に貫く長安街をつくり、両側の外城の城壁に穴を穿ってその先へと道路を通した。これが現在の建国門と復興門である。城壁を取り壊すことは当時の常識では考えられないことであったが、これを契機に、その取り壊しが加速する。

それが一気に進んだのは、中華人民共和国が北京を首都と定めて以降である。

北京市はソ連の専門家たちの提案を受け、北京城内に首都機能を置こうと計画した。だがそうすると、城内の貴重な建築遺産が撤去と損壊を免れない。そうした北京市政府の動きに対し、文化財保護の立場から敢然と立ち向かったのが建築家・梁《りょう》思成《しせい》だった。彼は清末の思想家・政治家の梁啓超《りょうけいちょう》(一八七三〜一九二九)の息子である。梁は陳占祥《ちんせんしょう》(一九一六〜二〇〇一)とともに、城外の西郊に行政中心地を置くことを建議した。さらに、封建制の象徴として撤去が議論されていた北京城壁についても強く保存を訴えた。彼は城壁を公園とし、市民の憩いの場となる文化施設として活用する構想を抱いていたのである。しかし、それらの建議は否決され、城門や城壁は次々と撤去される運命をたどる。さらにその数年後には、古都の保護に尽力した梁思成自身も「復古主義」の提唱者として徹底的に批判されることになった。

それから時が経ち、一九九〇年代後半に入ると、北京政府による乱開発や、二〇〇八年の北京五輪開催に伴って強行された区画整理により、胡同など多くの歴史遺産が破壊された。近年はそうした動向に対し反省の機運が高まるとともに、梁思成の構想が再評価されつつある。

（原信太郎アレシャンドレ）

北京　城壁（前方ニ見ユルハ崇文門ナリ）
(Peking)　The redsing wall

[北京城壁]（上:【図】『北京写真帖』(1918年)
下:『梁思成全集　第五巻』中国建築工業出版社、2001年）「城壁上面は幅平均10メートル以上あり、花壇を作ってライラックやバラなどの灌木を植えたり、あるいは芝生にして草花を植え、ベンチを置くこともできる。夏の夕暮れ時には数十万人単位の人々の夕涼みに供することができる。」（梁思成「関于北京城墻存廃問題」『梁思成全集　第五巻』より）

西安

古都・長安の黄昏

[西安の城壁(南門)](上:【図】不明　下:2007年筆者撮影)
→地図A－①、B－①、C－①　明代に築かれた城壁には西に安定門、南に永寧門、東に長楽門、北に安遠門があり、それらを結んだ中心に時を知らせる鐘楼がある。南門の真ん中の楼閣は現在、見られないが、日中戦争後の国共内戦時に破壊されたと言われている。

中国内陸部に位置する西安はかつて長安と呼ばれ漢から唐にかけて約千年にわたって栄えた古都である。西安付近には周王朝の鎬京《こうけい》、秦の咸陽《かんよう》城、秦の始皇帝陵、漢の長安城、唐の長安城が分布し、今も多くの観光客が訪れている。劉邦、武帝、三蔵法師、玄宗皇帝や楊貴妃、そして日本から唐に渡った阿倍仲麻呂や空海（七七四～八三五）らが活躍した街でもある。

旧市街は今でも明代に築かれた城壁に囲まれている。一周一四キロメートル、高さ一二メートルの城壁の内部はおおよそ唐の長安の皇城・宮城にあたる。唐の長安の外城はさらに南に広がり、南北八・六キロメートルもの大きさであった。そこは漢人のほか、チベット・トルコ・イラン（ソグド）・朝鮮、そして日本人などが暮らす古代東アジア最大の国際都市であった。ところが、一〇世紀の宋元時代以降、経済・文化の中心が江南へ、政治の中心が北京へと遷り、かつての華やかな都であった西安（明代に長安から改称）は二〇世紀初頭の清朝末期には西方の一地方都市となってしまった。そのことは、千年にわたって築かれ、造られた多くの建造物や文化財が荒廃する原因となったのである。

清末西安の日本人

清朝末期の一地方都市・西安の風景を写真に残していた日本人がいた。足立喜六（一八七一～一九四九）である。彼は一九〇六年から一九一〇年まで、西安の陝西高等学堂で物理・数学の日本人教習(教師)として過ごした。ちょうどこの頃は、日露戦争後、多くの日本人教師が中国に招へいされ、また、多くの中国人が日本へと留学した時期であった。足立

[西安の城壁(南門から西方向を見る)](上:【図】1908年撮影　下:2007年筆者撮影) →地図A－①、B－①、C－①　今は城壁の上の城楼が整備され、城壁の上を歩くことができる。

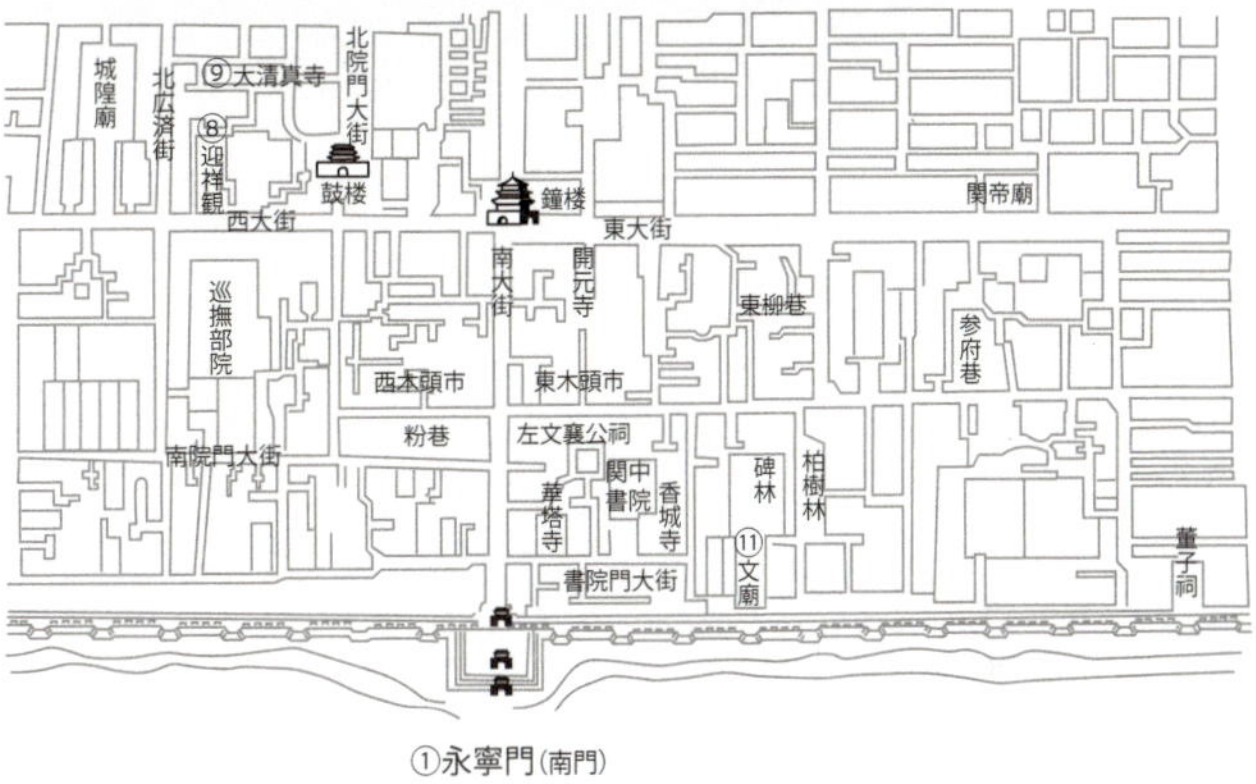

地図A　清末の西安(市街南部)

は西安で東洋史学者の桑原隲蔵《くわばらじつぞう》(一八七一～一九三一)や中国哲学者の宇野哲人《うのてつと》(一八七五～一九七四)らと出会い、ともに史蹟を巡った。足立は彼らに触発され、じっくりと時間をかけて西安の街を歩き、撮影した。日本に帰国し、教員を退職した後の一九三三年に一七〇枚もの写真を載せた『長安史蹟の研究』(東洋文庫)を出版した。足立の残した古写真と文章から、古都・長安の黄昏と文化財の破壊と保護について見てみよう。

旅を語る言葉◉(西安に到着した一九〇六年三月二二日)直ちに陝西高等学堂に行って、監督始め職員一同に対面の式を済して、午後四時頃準備せられた東柳巷の寓所に著した。門前には東教習足立公館と大きな朱唐紙が掲げてあった。公館とは官職のある人の邸宅の義で、之が思出の多い私の四年間の寓居である。東柳巷は閑静な横町で向側には布政使樊増祥君の邸宅もある。我が住宅は広大ではない。一堂二室と外に仕丁室と炊事室と廏舎とがある。邸内は一面に錬瓦で敷き詰められていて、中庭に深さ五十尺余りの清冽な井戸がある。房後には大きな花蘇芳《はなすおう》が一株あって、時々鵲鴉《うじゃく》が来ては嘲うような頓狂な鳴き声をするのみで、外に荷物もない。元来此の家は東家某財産家の別宅なので、支那流に丹碧を塗りたてて、漢唐の名詩や嘉言を欄間や障子に貼っているが、誠に支那趣味の深い感じのよい家であった。――足立喜六『長安史蹟の研究』(東洋文庫、一九三三年)一〇～一一頁

唐代のおもかげ

長安の絶頂期は唐代（六一八～九〇七）である。現在の西安の城壁の内外には唐代の歴史を物語る建築物やその跡が残っている。大慈恩寺は七世紀、唐の高宗によって建てられた。インドへと渡り、仏典を持ち帰った玄奘《げんじょう》(三蔵法師：六〇二～六六四）が仏典の漢語訳にとりくんだ場所で、その経典や仏像を保存するために建てられたのが大雁塔である。高さ六四メートルの大雁塔は古都・長安の象徴と言うべき唐代の建築物である。足立の写真では周囲に田園風景が広がり、塔の下部にはめこまれた石碑のまわりには落書きも見られるなど、保護はなされていなかった。現在、大雁塔の前は巨大な噴水公園となり、附近一帯は「大唐不夜城」と呼ばれる一大繁華街となっている。大薦福寺には高さ四三メートルの小雁塔があり、海路でインドに渡った義浄《ぎじょう》(六三五～七一三）はここで仏典の翻訳にあたった。明代の一五五五年に発生した大地震で中央から縦に亀裂が走り真っ二つに裂けたが、一五六三年の地震で再び接着したという。足立の説明では「確かに、いまでも頂上から下底まで縦裂線が認められる」という。

唐の長安の宮城は土地が低く水はけがよくなかったため、太宗・高宗の時代に、長安城の東北の高台に新たな宮殿区として大明宮が建設された。大明宮は蓬莱宮ともよばれ、含元殿・麟徳殿・宣政殿・蓬莱殿・紫宸殿《ししんでん》などの宮殿や庭園・池などがあった。含元殿は、足立が訪れた時には、高さ一五メートル、東西七五メートルの大きな基壇が残されているだけであった。また、含元殿の北には皇帝たちが宴を楽しむ庭園が造築され、なかでも太液池は最大の池で、その高台は蓬莱亭とよばれた。また、大明宮の南、宮城の東に興慶宮が建設され、玄宗皇帝はここで政務をおこなった。

[大慈恩寺大雁塔]（右:【図】1908年撮影　左:2007年筆者撮影）→地図C－②　玄奘三蔵の帰国に際し建造された。玄奘は、仏典研究は原典となる経典によるべきと考え、出国の許可の下りないまま、国禁を犯して密かに出国し、インドへと至った。ハルシャ・ヴァルダナの保護も受け、16年後に経典657部を長安へ持ち帰った。その経典の漢訳が大雁塔でおこなわれた。玄奘のインドへの旅は『大唐西域記』として著され、のちの伝奇小説『西遊記』のもととなった。

地図C　西安拡大図

地図B　西安広域図

[大薦福寺小雁塔]（右：【図】1908年撮影　左：2009年筆者撮影）→地図C－③　義浄の帰国に際し、建造された。義浄は玄奘の少し後、7世紀後半に往復海路でインドへと渡り、経典や舎利を持ち帰った。帰路にはスマトラ島のシュリーヴィジャヤ王国を経由している。帰国に際しては、唐の女帝・則天武后が洛陽の上東門外に出迎えた。渡印の旅は『南海寄帰内法伝』として残されている。

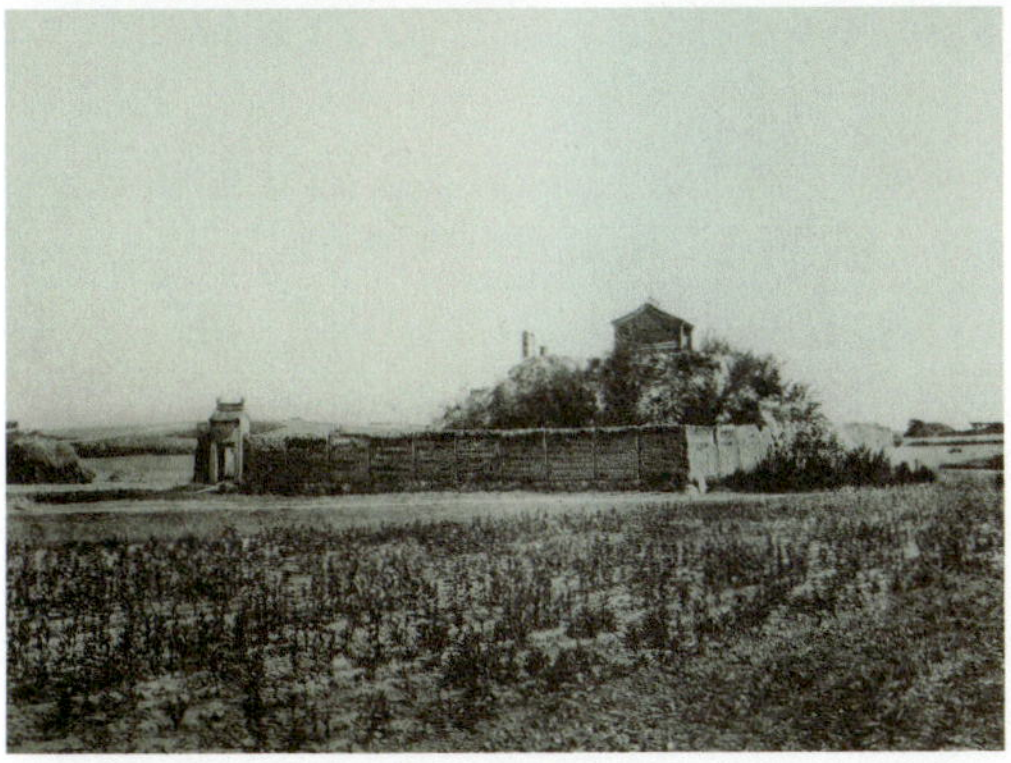

[太液池]（上：【図】1908年撮影　下：2007年筆者撮影）→地図C－⑤　かつて唐の大明宮の宮廷生活を美しく彩っていた太液池であるが、現在は周辺住民の生活排水がたれ流される汚水池である。かつての蓬莱亭は、現在、地元の人々が関羽をまつる祠となっている。

[大明宮含元殿]（上：【図】1907年撮影　下：2007年筆者撮影）→地図C－④　含元殿の左右に翔鸞閣・棲鳳閣、三つの階段が築かれた。近年、遺構と文献資料をもとにユネスコの協力により、含元殿の修復がおこなわれた。

[興慶宮]（【図】1909年撮影）→地図C－⑥　西安の城壁の東に位置する興慶宮は、足立の時代には、位置もわからないほど荒廃していたが、現在では興慶宮公園が造られ、園内には阿倍仲麻呂記念碑も建てられている。

あの作品の舞台⑥

映画
「空海—KU-KAI—美しき王妃の謎」

二〇一八年公開の日中合作映画。夢枕獏の小説を原作に、チェン・カイコー（陳凱歌）監督が映画化。一二〇〇年以上前、日本から遣唐使として中国・唐に渡った若き天才僧侶・空海。詩人・白楽天との交流を深めていく中、世界最大の都・長安の街で王朝を震撼させる怪事件が発生。阿倍仲麻呂・玄宗皇帝、そして楊貴妃などが登場する歴史スペクタクル大作。主役の空海を染谷将太、阿倍仲麻呂を阿部寛がつとめる。（配給：東宝）

［青龍寺］（右：【図】1909年撮影　左：2007年筆者撮影）→地図C－⑦　青龍寺は唐の長安の西南に位置し、写真の右手は深い断崖になっている。長安が高台に造られたことがよくわかる。清末には荒廃していたが、今では美しく整備され、空海記念碑が建てられている。

宗教の都

西安の街には唐代から様々な宗教の寺廟が建設された。仏教寺院では空海や円仁（七九四～八六四）をはじめ多くの入唐僧が修行した青龍寺が有名である。足立の記載では、「現在は極く小さい殿堂が二棟三棟建っているだけで、周囲一面の田圃に何等の遺物も留めて居らぬ。…附近は唐瓦が夥しく散在して地下に数尺の層をなして堆積しているので、唐時の壮観と会昌の破仏の残酷さとが想像せられる」とあり、唐代の「会昌の廃仏」（武宗が仏教及び外来宗教を弾圧した事件）によってこの寺が近代に至るまで荒廃した。写真でもその荒廃ぶりはよくわかる。現在では空海の出身地である香川県などの協力により、整備され、西安の桜の名所にもなっている。

道教の道観には唐代に起源を有する迎祥《げいしょう》観《かん》がある。足立は「余程頽敗《たいはい》しているが楼上にはなお景龍観鐘を縋してある。門は厳しく封緘《ふうかん》してあって、按察使の特許がなければ開くことができない」と記しており、清末にはすでに信仰の場ではなくなっていた。その後、小学校となったが、焼失し、現在は駐車場になっている。ただ、景龍観鐘だけは、一九五〇年代に碑林博物館に移された。

西安にはイスラム教の寺院もある。足立は、「西安の清真寺のなかでは花角巷（注：化覚巷のことか）の清真寺が最も宏荘で、一三八四年の建立で、一四一九年に重修したものと伝えられている。門内には数多の僧院があり、院内には多数の僧侶が修養修業に務め、朝夕節時の礼拝も頗る尊厳におこなわれている」と残している。

文化財を救え①
——大秦景教流行中国碑盗難未遂事件

国際都市・唐の長安には外来宗教を信仰する人々も生活していた。ゾロアスター教、マニ教、そしてヨーロッパでは異端となったネストリウス派キリスト教（景教）の寺院もあった。大秦寺には六四三年に景教が中国で流行したことを記した「大秦景教流行中国碑」（以下、景教碑）が建てられた。大秦寺は九世紀の「会昌の廃仏」の際に、仏教とともに外来宗教として見なされ、破壊され、景教碑も地中に埋没した。一七世紀の明末に地中から発見され、金勝寺・崇仁寺ともよばれていた崇聖寺に保管された。崇聖寺は西安の城壁の西、唐の長安の宮城の西に位置している。ところが、一八六二年に発生した回民（イスラム教徒）の蜂起で寺は破壊され、荒廃していた。そのような状況のなか、一九〇七年一〇月、デンマーク人のホルムが景教碑を崇聖寺から盗み出すという事件が発生した。結局、国外流出は免れたが、景教碑は保護のため、碑林へと収蔵されることとなった。儒学を学ぶ文廟の碑のなかにキリスト教の碑が収められたのである。一方のホルムは、精巧な景教碑のレプリカを作り、長江を経て上海港からアメリカに送った。その後、メトロポリタン美術館で複製品を作成し、大英博物館やギメ美術

[迎祥観]（左:【図】1907年撮影　右:2007年筆者撮影）→地図A－⑧　西安の西大街の北、鼓楼の西に位置する。唐の中宗の景龍2年創建の道観。開元2年、玄宗は悪夢を感じ、長安の西南百里の山中にて老君（老子）の玉像を発見し、これを景龍観に迎え入れて安置したため、迎祥観とよばれた。清末には荒廃し、巡警分局となっていたが、鐘楼のみ残っていた。

[景龍観鐘]（【図】1907年撮影）清末、荒廃した迎祥観には唐の睿宗（えいそう）の景雲2年に鋳造された鐘が残されていた。現在は碑林博物館に移されている。

[大清真寺]（左:【図】1908年撮影　上:2007年筆者撮影）→地図A－⑨　西安市内には多くのイスラム教徒が居住し、清真寺とよばれるイスラム寺院も多い。なかでも現在の西大街の鼓楼の北に位置する大清真寺が最大である。清末と現代の写真を比較しても、寺院内部はこの100年ほとんど変化がない。礼拝の場として、今に至るまで日常的に利用されているためであろう。

[大清真寺の回教徒の子供たち]（【図】1910年撮影）

[回教徒（イスラム教徒）の礼拝の時間]（2007年筆者撮影）現在でも、礼拝の時間になると周辺のイスラム教徒が大清真寺に集まってくる。

(3)[現在の碑](2010年撮影)　(2)[碑林に移されたころの碑](【図】1908年撮影)　(1)[崇聖寺所在のころの碑](【図】1907年撮影)

[大秦景教流行中国碑((1)～(3))]

[文廟](【図】不明) →地図A－⑪、C－⑪　文廟(孔子廟)は西安の南門を入って東側に位置する。写真の文廟の奥に碑林が広がっている。文廟の大成殿は1960年代に焼失しており、現在では門から直接、碑林の額を見ることができる。碑林は孔子廟で学ぶ人のために九世紀に刻まれた唐の開成石経を置くために造られた。景教碑の収蔵をきっかけに様々な碑石を保管するようになり、1944年には陝西省歴史博物館となった(現在は西安碑林博物館)。

[崇聖寺](【図】1907年撮影) →地図C－⑩　足立が見た崇聖寺は同治年間の回民蜂起によって荒廃した後で石碑などが野ざらしになっていた。

館に贈り、「本物のレプリカ」は最終的にバチカン美術館に寄贈されたという。帰国後、ホルムはもともと盗む気はなく、レプリカを作って大英博物館に送るつもりだったと証言しているが、真実はわからない。

文化財を救え②
——唐昭陵・六駿のゆくえ

西安市の北、半径六〇キロメートルの弧を描くように唐の皇帝陵が分布している。農耕民と遊牧民の頂点に立った二代皇帝・太宗の陵墓は昭陵とよばれる。昭陵の北側には皇帝を助けた六頭の馬を彫った「六駿」という六枚のレリーフが置かれていた。足立によると、「再び小石階を登ると両側に石室が左右相対している。屋根は破れ牆壁は崩れて頗る荒廃している。その内に左右各三箇の半肉彫の六駿碑を納めてある。…何れもその製作が雄大で巧妙なことは古来定評のあるもので、破損摩滅も少なくて比較的完全に保存せられているのは喜ばしいことである」という。足立が見た一九〇九年までは六枚が昭陵にあった。しかしその後、六つのレリーフは二手にわかれる。現在、「颯紫露」など二点は米国のペンシルバニア大学博物館に収められ、のこりの四点は碑林博物館にある。長らく米国人研究者がレリーフを勝手に国外に運び出したと言われてきたが、近年、ペンシルバニア大学博物館アーカイブズに中国人骨董商のC・Tルーと博物館長ゴードンの間の購入に至るま

左：[昭陵玄武門残壁]（【図】不明）→地図B－⑫ 足立が見た時には昭陵北側に六駿が残っていた。
上：[昭陵を望む]（2010年筆者撮影）唐の陵墓は人工的な墳丘をもつものは少なく、多くが山を墓にみたてる山陵である。山の周囲には多くの陪葬墓がつくられた。

[六駿颯紫露]（【図】1909年撮影）太宗を助けた拳毛騧・什伐赤・白蹄烏・特勒驃・青騅・颯紫露の六頭の馬がレリーフになっている。このうち颯紫露・拳毛騧は米国ペンシルバニア大学博物館に収められている。

[昭陵に復元された六駿のレリーフ]（2010年筆者撮影）左上の清末の玄武門残壁の写真とは全くことなるかたちで復元されている。

[秦の始皇帝陵]（左：【図】1908年撮影　上：2007年撮影）→地図B－⑬　足立の写真では、陵の稜線が途中で曲がっていることがよくわかる。この屈曲部分の下に地下空間（地下宮殿とも呼ばれる）が有り、始皇帝の遺体が眠っている。『史記』によれば、人魚の膏のろうそくに照らされ、水銀の河や海が造られたという。

での手紙が発見され、外国人による持ち出しではなく、博物館が骨董商から購入したものであったことがわかった。

皇帝たちの夢のあと

西安の郊外には皇帝たちの遺跡が残っている。西安の東、臨潼には秦の始皇帝陵がある。陵の墳丘の高さ七六メートル、南北の長さ三五〇メートルで、驪山の北斜面に造られている。始皇帝の墓であることがわからないように背後の驪山と同じように草木を植えたと古代の史料にはあるが、足立が見た時の始皇帝陵は、「陵上には一面に茅萱が生じているが樹木は一本もない」という風景であった。一九七四年、陵の東一・五キロメートルの地点で始皇帝を守る巨大軍団・兵馬俑（陶製はにわ）が発見され、さらに、陵の周囲では御者や雑技を披露する人、宴会で歌舞音曲を奏でる人々の俑が出土した。始皇帝の生前の宮廷での暮らしが明らかになりつつある。

西安の西北には漢の長安遺跡が広がっている。現在の地図に団結水庫という水路がある

旅を語る言葉◉

帰後、これを聞けば、頃日一外人あり。崇聖寺の「大秦景教流行碑」を観て、流涎万丈、これを買収して遠くロンドンの博物館に転送せんことを図る。陝西の巡撫これを探知し、俄にこの碑を碑林に移し、以てその覬覦（うかがいのぞむこと）を絶つと。始めて西関に過う所のものは、景教碑の亀趺なるを解せり。十月六日予らふたたび碑林を訪うてこれを験せし、景教碑はすでに早く移されて、亭中に在るを見る。――桑原隲蔵『考史遊記』（一九四二年）

（一九〇七年一〇月四日）この夜、足立氏を訪えば、氏曰く崇仁寺の大秦景教流行中国碑は一外国人来りてこれを持ち去らんことを計画したので、無用心だという議論おこりてこれを碑林に移さんとする議ありと。我らが帰路西関にて碑下の亀趺を運べるを見たのはけだしこの碑であろう。――宇野哲人『清国文明記』（一九一八年）

[華清池]（右：【図】不明　左：2007年筆者撮影）→地図B－⑭　足立の時に掲げられていた「華清池上夕佳楼」の額や建物はいまではない。足立は西安に赴任するために、陸路でここまで11日間移動し、温泉に入り「温泉で黄塵を洗い落して、浴衣姿で榭亭に出ると、暮方の静かな池水の面に淡煙の様な影をぼかしている紫丁香花の薫も身に泌々とうれしい」と記している。

が、これは長安の東南の外堀の名残りである。長安には多くの宮殿とその付属施設が造られたが、なかでも未央宮は多くの漢の皇帝が朝政をおこなった場所であり、漢帝国の中心であった。しかし、足立の時代には農村のなかに未央宮の前殿遺跡だけが残っていた。

始皇帝陵の西南、驪山の北麓には、唐代の玄宗や楊貴妃が入ったという華清池がある。足立は「浴槽には大理石を敷詰め、上は穹窿形に磚瓦を積み上げて榭亭を築き、これに「華清池上夕佳楼」という額が掲げてある。前面の柱礎には優雅な蓮華座を彫んであるが、これは確かに唐朝の遺物だと認められる」と記している。

清末の一地方都市であった西安の歴史的建造物や遺跡・文物の多くは日常に埋もれていた。足立や桑原・宇野など古都・長安の文化にあこがれた日本人が訪れ、写真や日誌に残すなかで、現地でも保護・整備する動きがおこった。

（村松弘一）

（西安の古写真の出典は、足立喜六『長安史蹟の研究』東洋文庫、一九三三年による。）

[漢長安　未央宮]（上：【図】1908年　下：2007年筆者撮影）→地図B－⑮、C－⑮　現在、未央宮前殿遺跡は高さ15m、東西200メートル、南北350メートルの大きさで残っている。2014年には「シルクロード：長安‐天山回廊の交易路網」の一部として世界遺産に登録された。

旅の道標⑩

海水浴（青島と大連）

ヨーロッパでは一八世紀より海水の飲用と水浴の医療効果が主張され、各地に海水浴場が開設されていた。ドイツではバート・ドーベランを皮切りとして、バルト海沿岸に海水浴場の建設が相次いだ。その後、一九世紀末に海水浴がリゾート、社交の場へと重点を移すなかで、青島に来たドイツ人たちはこの街にも海水浴場を求め、水質や波のおだやかさなどを考慮して、ティルピッツ街（日本占領下では忠海町、後に曙町）に近い場所が選ばれた。「東洋一」と謳われた海水浴場には、ドイツ人だけでなく、日本人や中国人、香港、厦門、満洲方面の欧米人などが毎夏訪れた。

日本で海水浴という語を初めて用いたのは、一八八一年の『内務省衛生局雑誌』（第三四号）とされる。日本初の海水浴啓蒙書『海水功用論　附海浜療法』を著した後藤新平（一八五七～一九二九）が内務省衛生局に引きぬかれ、局長・長与《ながよ》専斎《せんさい》（一八三八～一九〇二）とともに衛生的な観点から海水浴の普及を推進した。衛生局による三重県伊勢市の二見浦（一八八二年）、陸軍軍医総監・松本順（一八三二～一九〇七）による神奈川県の大磯（一八八五年）が、日本における海水浴場の嚆矢となった。

当初医療を目的とした海水浴は、日本でも世紀転換期（明治末期）にその色彩を薄め、娯楽や行楽へと性格を変えた。新しい習俗として海水浴が定着するにつれて、鉄道会社も旅客の増加を見込んで海水浴場開設に資本を提供し、インフラ整備が進んだことで周辺は保養地や避暑地、別荘地へと変貌した。学習院が一九一二年に静岡県の沼津に遊泳所を設けているように、海水浴は臨海学校活動とも結びついた。海水浴場は一九二一年に全国で二一六か所を数えた。

大連へ渡った人々もまた海水浴を望んだことから、西洋風のリゾート地を目指して二つの海水浴場が満鉄により整備された。一つは大連の中心市街から南西に位置する星ヶ浦、もう一つは南方の老虎灘《ろうこたん》であり、いずれも路面電車でのアクセスが容易であった。

（犬飼崇人）

［青島　忠の海海水浴場］（【学】）ドイツ統治下の1901年、ヴィクトリア海水浴場として整備され、数年後には海浜ホテルが開業した。海水浴場付近は別荘地となり、音楽堂が建てられて音楽や演劇などが催された。図版は、『全支那名勝写真帖』（松村好文堂、1940年）による。

［大連　星ヶ浦海水浴場］（【学】C）満鉄工務課建築係の小野木孝治と太田毅を中心に、1901年から整備が開始された。植物が植えられ、ゴルフ場やテニスコート、43棟の貸別荘のほか、ヤマトホテルの分館が設けられた。

青島《チンタオ》 紅い瓦と碧い海

[青島桟橋]（【学】D） →地図B－①
青島港に突き出たコンクリート製の橋。絵葉書に見える二階建てで八角形の建物は回瀾閣（かいらんかく）である。青島の象徴ともいわれるこの桟橋は、軍事物資を供給するため1892年に清朝政府によって建設された。ドイツ統治期に総督府による拡張工事がおこなわれて400メートルほどの長さとなった。大港の建設までは荷卸しにも使用されたが、以後はもっぱら散策の場となった。現在、青島でも随一のデートスポット、観光名所となっている。

もとは小さな漁村にすぎなかった青島は、「膠州湾《こうしゅうわん》租借条約」締結（一八九八年）後のドイツによる統治によって、極東の「小ベルリン」と称される西洋式の街並みへと変貌し、港湾整備や済南までの四〇〇キロにおよぶ鉄道の敷設によって流通の要としても機能した。また、緑化や自然の活用にも熱心だったドイツは禿山《はげ》を豊かな緑地に変え、付近に別荘地をかかえる海水浴場は「東洋一」とうたわれた。軍港、商業拠点、保養・リゾート地として、青島はドイツにとっての「模範的植民地」とみなされるようになった。

第一次世界大戦により青島は日本の占領下におかれた。総督府や総督官邸などのドイツ風の建物は、戦火を免れてそのまま日本によって転用された。日本の進出を象徴する青島神社は、参拝者でにぎわいを見せ、境内に相撲場、弓道場、剣道場などの施設や動物園が建設されて公園としても利用された。また、戦没者の忠魂碑がある旭公園にはサクラが植えられた。日本人が始めた花見は、次第に中国人にも楽しまれるようになり、青島の文化の一部となった。その後、この都市は一九二二年に中華民国に返還されたが、三八年にはふたたび日本軍により占領された。

地図A　青島広域図

［日本領事館（中央）（現・太平路住宅）］（【学】D）→地図Ｂ－②
海上から右手奥に八幡山（旧総督山）を臨む。1922年の「山東懸案解決に関する条約」によって青島を中華民国に返還した日本は、青島守備軍逓信部の施設を青島日本領事館として転用した。

紅・緑・碧・藍

青島には、現在中国語で「紅瓦緑樹、碧海藍天」と形容されるように、瓦の赤、木々の緑、海と空の青い街というイメージがある。

しかし、前半に示される街の景観は、一九世紀末からのドイツによる街造りと植樹によって出現したものであった。青島のドイツ建築には、皇帝ヴィルヘルム二世時代にドイツ・アイデンティティを模索して独自性を求めたことが現れている。特に、ルスティカ仕上げと呼ばれる、ごつごつとした表面の御影石を貼りつけたデザインは、総督官邸をはじめとして複数の施設に見られる。植樹は、水源および山の保水能力確保のため、あるいは、海岸付近の防潮・防風林、街路の並木としてなどさまざまな形でおこなわれた。

日本軍がこの都市を占領する頃には木々に囲まれたドイツ風の街並みといったイメージが出来上がっていたようで、その様子は訪れた日本人による旅行記にもしばしば記されている。

旅を語る言葉◉

明るい日の下に遙に見える青島市街は、常に日本に住してその風土人俗に慣れた眼には明るい快い、しかし一種変わった感じがした。万目蒼然たる（青々としている）中に赤色の屋根が日の光受けてクッキリと青空に突立ち丹碧相和《たんぺきあいわ》して（赤色と青色がまじりあって）なかなかよい調和である。――徳川喜翰「青島」（『学習院輔仁会雑誌』一〇六号、一九一八年）六四頁

地図B　青島市街図

[八幡山から青島市内全体を俯瞰したパノラマ](【学】C) 白黒の写真に彩色されたものではあるが、街に木々などの緑が多いことがわかる。点在する花の色はサクラのものであろうか。

[第二青島尋常小学校(現・海軍施設)](【学】B) →地図B－③
もとはドイツ人子弟のために設立された学校。壁面にごつごつした石の仕上げ(ルスティカ仕上げ)がうかがえ、ドイツ風の建築であることを物語る。青島小学校は1915年に設立されたが、1917年の青島小学校規則によって小学校が2校になると、こちらが第二青島尋常小学校となった。

[青島福音堂(左手の建物)(現・江蘇路基督教堂)](【学】B)
→地図B－④
1910年の竣工で、クルト・ロートケーゲルの設計による。日本の青島占領による接収後も、管理と運営はこれまで通り全面的にドイツ人の手に任された。

[大村町(旧アルベルト街)(現・老舎公園)](【学】B)
→地図B－⑤
並木に囲まれ、芝生に覆われた小さな公園では、簡単な散策を楽しめた。

［日本軍司令官邸（旧ドイツ総督官邸）（現・青島迎賓館）］（【学】D）→地図B－⑥
中華人民共和国成立後は青島迎賓館と呼ばれるホテルとなり、その閉鎖後は観光名所として一般に公開されている。

［軍政署（旧ドイツ帝国裁判所）（現・中級人民検察院（検察機関））］（【学】B）→地図B－⑧
日本軍の占領によって軍政署、民政への移行後は民政署となった。

［日本軍司令部（旧ドイツ総督府）（現・青島市人民代表大会常務委員会（地方行政機関）庁舎）］（【学】B）→地図B－⑦
1914年に日本軍司令部となった。日本軍の撤退後は、人民政府（市役所）となった。

ドイツから日本へ

第一次世界大戦時に日本はドイツ膠州湾租借地を攻撃してこれを占領し、「二一カ条の要求」によって権益の確保を求めた。

青島を占領した日本による行政は、一九一七年九月まで軍政時期、その後は民政時期と二つの時期に分けられる。一九一四年一一月一九日から独立第一八師団が占領地統治を開始し、同年一二月一日に軍令第一号の布告によって青島守備軍による軍政が敷かれた。そこでは、旧ドイツ租借地に青島と李村の二つの行政管理区が定められ、それぞれに軍政署を設立、その下に各種の管理機関が置かれた。民政への移行は、一九一七年九月二九日の青島守備軍民生部条例による。同条例が交付されて守備軍司令部に民生部が置かれると、軍政署の建物はそのまま民政署として使われた。この他、ドイツ総督官邸が日本軍司令官の官邸となるなど、ドイツ統治時代の建物を日本の施設に転用した例が多く見られるようになった。

パリ講和会議を経た一九二二年三月四日に日中間で締結された「山東懸案解決に関する条約」によって、この土地を中華民国に返還することが決定された。しかし、日本はその後も山東半島の権益を主張し、交渉や出兵を重ね、日中戦争のさなかの一九三八年にこの地を再び占領した。

（犬飼崇人）

[青島占領記念岩(旧ディーデリヒス碑)](右:【学】B)
ドイツ東アジア巡洋艦隊の膠州湾占拠を記念して、現在の信号山に建てられた。ドイツ帝国の紋章である大鷲と、「皇帝と帝国のためにこの一帯の土地を勝ちとった者にちなみ、この岩をディーデリヒス碑と名づける」というドイツ語文が彫られた。その下には、「一八九七年一一月一四日、フォン＝ディーデリヒス提督が膠州湾を領有した」とドイツ語と中国語で記された。日本軍が第一次世界大戦でこの地を占領したとき、「大正三年十一月七日」という文字が碑の上から刻まれた。この碑はどの時点か不明であるが破壊されており、行方がわかっていない。

[拡大図](左:【学】) 三船秋香『支那風俗写真帖』(三船写真館、1916年)より。

[旭公園(現・中山公園)](【学】C) →地図B－⑨
ここは、ドイツ統治期にイルチス山植物試験場が造られ、青島で初めてサクラが植えられた場所である。日本占領下に忠魂碑が建てられて以降、花見が次第に中国人にも人気となり、1930年代にこのサクラ景観は青島の「十大景勝」となった。戦後、サクラは日本とその支配を象徴するためか、中山公園を除いて伐採されていったが、1979年に青島と日本の下関市が友好都市となったことで、サクラは徐々に広がった。

[山東路(現・中山路)](【学】B) →地図B－⑩
ドイツによる街づくりにおいて青島都市部は、ヨーロッパ系住民の地区と中国系住民の地区に区分され、それぞれの建築規格が定められた。前者にくらべて後者は高い建物が密集して居住空間も狭隘となった。通りの名も、ヨーロッパ系住民が住む地区にはドイツ名、中国系住民の住む地区には中国名が付けられた。山東路は両地区を隔てる境界に位置していた。

[黒虎泉]（【学】D）→地図A－①、B－①

済南　泉の都

Jinan

済南は中国山東省の中心都市である。済水（現・黄河）の南にあることから名付けられた。水量が豊富で美しい泉に恵まれているため、泉城（泉の都）の別称をもつ。

済南は漢代から内城が土壁で造られ、明代に入ると瓦石《がせき》で改築され、城郭都市として発展した。近代以降は、ドイツが一八九八年に山東省の鉄道敷設権を得、一九〇四年に膠済《こうさい》線（青島―済南）を開通させ、さらに一九一二年に日本資本によって津浦線（天津―上海）が開通することで、二つの鉄道がクロスする交通の要所となった。このため、多くの外国人が取引のため移住するようになった。この頃より、済南の街は大きく二つに分かれる。先述した旧県城を中心とした区域と、その西側に新設された商埠地を中心とした区域である。後者は第一次世界大戦でドイツと戦い占領した日本がドイツ風を意識した街づくりをおこなったため、大きく派手な装飾や急勾配の屋根を持つドイツ風の建築が並んでいた。この点は青島との共通部分が多い。しかし一九二八年に、日本軍と国民党の北伐軍とが衝突する済南事件が発生し、多くの建物が破壊された。

地図A　済南広域図

旧県城

済南は古代より「濼《ろく》」の名で有名で、『春秋左氏伝』桓公十八年正月の条にも「公会斉侯於濼」（公（＝魯の桓公）、斉侯（＝斉の襄公）

［大明湖］（【学】B）→地図A－②、B－②

済南

と灤に会す）とある。旧県城内には多数の泉が存在する。なかでも有名なのが、次頁の絵葉書の趵突泉《ほうとつせん》であり、良質な水が大量に湧き出る、済南を代表する泉となっている。「趵突」とは「跳びはね、疾走する」という意味で、勢いよく湧き出る泉の特徴を示す。写真下部の左から二つ目の「天下第一泉」の碑は清の乾隆帝（一七一一～九九。在位一七三五～九六）の筆による。かつては一日の湧出量が七万立方メートルであったが、一九八七年ごろから郊外に工場が建設され地下水が汲み上げられるようになると、湧き水が減少してしまった。現在は公園となっており、済南三大景観のうちの一つに数えられている。なお、絵葉書下の地名の「突趵」は「趵突」の誤りである。

　上の絵葉書の大明湖は済南市の中心から北東にある。市内各地の泉からの水が流れ込んでできた湖である。多数の柳に囲まれ、楼閣や亭台が散在し、古来多くの詩や文の舞台となった。大明湖が形成されたのは唐代であり、その後、宋・金・元代に拡大され、城内の三分の一を占めるまでになった。現在は公園となっており、その湖の面積は五八平方メートル、公園全体の広さは

地図B　旧県城

地図C　商埠地

［趵突泉］（【学】C）→地図A－③、B－③

一〇三平方メートルもあり、内城のほぼ四分の一を占める。湖の平均の水深は二メートル前後あり、最も深いところで四・五メートルある。蓮の花が美しく、市の花に指定されている。公園内の歴下亭には杜甫《とほ》（七一二～七七〇）の詩句「李北海に陪して歴下亭に宴す」が書かれ、そばに杜甫と李邕《りよう》（六七八～七四七）の石刻画像が置かれている。このため、かつて杜甫と李邕が酒を酌み交わし詩を作った場所が大明湖であると誤解される場合が多い。しかし、唐代の歴下亭は歴山（現在の千仏山）の麓《ふもと》にあり、北宋時代になってはじめて大明湖に移動されたため、二人が会った場所は大明湖ではないことが分かる。済南三大景観のうちの一つに数えられる。

旅を語る言葉◉ 七月二九日、有名な大明湖に行った。まるで蘆がはえて居て川だか湖だかわからないような所だが多くの支那人は遊びに来て居た。妙な家のような船に乗っていろいろ歴下亭・北極閣・涯泉寺などを廻った。——池田宣政「北支那旅行記」（『学習院輔仁会雑誌』一一八号、一九二二年）六四頁

［大明湖］（【学】D）→地図A－②、B－②

[緯四路]（【学】B）→地図C－④

旅を語る言葉◉　市街は街路整然、近代都市の美観をなしている。此《こ》の近代的建築の櫛比《しっぴ》しているところは所謂《いわゆる》商埠地である。城壁を周している済南城は其《そ》の東に連接しているのである。——澤口剛雄「昭和十五年度研究旅行第一次報告」、四頁

済南

商埠地

済南の商埠地《しょうふち》はドイツ領として発展する青島に対抗する形で、一九〇五年に済南府城の西側に直隷総督（首都北京を総括する地方長官）の袁世凱《えんせいがい》（一八五九～一九一六）と山東巡撫（山東省を管轄する地方長官）の周馥《しゅうふく》（一八三七～一九二一）の二人により開設された。その拡大・発展は四段階に分けられる。第一期は一九〇四から二八年であり、商埠地の建設および拡大が始まった時期に該当する。第二期は一九二九から三八年であり、南北新市区が建設された。第三期は一九三九から四五年であり、日本の占領期に該当し、東西工業区が建設された。第四期は一九四六から四八年であり、第二次世界大戦直後に該当し、道路の補修と全体的な都市計画がおこなわれた。東西に経一路から経七路の七本の道路、南北に緯一路から一一路までの一一本の道路が築かれており、上の絵葉書の緯四路はそのうちの一本である。

下の絵葉書の二大馬路は経二路を指す。ここは商埠地のメインストリートであり、外城の普利門に通じていた。通りには銀行・会社・商店・郵政局・高島屋デパート・映画館・ドイツ領事館などの建物が軒を連ね、当時は大いに賑わっていた。ドイツ人の商店には

旅を語る言葉◉　城内は路に大きな敷石が引いてあってそれがでこぼこの馬車にゆられて腹のないところで又《また》妙になったように思った。いかにも支那式で青島とは大へん変わって居《い》た。——池田宣政「北支那旅行記」（『輔仁会雑誌』一一八号、一九二二年）六四頁

[二大馬路（現・経二路）の賑い]（【学】1939～45年の撮影分）→地図C－⑤

鉤十字（ハーケンクロイツ）旗が付けられた建物により、ドイツの所属であることが示されていた。この絵葉書でも確認できる。

前述のとおり、済南の鉄道は一九〇四年に膠済線（青島から済南まで）がドイツ資本によって開通し、さらに一一年には日本資本によって津浦線（天津から上海まで、現在の京《けい》滬《こ》線）が開通した。そして津浦線と膠済線のそれぞれに済南駅が建設された。

上の絵葉書の［津浦線済南駅］は二棟の建築が並んでいる。どちらも曲線を多用したアール・ヌーヴォーの建築である。設計者はヘルマン・フィッシャー。建築家の間では中国の鉄道駅としては最も優れたユーゲントシュティール建築と称されていた。下の絵葉書ではその遠景が確認できる。一九〇九年に竣工されたが、二二年には取り壊されている。

次頁上の絵葉書の「膠済線済南駅」は、ドイツと中国政府との間に締結された膠州湾租借条約に基づき山東省内の鉄道敷設権を獲得したドイツにより、一八九九年九月に敷設工事が始められた。中央部を張り出したルスティカ（建築の壁体に用いられる石積みの形式、ごつごつした粗面のままの切り石を積んで壁面を仕上げる）の基壇の上にイオニア式オーダー（円柱）を並べる古典主義を前面に打ち出した建築である。津浦線の駅とは好対照をなすといえよう。

次頁下の絵葉書の「黄河大鉄橋」とは、正式名称を津浦鉄道黄河大橋という。設計者は不明、ドイツの会社が一九一二年に建造した。小清河北路と小清河南路の間を挟む鉄橋として今なお現存する。

［津浦線済南駅（現・済南站）］（【学】不明・1909〜22年の撮影か）→地図A－⑥、C－⑥

［津浦鉄道の線路］（【学】B）

済南

［膠済線済南駅（現・済南站）］（【学】不明）→地図A－⑦、C－⑦

［黄河大鉄橋］（【学】C）→地図A－⑧

次頁の絵葉書［忠魂碑］には「済南事変に尊き犠牲となった勇士の英霊を祀る。赤煉瓦の塀に囲まれ境内は広く大運動会場もあり。附近には日本人の住宅が多く日本小学校、済南病院、女学校等大建築物あり。遥かに千仏山を眺め絶勝の地なり」と、解説がある。商埠地の経六路、緯七路の交差する地点に建てられ、済南事件の戦没将兵一五七人が祀られていた。面積は一万坪ほどであり、煉瓦壁に囲まれた広大な境内には樹木が多く、当時は参詣者で賑わっていた。この碑は一九三四年三月末に工事費約五万円をかけて着工され、同年一一月初旬には完成し、盛大な除幕式がおこなわれた。以降、毎年一一月一一日と一二日には忠魂慰霊の大祭が執行され、境内に併設された大グラウンドにて日本人居留民の運動会が開催されていた。現在は広場として市民に利用されているが、忠魂碑は残っていない。

なお済南事件とは一九二八年に発生した、蔣介石《しょうかいせき》（一八八七〜一九七五）率いる国民党軍の北伐に際し、日本軍が日本人保護の名目で出兵した武力衝突である。第二次山東出兵を断行した日本軍は、最終的に国民党軍を攻撃して済南を占領した。中国側ではこの事件が原因で死傷者が数千人に達したとし、日本より数十倍も多いとする。結局、翌年三月に両国で解決文書に調印がなされ、五月に日本軍は山東から撤退した。

次頁下の絵葉書の［中山公園］は一九〇五年に商埠地が開設された際に造られた公園である。最初は「商埠公園」と呼ばれたが、孫文が一九二五年に逝去すると、彼の死を追悼するために「中山公園」と改名された。第二次世界大戦後は人民解放軍により一時的に「人民公園」と改名されたが、一九八六年に孫文の生誕一二〇周年を記念して「中山公園」に戻された。

絵葉書右側の解説には「中山公園中央ニ在ル何公春江《かこうしゅんこう》記念碑」とあるが、この「何公春江」は何宗蓮《かそうれん》（一八六一～一九三一）、字は春江のことである。山東省平陰県平陰鎮南門村の生まれ。清末民初の軍人であり、北洋軍閥に所属していたが、袁世凱が皇帝即位を画策すると引退し、帰郷した。その後は済南にて慈善活動や治安維持活動に従事し、一九二一年に山東省で干ばつが起こると、義援金集めに奔走し多くの民を救った。その活躍が認められ、一九三四年八月一日に記念碑が中山公園内に建てられた。

[忠魂碑]（【学】D）→地図C－⑨

済南近郊の山々

済南から少し郊外に出れば遊覧に適した山々がある。

千仏山は済南市の南二・五キロ、歴下区に位置し、かつては歴山と呼ばれた。これは昔、舜《しゅん》が歴山で田を耕した故事に因んでおり、そのため舜山や舜耕山という別名もある。その後、隋の開皇年間（五八一～六〇〇）に多くの磨崖《まがい》仏《ぶつ》が岩に刻まれ、さらに千仏寺が建立されたことから、千仏山と呼ばれるようになった。その麓には万仏洞があり、絶壁の下には唐の貞観《じょうがん》年間（六二七～六四九）に建立された興国寺がある。現在は山全体が千仏山公園となっている。海抜は二八五メートル。ロープウェーで中腹まで上ることができ、山頂からは市内だけではなく、遠く黄河まで望むことができる。済南三大景観のうちの一つに数え

[中山公園]（【学】不明・1934～45年の撮影か）→地図C－⑩

左上：[玉函山]（【学】C）　左下：[泰山]（【学】B）

[千仏山]（【学】D）→地図A－⑪

られる。

　玉函《ぎょっかん》山は別名、興隆山。済南城区の南五キロに位置し、泰山の北麓の最高峰の一つである。海抜は五二三メートル。山頂には奇岩が多く、それが積み重なるさまは、あたかも人の手によるもののようである。

　さらに足を伸ばせば泰山《たいざん》がある。山東省泰安市に位置し、海抜は一五四五メートル。中国歴代の皇帝により封禅《ほうぜん》の儀式（皇帝が天地に即位を知らせる儀礼）がおこなわれた山として名高い。道教の聖地である五岳（他は山西の恒山・陝西の華山・河南の嵩《すう》山《ざん》・湖南の衡山）のひとつでもある。「五岳独尊」という表現があり、五岳の中でも筆頭格の扱いを受ける。かつては人の魂魄《こんぱく》はすべて泰山に帰し、山にいる泰山府君により裁かれるという信仰があった。戦前では修学旅行の定番となっていた。現在はユネスコの世界遺産に登録されている。

（大知聖子）

旅を語る言葉◉　七月二九日、泰山の駅からすぐ泰山は頂上まで見える。青島を立ってから山らしい山は見なかった。何時の間にこんな山の麓に来たのか不思議にさえ思われる。…泰山の頂上までは三里近くもあろう。遠くから望んだばかりでも岩石の巍然《ぎぜん》とした山である事がわかる。頂上は遥か高い。今日中にあの上まで行って来るのかと思うと旅程が何となくあやぶまれないでもない。駕籠《かご》はすでに用意されていて駕籠かきは人を引っ張る様にして自分の駕籠にのせる。――水谷川忠麿「北支那旅行記」（『学習院輔仁会雑誌』一一八号、一九二二年）六七頁

あの作品の舞台⑦
映画「バルトの楽園」

［万年兵営（旧ビスマルク兵営）］（【学】D）ビスマルク兵営は、ドイツ統治時代の1905年に二個中隊用の兵営として建設された。第一次世界大戦における日本軍との戦闘ではドイツ軍の要塞司令部となったが、日本軍による青島占領後は守備軍万年兵営として利用された。兵舎は2階建てで、中央ならびに両翼を張りだした形になっており、内部には東アジアで初の洗面所付の水洗便所が備わっていた。現在は、この一帯が海洋大学の校舎として使用されている。

第一次世界大戦中、連合国の一員としてドイツ軍の拠点である青島を攻撃した日本軍は、五〇〇〇名近い捕虜を得た。本作では、その一部が送られた徳島県鳴門市の坂東俘虜収容所を舞台として捕虜と地元民との交流が描かれる。ここでは、松平健演じる松江豊寿《とよひさ》所長の方針で、オーケストラ、パンや菓子の製作、スポーツ、所内新聞の発行などといったさまざまな活動が捕虜たちに認められていた。礼をもって接する松江所長に対して敬意を抱き、地元民とも親密な関係を築く彼らだったが、やがて祖国の敗戦が知らされる。打ちひしがれながらも自由の身となったドイツ兵たちは、とある演奏会を計画するのだった——。

ところで、場面のほとんどは坂東なのだが、青島を思いおこさせる描写もある。収容所からの脱走を試みたパン焼き職人カルルは、かつて青島のヴィクトリア街（日本占領下では忠海町）に店を開いていた。ここは、ヴィクトリア海水浴場（同じく、忠の海海水浴場）に面し、夏には海水浴客でにぎわうリゾート空間であった。映画で捕虜たちが海水浴を楽しむ場面があるが、実際に夏には乙瀬川や櫛木海岸で水浴がおこなわれたようである。ドイツ人たちはここで、祖国ばかりでなく青島の海を思いだしていたかもしれない。

（監督：出目昌伸／脚本：古田求／音楽：池辺晋一郎／キャスト：松平健、ブルーノ・ガンツ、高島礼子、阿部寛、國村隼、大後寿々花ほか／販売元：東映／製作年：二〇〇六年）

（犬飼崇人）

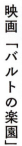

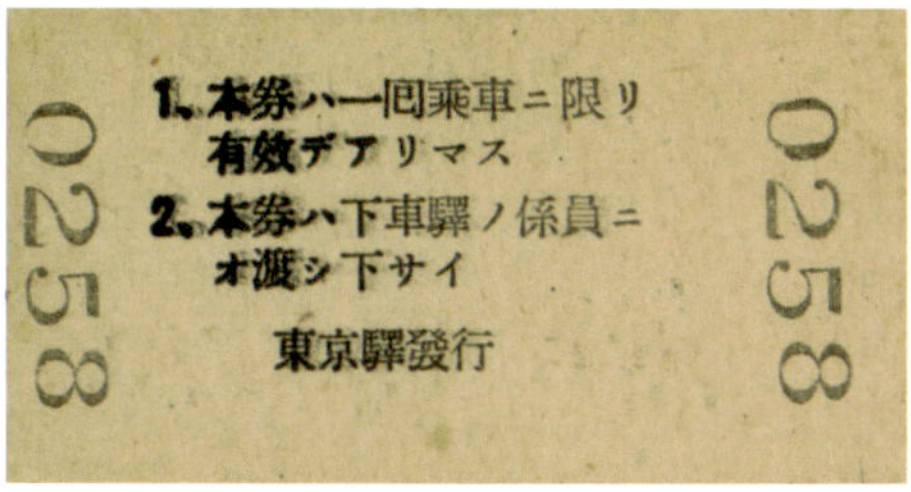

裏面

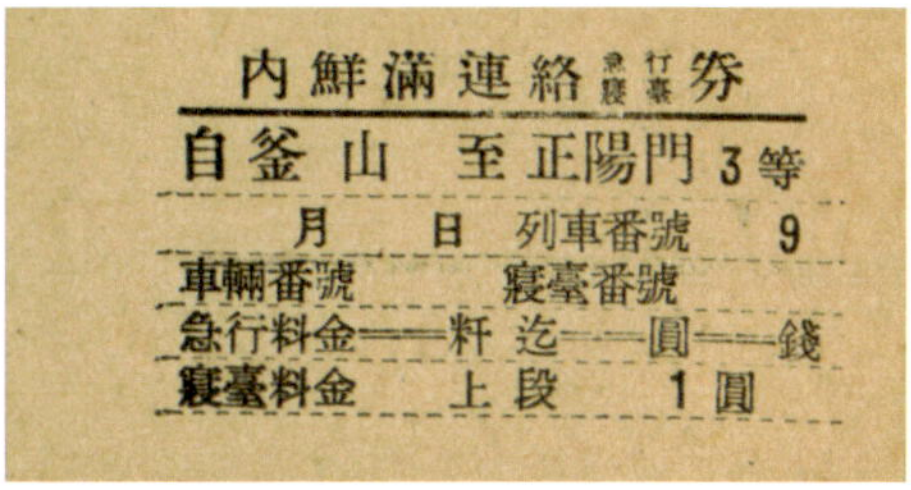

表面

［内鮮満連絡急行寝台券（未使用）］（【学】）朝鮮半島の釜山から北京・正陽門までの切符。北京は京奉線、京漢線、京包線が交わり、前二線の終着駅は正陽門外に180メートルほど離れて存在した。

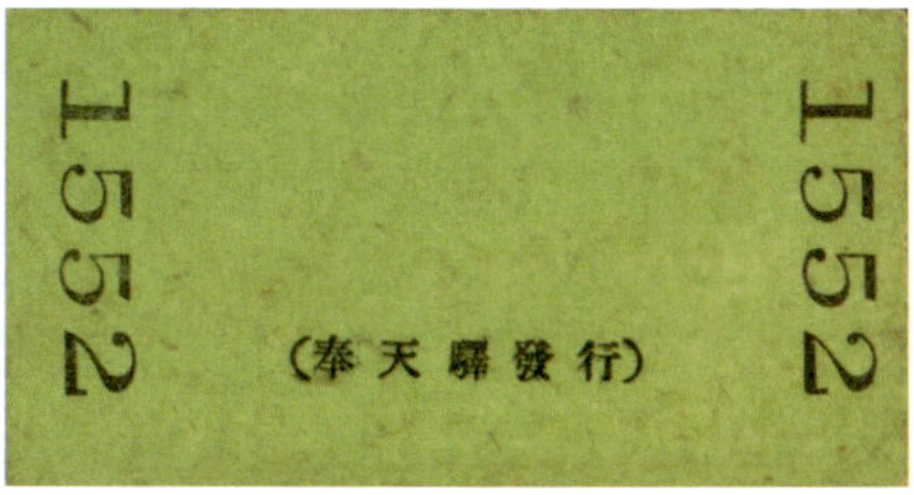

裏面

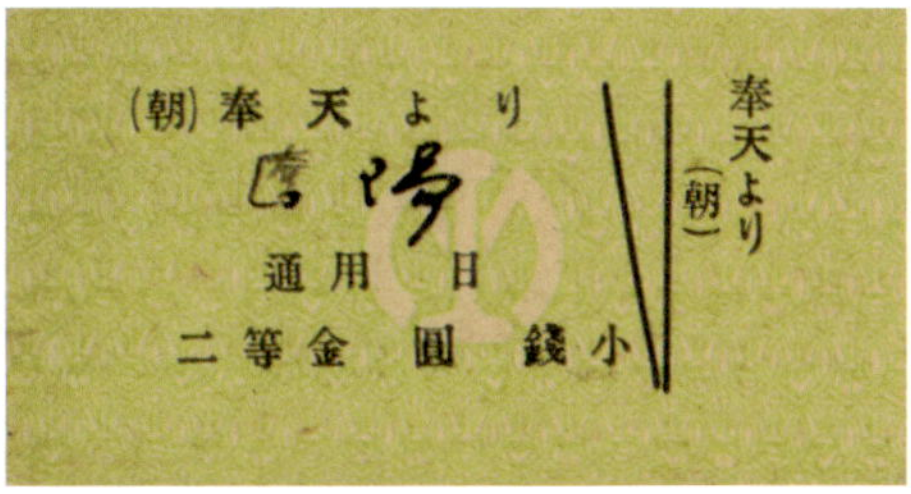

表面

［満鉄・連京線（満洲国成立後の名称）の切符（未使用）］（【学】）奉天から遼陽までの切符で、表面中央に白抜きで満鉄のマークがある。この区間は1930年代に鈍行で約1時間20分、急行で約1時間であった。二等車の運賃は1円80銭であった。

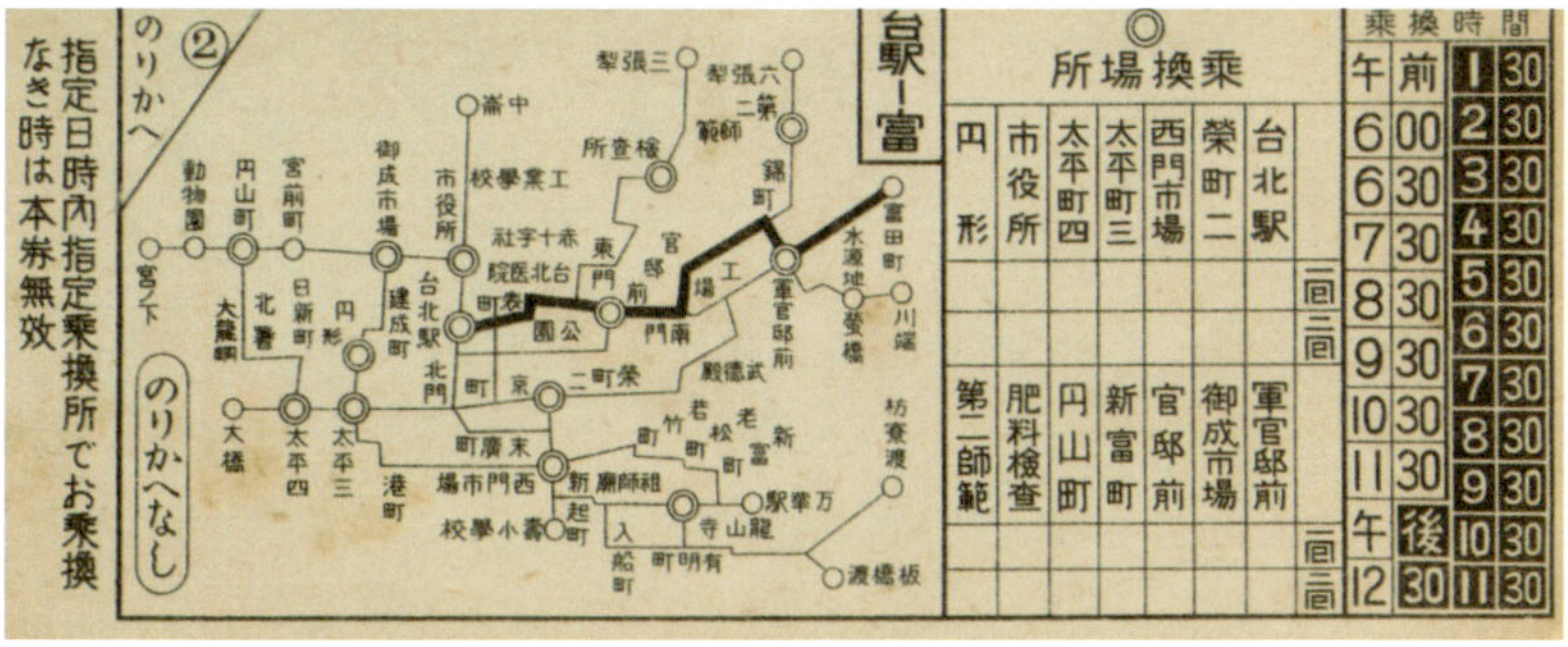

［台北の市内バスの切符（未使用）］（【学】）台北には交通局運営のバス路線があり、この切符は1930年代の発行と思われる。左端に見える宮の下から台北駅を経由して軍官邸前までは、現在地下鉄2号線が走る。終点の富田町には1928年より台北帝国大学（現・国立台湾大学）があった。

切符・リーフレット

日本における東アジアへの旅行は一九〇〇年代初頭から始まった。第一次世界大戦後からジャパン・ツーリスト・ビューローによる邦人観光客に対する旅行斡旋業務が本格化し、満洲事変の前後に海外旅行の最盛期を迎えた。日本人旅行者たちは、日本人が居住する地域であれば現地の言語を話せなくてもおおむね不便なく旅行が可能だった。

朝鮮半島を縦断する路線は、京釜鉄道（釜山―京城）と京義鉄道（京城―新義州）が直通列車「隆熙」によって一九〇八年に結ばれたことに始まる。一九一一年に鴨緑江橋梁が完成して朝鮮と満洲の鉄道が接続され、一七年には朝鮮の国有鉄道の運営が満鉄に委託されて、大陸との一体的な運行体制が整えられた。さらに、一九三八年になると、釜山―北京を直通列車「大陸」がつなぐことで、東京その他の日本の主要都市から北京または天津まで一枚の切符で旅行ができるようになった。こうして、釜山から北京までの約二〇〇〇キロが、およそ四〇時間で結ばれた。

旅行者たちは旅に際し、旅行案内書や観光リーフレットを活用した。これらは必要な情報をコンパクトにまとめており、旅にも携行しやすかった。満洲旅行のリーフレットの中には、印刷発行部数が数十万部を超えるものもあった。

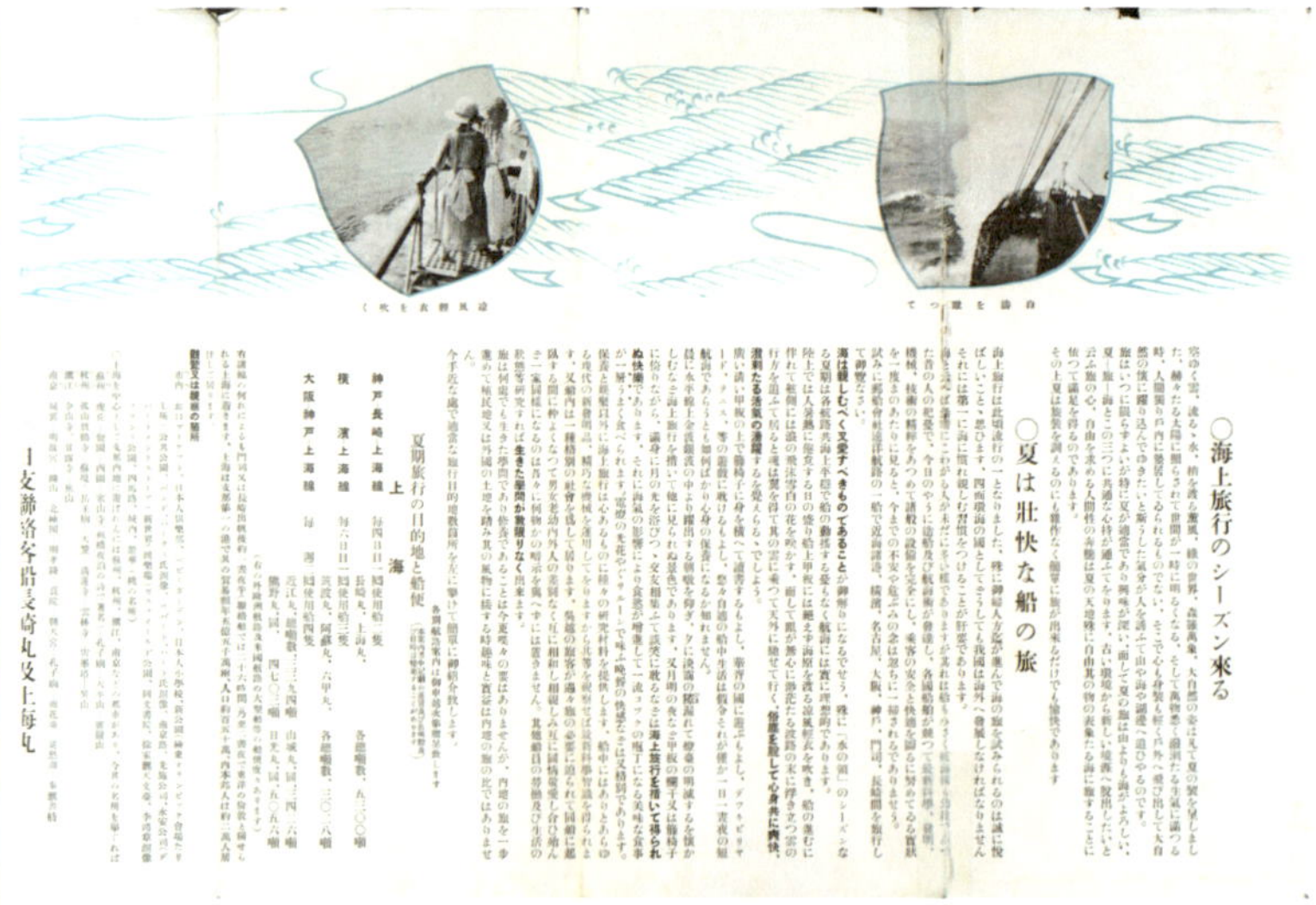

[日本郵船発行の観光リーフレット『夏の船旅』(部分)](【学】)「夏は壮快な船の旅」と題して船旅をアピールし、船便の日程や各種の運賃などの情報を旅行者に提供する。広げると、縦23・5センチ×横75センチの大きさで両面に記載がある。1923年以降の発行。

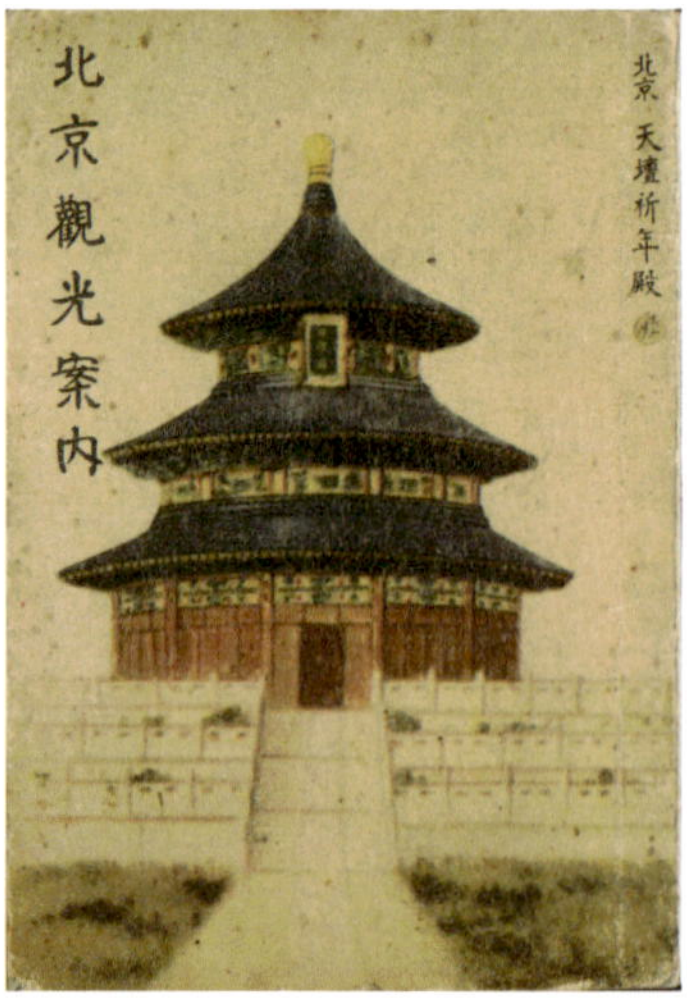

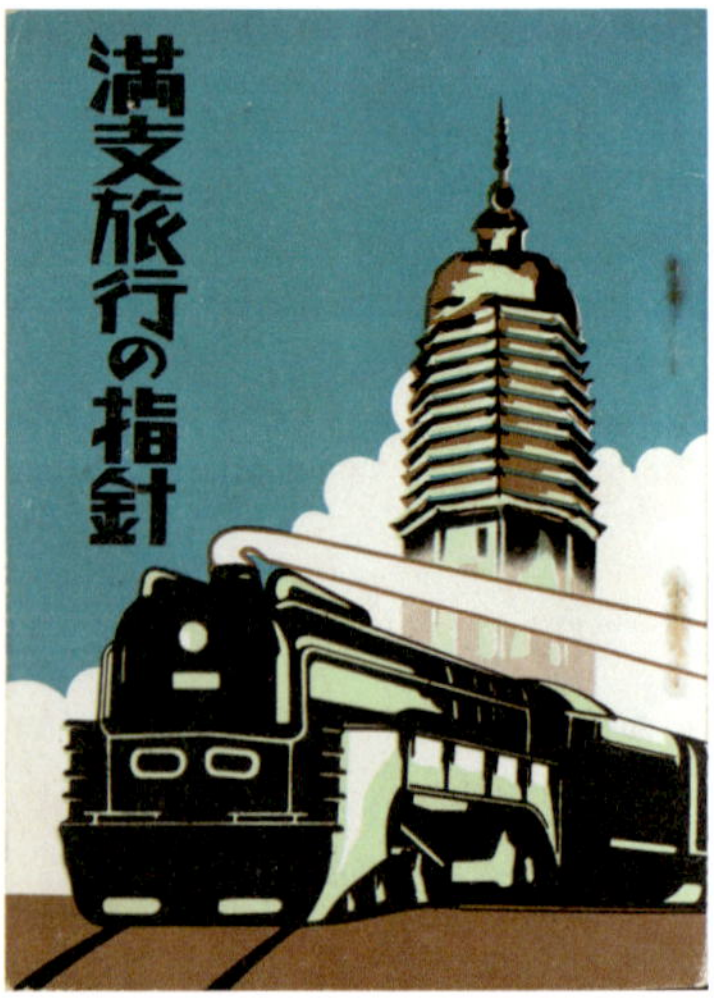

右：[観光ガイド『満支旅行の指針』](【学】) ジャパン・ツーリスト・ビューローによって1940年に発行された。「はしがき」によれば、本書は「東亜新秩序建設機運の進捗につれ」て増加した旅行者への手引きである。満洲、北支、中支、蒙疆を扱う。

左：[観光ガイド『北京観光案内』](【学】) ジャパン・ツーリスト・ビューローによって1941年に発行された。交通手段や料金などの旅行情報よりは、北京とその近郊の史跡についての解説が中心となっている。著者は、奉天市在住の藤原欣爾とある。

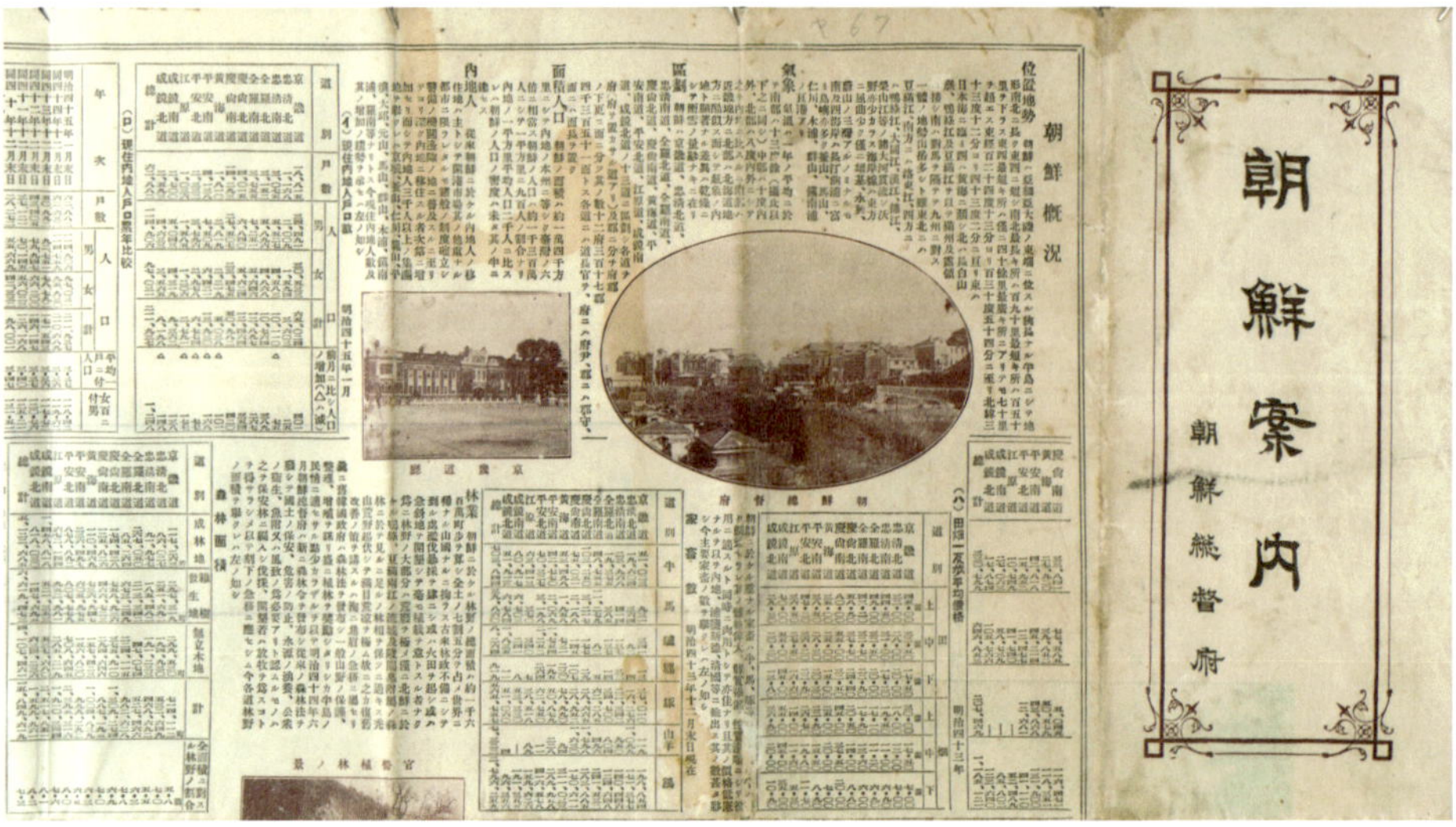

[朝鮮総督府発行の宣伝リーフレット(部分)](【学】) 一九一二年九月発行。大きさは、広げた状態で縦九八センチ×横五一センチほど。裏面は朝鮮半島の全図となっている。各種産業や通信・教育・衛生などの社会的な情報の概要が随所に写真入りでまとめられている。

(犬飼崇人)

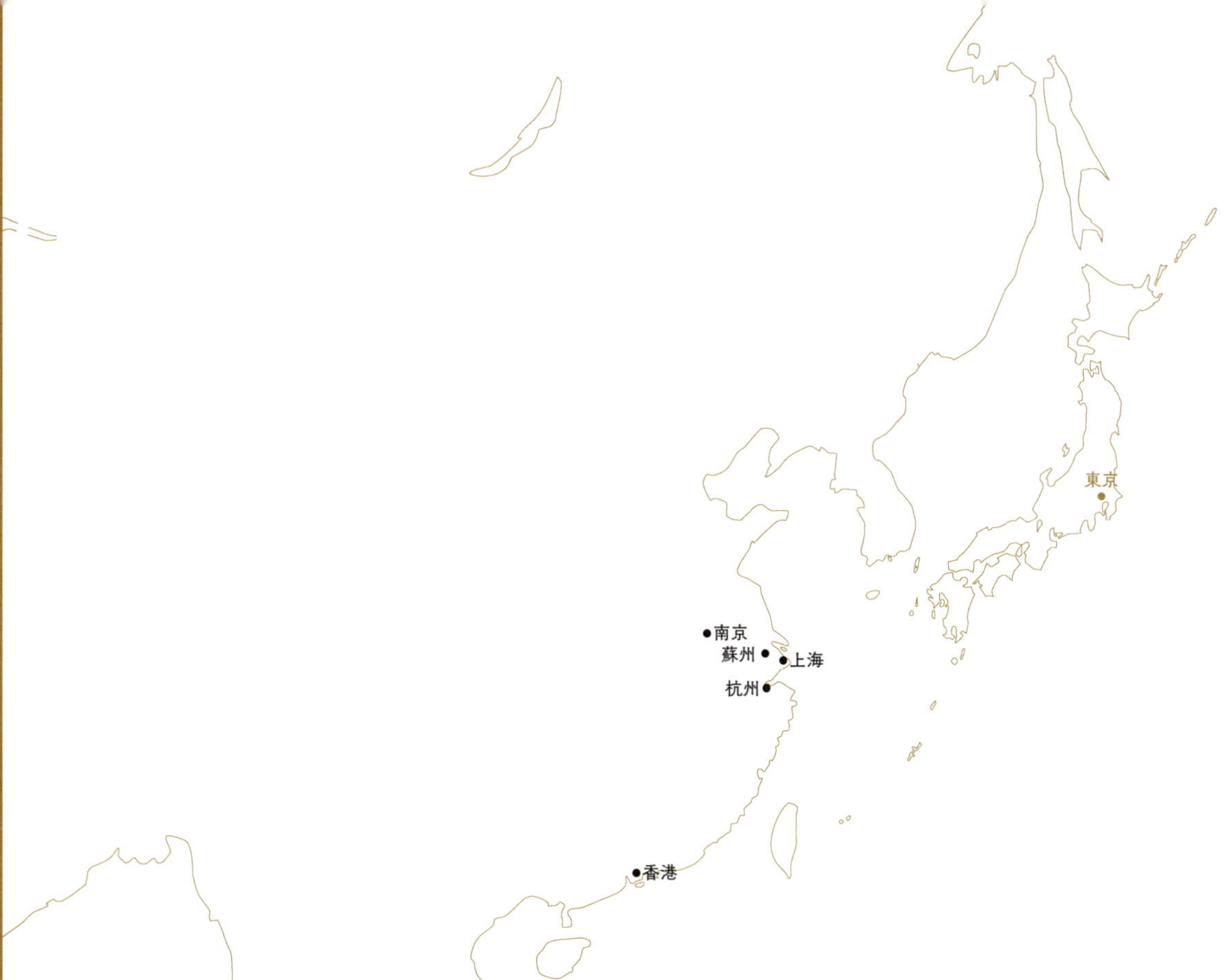

華南を旅する

華南は、上海、江蘇、浙江、福建、広東、香港などの沿海地域と、湖南、貴州、江西、四川、雲南、広西などの内陸部からなる。戦前の日本では南支、南支那などの名称で呼ばれ、今日では華中、華南の両地理区分に分けられている。戦前には、河川や運河、海上航路などの水路交通網が発展していた。

この地域の観光地は、とくに蘇州・無錫《むしゃく》・杭州など長江下流域の水郷都市である江南に集中していた。江南は、古くからシルクの名産地であり、海上のシルクロードの起点として知られていた。有名な書院や蘇州の園林なども、この地の士大夫文化の栄華を物語る。いまひとつの中心地域は、広州、香港などの珠江《しゅこう》デルタである。この地域は、対外交易都市と後背地の農耕地からなり、嶺南文化が発展しており、多くの移民と知識人を排出してきた。

今日の華南は、雲南の麗江古城、福建の土楼、四川の青城山と都江堰《とこうえん》、マカオの歴史地区など、多様な観光資源に富んでいる。

上海

「魔都」と呼ばれた街

Shanghai

上海は戦前の人々にとって「魔都」だった。作家・村松梢風《しょうふう》（一八八九〜一九六一）は、「アジアにひときわ輝く文明、国籍や人種、風俗や習慣が混然とする街、自由、華美、淫《いん》蕩《とう》、犯罪や貧困などが渦巻く街」と表現した。統制する国家権力がないため、魯迅《ろじん》（一八八一〜一九三六）などの文芸活動や中国共産党などの革命運動・民族運動の場となった。また、パスポートなしで行くことができるため、多くの日本人を引きつけた。

アヘン戦争（一八四〇〜四二）を経た上海は、旧県城を中心とする南市と欧米列強によって造られた租界からなり、北方と南方、外洋と内陸部の結節点として貿易の拠点となった。二〇世紀には、革命を逃れたロシア人難民が押しよせ、虹口《ホンキュー》地区に約一〇万人の日本人が住むようになり、コスモポリタンな都市としての性格がいっそう濃くなった。東西に伸びる南京路の西側には、四つの百貨店〔四大公司〕が進出してにぎわいをみせた。

日中戦争は市街地を大きく破壊することなく、街並みは現在に残された。一九四九年に共産党により「解放」され、五八年に現在の上海市が誕生した。社会主義計画経済のなかで発展を鈍らせた上海だったが、一九九〇年に浦東《ほとう》地区の開発が国家プロジェクトとして開始されてから、世界でも有数の金融都市へと急速な成長を遂げた。

地図A　上海広域図

地図B　外灘〔バンド〕

[1910年代のバンド]（【図】）→地図B参照

[1930年代のバンド]（【学】D・1930年代半ば以降の撮影か）→地図B参照

[バンドの変化]二つの絵葉書はほぼ同じ地点を撮影しているが、建物の高層化や河岸の整備などの変化が著しい。上海は第一次世界大戦後に建設ラッシュを迎え、今日に続く景観が誕生した。下の絵葉書右手に見えるのは、第一次世界大戦戦勝記念女神像である。1924年に共同租界とフランス租界の境界付近に設置されたこの像は、日本軍の進駐により破壊された。

SHANGHAI, The Bund　上海河岸

外灘〔バンド〕——租界の顔

バンドは、中国語で外灘《ワイタン》と呼ばれ、蘇州河〔呉淞江〕から南の、黄浦江に面した岸辺一帯を指す。アヘン戦争後の一八四五年に結ばれた土地章程に基づき、租界の最初期に開発された地域で、以来、商社や銀行が並ぶ上海の顔となった。イギリス租界とアメリカ租界の合併で成立した共同租界は、納税者会議、参事会、工部局といった自治組織によって運営された。それぞれは、議会、執行部、行政機関の役割を担った。

時代を経るにつれ、建物は大型化・高層化し、上海の繁栄を物語った。現在に残る建物の多くは、第一次世界大戦後の建設ラッシュでモダニズム建築が一世を風靡したときにできた。また、かつて海運の中心であった船着き場は遊歩道として整備されている。倉庫街であった浦東と呼ばれる対岸には、一九九〇年代からの開発によって球体を特徴とする東方明珠塔などの超高層ビルが立ちならび、これらが上海のランドマークとなって久しい。

あの作品の舞台⑧

アニメ「ジョーカー・ゲーム」

柳広司原作の同名小説に始まるシリーズをアニメ化。一九三七年の秋、帝国陸軍の結城中佐によって設立された極秘のスパイ養成部門〝D機関〟。その超人的な選抜試験を平然とくぐり抜けてスパイとなった「怪物」たちが、各話の中心人物となって世界中で暗躍する。

第四話のタイトルは「魔都」。抗日ナショナリズムに火のついた上海を舞台とする。冒頭で描きだされるバンドの風景は、まさに絵葉書で知る姿そのもの。テロが疑われた爆破事件の際には、現場の警戒に当たる工部局のインド人警官がさりげなく描かれている。また、夜の上海、とりわけ一大歓楽施設であった「大世界」にも注目したい。

なお、第六話「アジア・エクスプレス」は満鉄の特急「あじあ」内で事件が起こる。この列車は、舞台となっている一九三九年夏には大連―哈爾濱を一二時間ほどで結んでいた。新京〔長春〕や奉天〔瀋陽〕の街並みも描かれるので、こちらも併せて視聴したい。

（原作：柳広司『ジョーカー・ゲーム』シリーズ（角川文庫刊）／監督：野村和也／シリーズ構成・脚本：岸本卓／アニメーション制作：Production I.G.／発表：二〇一六年）

[浦東から対岸のバンドを臨む]（右頁：【学】C・1927～33年頃　右：2016年筆者撮影）画面中央のドームを冠した建物は、香港上海銀行の支店。香港で1864年に設立されたイギリス系の銀行で、翌年に上海支店が置かれた。絵葉書に写るのは1923年竣工の建物である。その右は、1927年竣工の上海海関。清代から外国船への徴税事務を扱う機関として存在したが、1854年以降管理権を得た租界当局の巨大な収入源となった。

[共同租界の芝生]（上：【図】・1919年頃　左：2016年筆者撮影）上の古写真のキャプションには「芝生公園裡（り）は支那人の出入を許さず此（この）附近は上海市中最も枢要の地にして宏壮美観欧米大都市に遊ぶの感あり」とある。右手の銅像はイギリスの外交官ロバート・ハート（本書116頁参照）であるが、現在は撤去されている。

[気象信号塔(現・外灘気象信号台　Gutzlaff Signalling Tower)](右:【図】　左:2016年筆者撮影) →地図A－①
徐家滙(じょかわい)天主台からの気象情報を示すため1884年に設置されたが、古写真に見る信号台は1907年に完成のもの。1993年の外灘拡張工事の際に東へ22メートル移動して現在の姿となった。

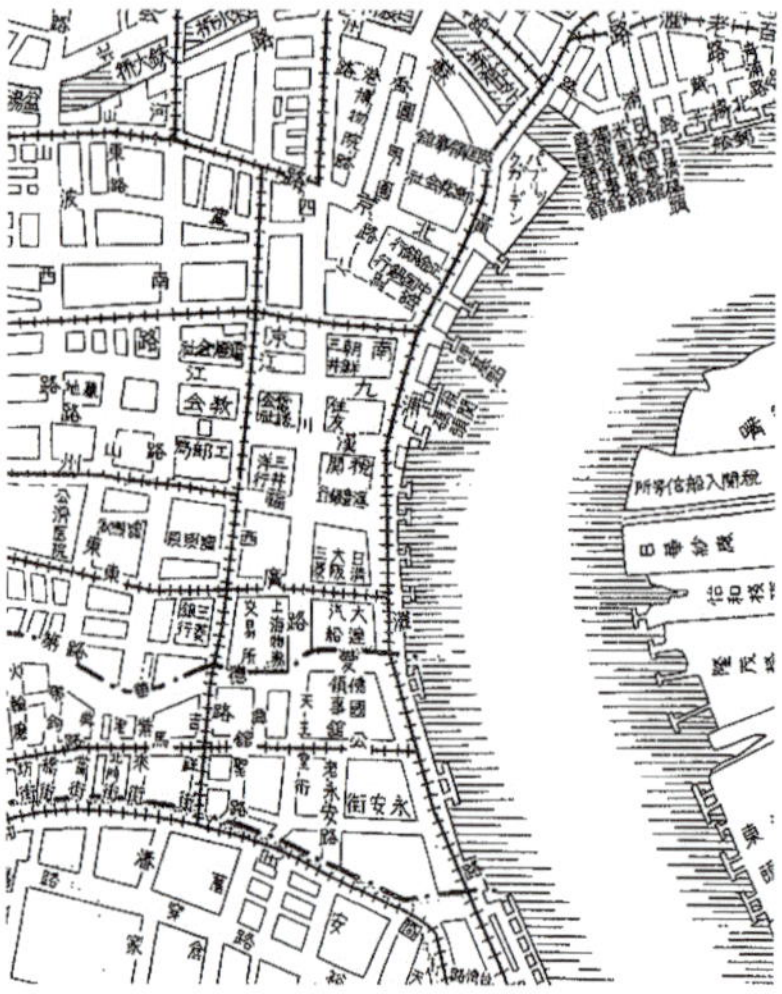

[1940年代のバンド(古地図)](出典:紙久図や京極堂　古地図CD-ROM 「上海市街圖」)

[工部局のインド人警察官](【学】D) 上海にはイギリス支配下のインドから来た人々がおり、彼らは第一次世界大戦による人員不足からの優遇策に惹かれて来た。街では交通整理などにあたっていた工部局警察官が注目された。1930年代半ば、日本、イギリス、ロシアに続いて、インド籍の人々の人口は共同租界で第四位を占めた。

遙かに虹口を
ガーデンブリッヂが美しく、ブロードウエー
マンションが聳に高い、蘇州河には小舟が漂ふ。
遙かに望むは虹口方面——
(大上海と近郊)
Fine views and noted places at
Great Shanghai or its neighbourhood.

[ブロードウェイ・マンション(現・上海大厦)](地図B－②、C－②)と[ガーデン・ブリッジ(外白渡橋)](地図B－③)
1934年竣工のブロードウェイ・マンションは、ニューヨークでの流行にならって高層階の面積が徐々に小さくなるデザインとなった。所有者のサッスーン財閥は、ヴィクター・サッスーンのときに事業の中心を貿易から不動産へと移し、上海のランドマークとなる建物を次々に建てた。蘇州河に架かるのがガーデン・ブリッジ。租界設立当初は渡し船で行き来したが、1856年に木橋ができ、1873年に架けかえられ、今日に残るのはキングズミル設計による鉄橋(1906年竣工)である。1926年の調査では上海で交通量がもっとも多い場所とされた。下の写真(2017年撮影)と比べると、奥に見える浦東の変化が著しい。(上:【学】D　下:2017年筆者撮影)

日本人街——「長崎県上海市」

一八七五年に日本初の海外定期航路として上海航路が開かれた。当初、各租界に散らばって居住していた日本人は、一九〇〇年頃から領事館のある虹口《ホンキュー》地区に集中しはじめ、第一次世界大戦後には一帯が「日本人街」と呼ばれるようになった。中心は南北に延びる北四川路と呉淞路であり、蘇州河から上海神社や虹口公園まで日本人の商店でにぎわった。ここでは日本語で生活でき、日本の食材が手に入り、日本の生活風習が維持された。

日本人のなかでも、大企業から上海へ派遣され、任期が終われば上海を去る人々は「会社派」と呼ばれ、エリート層は共同租界の職場近くやフランス租界に暮らした。それに対して上海に骨をうずめる覚悟でやってきた人々は「土着派」と呼ばれ、日本人街に住み、日本人相手の商売に従事した。そのなかの一人、内山完造（一八八五～一九五九）が経営する内山書店には、日中の読書家・学生・知識人、谷崎潤一郎（一八八六～一九六五）や魯迅らの文人が訪れ、客たちはお茶を味わいながら談話を楽しんだ。

二度の上海事変（一九三二、三七年）で租界は直接の戦火を免れたが、戦場に近い日本人街は被害を受けた。事変後、軍属や出稼ぎによって上海の日本人は増加し、北四川路の商店はほとんどが日本人経営となった。

日本の敗戦によって日本人が去り、現在はかつての面影はほとんどない。

［呉淞路と海寧路の交わる地点］（上:【学】C　下:2016年筆者撮影）絵葉書では文具や書籍を扱った至誠堂が見える。現在、街の雰囲気は様変わりしているが、虹口救火会の施設（丸で囲った建物）がわずかに残る（現在は消防署）。

旅を語る言葉◉　虹口側は事変前から日本人の多くいた所で、特に事変後は日本人の数も急激に増加し、町にも支那人〔中国人〕に混って日本人の姿が多い。日本髪の婦人も見られる。商店も日本人経営の物が多いそうだ。点々とカーキー色や陸戦隊の紺の武装姿も見えて心強い。町の有様も非常に面白い。巨大な印度人《インド》巡査、支那〔中国〕の黄包〔人力車〕、日本では見られぬ国際都市上海の風景である。——田敏夫・田英夫「中支那の旅」（『学習院輔仁会雑誌』一六六号、一九四〇年）八頁

［日本総領事館（現・人民解放軍海軍施設）］（【学】D）→地図B－⑤　上海には1870年代に領事館が置かれ、後に虹口に移転した。竣工は1911年で、設計は平野勇造（1864～1951）による。

［日本郵船会社匯山碼頭（わいざんまとう）（現・上海港国際客運中心）］（【学】D）→地図A－④　1875年に日本初の海外定期航路がここと日本を結んだ。1923年には上海丸と長崎丸という速力約21ノット（時速約39キロ）を誇る快速客船が就航して、長崎─上海が一昼夜で結ばれた。

地図C　日本人街

［日本人倶楽部］（【学】D）→地図C－⑥　日本人居留民の親睦団体で、1914年に四階建ての会館を建設した。ビリヤード場、図書室、宴会場、宿泊施設などを備えた社交場となった。1994年に取りこわされ、現在はビルと駐車場になっている。

［虹口公園（現・魯迅公園）］（【学】D）→地図C－⑦　租界義勇隊の射撃練習場を整備して1905年に開園。戦時中は日本軍の弾薬庫となったが、戦後に再び公園となった。1988年に魯迅公園と改称。

[北四川路(現・四川北路)](【学】D) ↓地図C－⑧
虹口公園から静安寺方面にいたる路面電車が開通したことで、この通りは南京路、淮海路に次ぐ上海第三の商業街となった。新たな日本人街となった北四川路付近には、日本の大企業の社宅、学校、病院、書店、劇場、神社など、生活や文化の施設がならんだ。呉淞路にくらべて豊かな会社員などが住む地区であった。

[日本海軍特別陸戦隊本部(現・交通銀行)](左:【学】C　右:2016年筆者撮影) →地図C－⑨
第二次山東出兵および済南での日中軍事衝突(1928年)以降、日本製品のボイコット運動(日貨排斥)が激化した。不満を抱いた日本人商工業者は海軍の実力行使を期待し、海軍陸戦隊が出動した。第一次上海事変(1932年)の際に編成されたのが上海海軍特別陸戦隊で、絵葉書の建物に本部が置かれた。建物は4階建ての鉄筋コンクリート造だったが、戦後に5階建てへと改修された。

[呉淞路](【学】D) →地図C－⑩
絵葉書の一部。軍人の姿が目立つ。

南京路——消費文化の最先端

南京路は、バンドから競馬場までつづく商業・娯楽街である。一八六五年にガス灯が、約二〇年後には電灯が灯され、上海最初の路面電車の路線もここに敷かれた（一九〇八年）。一九一〇年代になると、中国人経営の専門店二百数十軒に加えて、新世界などの遊芸場や、レストラン、ホテル、遊芸場、屋上庭園などを店内に設けた四つの百貨店（先施公司、永安公司、新新公司、大新公司）が通りの西側に開店した。さらに一九三〇年代にネオンサインが普及して、南京路は上海の大衆的な消費文化、都市文化をリードした。路面電車は一九六〇年代に廃止されたが、地下には地下鉄二号線が走り、地上は歩行者天国として現在もにぎわいを見せている。

上：［1933年以降の南京路］（【学】D）通りに面して左手に永安公司、右手前に先施公司、その奥に新新公司。
下：［照明に煌々と照らされる夜の南京路］（【学】C）夜中まで人々の往来が絶えなかった。
左：［現在（2016年）の南京路］（2016年筆者撮影）→地図B－⑪　消費の街として今も多くの人々でにぎわう。

[上海競馬場(現・人民公園)](【学】D) →地図D－⑫　右に大新公司(1936年竣工)が見えるため、1933年に改築された後であろう。

上海競馬場では、月に数回の普通競馬のほか、毎年五月と一〇月の第一週に三日間の競馬大会が開催され、この期間は上海中の会社、銀行が午前中に休業となった。しかし、一九〇九年になるまで中国人による競馬場への入場や馬券の購入は認められていなかった。また、中央のグラウンドでは、閲兵式、戦勝祝賀会、国王の戴冠式典や各国の記念日など、西洋諸国による各種の式典が催された。競馬場は植民地支配の象徴のような場所とみなされたことから、中華人民共和国政府のもとで一九五一年に人民公園と人民広場へと改修されることになった。

[人民公園](2016年筆者撮影)

地図D　南京路付近

旅を語る言葉◉

五月七日から九日まで大馬路の競馬場で「春季大賽馬」が開催された。その一週間前から電車は運転室の前の所へ競馬のポスターをぶら下げて走った。その三日間は、上海中のあらゆる銀行会社が業務を休止してしまった。大商店という大商店は店を閉め、支那人でも西洋人でも日本人でもみんな競馬へ出掛ける。春秋二季の大賽競は上海における最大の年中行事になっている。——村松梢風*『魔都』(小西書店、一九二四年)五五頁

＊村松梢風…作家。『本朝画人伝』などの評伝で知られる。

［霞飛路（ジョッフル通り）（現・淮海中路）］（【学】1932年以降の撮影か）→地図Ａ－⑬
フランス租界の目抜き通りであった。左手にキャセイ・シアター（Cathay Theatre）が見える。

［ジェスフィールド公園（現・中山公園）］（【学】C）→地図Ａ－⑭
1914年建設のイギリス式公園。1942年に中山公園と改名され現在に至る。

フランス租界

フランス租界は、一八四四年の黄埔《こうほ》条約を契機として四九年に創設された。

フランス人は必ずしも多数派でなく、イギリス人やアメリカ人、その他の国籍の人々が暮らした。ここでは、住民生活の向上や文化・教育の普及を重視した街づくりがなされたため、概して緑豊かで閑静な住宅街が広がり、国籍を問わず裕福な人々が好んで住んだ。

その一方で、上海のなかでもいっそう「自由」であったここは、革命家、マフィア、スパイが暗躍する場所でもあった。

ロシア革命、さらに満洲事変後、中国東北部からロシア人難民が流入したことで、フランス租界内ではロシア人が最多となり、ロシア式の商店が連なる「リトル・ロシア」が形成された。

（犬飼崇人）

（上海の古写真の出典は、学習院大学図書館所蔵、金丸健二『支那大観　第壹集　中部支那』上海家庭写真会、一九二二年による。）

旅を語る言葉◉　住宅地であるフランス租界の道路は快適だ。騒々しく、ごみごみとし、常にぎっしりと混雑した中心部の大通りとはずいぶん違う。

——ウルスラ・ベーコン*『ナチスから逃れたユダヤ人少女の上海日記』（和田まゆ子訳、祥伝社、二〇〇六年）九五頁

＊ Ursula Bacon…ナチスの迫害を逃れてドイツから上海に渡り、約９年を過ごした。第二次世界大戦後はアメリカに移住した。

旅の道標⑫

上海の銅像（第一次世界大戦前）

［李鴻章像］（【図】）李鴻章（1823～1901）は清末の政治家で、政権中枢で清の近代化に努めた人物。ヨーロッパ外遊中にドイツのクルップ社が銅像建立を提案し、死後の1906年に台座を含め10メートル近くとなる銅像が完成した。中国共産党による上海の「解放」後すぐに破壊され、台座の行方も不明である。銅像が置かれた丞相祠堂は現存し、文化財として保護されている 。

［ロバート・ハート像］（【図】）ロバート・ハートは、海関業務や郵政制度の発展、清の行財政の近代化、対外交渉の仲介などに尽力したイギリスの外交官。像は1914年に北に向けて建てられ、27年に北へ位置をずらした改装（西向き、台座の変更など）を経て、43年に日本当局により撤去された。

［イルチス号記念碑］（【図】）1896年に起こったドイツの砲艦イルチス号沈没事故を悼んで98年に設置された。第一次世界大戦終結後、反ドイツ感情から引きたおされた。

公共空間の銅像

銅像は歴史上あるいは同時代の「偉人」を想起させ顕彰する目的で、都市の公共空間に設置される。一九世紀のヨーロッパでは、それまで王族ばかりであったモデルに政治家や軍人、さらには芸術家などの文化人も加わり、銅像の「民主化」が進行した。古代ローマ風といった過剰な装飾は忌避され、実際の人物に近い「写実的で自然」な造形が好まれるようになった。

中国における偉人顕彰を目的とした銅像の始まりは上海だった。租界の顔であるバンドに、総税務司ロバート・ハート（一八三五～一九一一）や、上海領事、駐日公使、駐清公使を務めたハリー・パークス（一八二八～八五）などのイギリス人、イルチス号の記念碑が並んだ。また、フランス租界には、太平天国の乱の鎮圧にあたって戦死した海軍軍人プロテの像が建てられた。これらは、それぞれの国にとっての「帝国」のシンボルとなり、その歴史を刻んだモニュメントとなった。一方で、李鴻章《りこうしょう》像は除幕式の前から中国人の関心を引き、彼ら自身による銅像製作に弾みをつけた。

日本でも銅像の文化が明治期に輸入され、海外進出にともなって帝国の発展に貢献した人物の像がアジア各地で建設された。例えば大連では、初代関東都督・大島義昌の像が都

[大連　星ケ浦の後藤新平像]（【学】C）後藤新平は満鉄の初代総裁となった人物。東京美術学校教授・朝倉文夫（1883～64）による制作で、1930年10月に除幕式がおこなわれた。終戦後、銅像はただちに撤去されて行方は不明であったが、2000年の沙河口液化ガスセンター拡張工事の際に、沙河口駅付近から台座部分が出土した。銅像跡地には、現在、大きなドーム状の金網が建っており、鳩が飼われている。

[瀋陽〔奉天〕　教育記念塔]（【学】D・1938～45年の撮影か）碑の建つ春日公園は、広場が野遊会、運動会、自転車競走などの催しものに利用されたほか、茶店や赤毛氈の床几が出て日本的情緒を味わわせた。1938年、満鉄創立30周年記念事業の一つとして、奉天一中校長・寺田喜治郎の主唱で、春日公園内に日鮮満女児の群像を表した教育記念塔が建てられ、物故教職員の霊を慰めた。寺田は、1924年に満洲に渡り、新教育に携わった人物である。

拡大図

[児玉源太郎像（台南）]（【史】B）1898年、児玉源太郎（1852～1906）は名古屋の第三師団長から第四代台湾総督に転じた。民生長官・後藤新平とともに、台湾の行政改革・産業振興に尽力した。その功績が称えられ、児玉源太郎の像が1907年に台南で落成した。これが置かれていた大正公園は、戦後に「民生緑園」と改称され、現在では湯徳章紀念公園となっている。像は戦後に撤去されたが、2015年末に民家から頭部が見つかったとの情報もある。なお、台北にあった児玉源太郎像は、現在、国立台湾博物館（旧台湾総督府立博物館）に収蔵されている。（本書149頁参照）

[児玉源太郎像（長春〔新京〕）]（【学】D・1938～45年の撮影か）1938年、満鉄の提案を受けた新京特別市は、日露戦争の英雄として児玉源太郎の騎馬像を西公園に立て、ここを児玉公園と改称した。満洲軍総司令部総参謀長であった児玉は、晩年に満鉄の設立委員会の長を務めたことがあった。銅像の制作は、長崎の被爆地にある「平和祈念像」と同じ、北村西望（1884～1987）である。ちなみに彼は、陸軍参謀本部構内にあった山県有朋の騎馬像も手掛けている。終戦後、児玉の銅像は引き倒されて毛沢東像に挿げかえられた。公園は、はじめ中山公園、中華人民共和国建国後は勝利公園と改められ今に至っている。

市の中心たる大広場に、またかつて医師として海水浴の効用を日本に紹介した満鉄総裁・後藤新平の像が満鉄の開発した星ケ浦海水浴場に置かれた。日露戦争で総司令部参謀長を務め、後に台湾総督となった児玉源太郎の像は、長春〔新京〕や台北、台南といったゆかりのある地に設置された。アジア太平洋戦争が起こると、金属の使用が制限され、供出がおこなわれるなか、銅像もまた撤去されて戦争遂行の資源となったり戦火によって破壊されたりといった憂き目にあった。あるいは、銅像が政治性をはらんだものであったために状況の変化によって破壊の対象となり易く、日本による支配の象徴とみなされて終戦後に破壊されたものもあった。ただし、日常的には都市の風景に溶けこんで、時が経つにつれてランドマークとなり、観光名所化し、ガイドで紹介され、絵葉書や写真帖として販売されることになったのである。

（犬飼崇人）

（このコラムの古写真の出典は、学習院大学図書館所蔵、金丸健二『支那大観　第一集　中部支那』上海家庭写真会、一九二二年による。）

[杭州西湖](上:【図】　右中:2009年筆者撮影) 葛嶺の山頂から南向きに、西湖を数枚の写真を繋げてパノラマ撮影したもの。おそらく1912年の撮影と思われる。南岸には雷峯塔がぼんやりと映り、孤山には現在埋め立てられて小さくなった蓮池が見え、北岸にはまだホテルや「西湖博覧会」などの建物が見えない。

[孤山](上:【学】D　右下:2009年筆者撮影) 西湖北岸にある浮島で、東は白堤(断橋)、西は西泠橋(せいれいきょう)で西湖北岸と繋がっている。北宋の際、高名な隠者の林和靖が住み着いて以来、西湖の文雅の中心地として扱われ、皇帝の庭園(現・中山公園と浙江省博物館、四庫全書の置かれた文瀾閣もあった)や詁経精舎(清朝考証学者の学問研究サークル)、西泠印社(文人の書画篆刻サークル)などがあった。

Hangzhou

杭州

湖光山色

浙江省の省都・杭州は、江南地域の経済・産業の中心の一つであると同時に、もと南宋王朝の首都・臨安であった歴史、信仰をあつめる仏教寺院群、そして都市に隣接する一大景勝地・西湖の存在によって、古くから文人墨客をひきつける「観光都市」であり、現在に至るまで多くの観光客が訪れている。

観光客がまず足を向けるのは、今も昔も観光地の中心であり、二〇一一年に「世界遺産」に指定されるまでになった西湖である。西湖に歴史上最初に足を踏み入れたのは周辺の仏教寺院の巡礼者たちであった。その後、唐宋の文人詩人たちが足跡を残し、それを慕う人々が訪れるようになった。明代後期に入り、「観光」が成立すると、「西湖十景」といった名所グループがつくられ、江南地域の代表的景勝地の一つとされるようになった。清朝の皇帝たちは中国文化を体現するものの一つとしてこの西湖を重視し、巡幸で訪れては自らの足跡を残し、またこの地にて文人らと交流することによって、江南文化を自らに吸収するべく努力を重ねた。一方でそれは、西湖を王朝公認の景勝地として確立することにもなった。その成果は、現在に

[断橋]（左:【学】D　右:2017年筆者撮影）唐の白居易（楽天）が杭州刺史（今の県知事に相当）時代に築いたとされる堤をもとに、孤山に道を繋いだ際にできた橋。かつては水位が上がると水没することから「断橋」だったとされるが、観光化に伴う補強で永久橋となっている。杭州の歌枕のなかでも最も古い名所であり、また小説『白蛇伝』など、佳人才子の出会いの場として描かれてきた。

も残る「十景」に立てられた皇帝たちの直筆の碑文によって示されている。

日本人にとっても、古くは遣唐使を通じて名刹・霊隠寺に喜捨をおこなった長屋王のあたりから、空海・成尋・栄西ら入唐・入宋僧、貿易を通じて得た南宋・元・明の「唐物《からもの》」、白居易《はくきょい》（号は楽天、七七二～八四六）・蘇軾《そしょく》（号は東坡《とうば》、一〇三七～一一〇一）といった有名文人の詩文、『水滸伝《すいこでん》』など小説の舞台、江戸時代から輸入されていた西湖紹介の名勝案内、などを通じて、馴染みある憧れの「江南文雅の都市」であった。

一般の日本人が観光客として訪れるようになるのは、日清戦争後、下関条約（一八九六年）において杭州が開港地の一つとなり、城外の北、拱辰《きょうしん》橋《きょう》一帯に租界が設けられたことに始まる。この租界自体は鉄道の経由ルート敷設の頓挫などで貿易拠点化を果たせず事実上の失敗となるが、領事館が西湖北辺（宝石山の麓）に置かれたこと、本書一二一頁上段の絵葉書［中支風景］（一九二二年ごろ）の日本人向け絵柄にも見て取れるように、観光客は徐々に増加していった。

杭州とその観光名所は清朝末期、太平天国の杭州制圧によって大きな被害を受け、復興に手間取っていた。二〇世紀に入り、清朝の崩壊（一九一二年）に伴って「満城」（満洲人の居住区）が撤廃され、西湖側の城壁が撤去されると、市街から直接西湖にアクセスすることが可能となり、それが観光地としての

［宝石山］（上:【学】D　左:2009年筆者撮影） 西湖北岸にある山。その頂上に、五代十国の呉越の王・銭弘俶（せんこうしゅく）が築いた保俶塔が建っており、杭州の代表的なランドマークである。頂上からは西湖を一望できる。

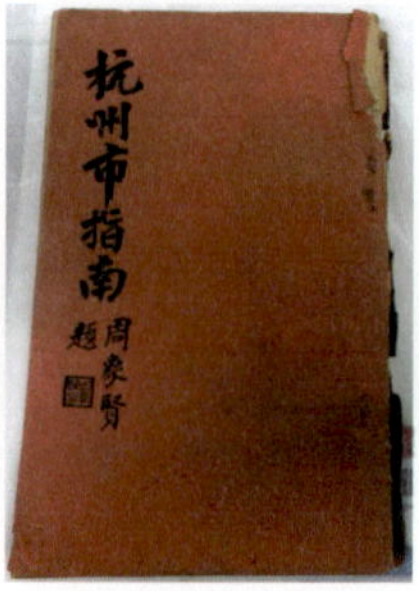

［『杭州市指南』］（学習院大学東洋文化研究所（澤口文庫）蔵） 1934年初版の杭州市の観光案内用ガイドブック。市政府の肝いりで刊行され、当時の日本人も多く購入していた。

旅を語る言葉◉

ここでちょいと断って置きたいのは、西湖の風景が美しいのは主としてその湖水の面積が、洞庭湖や鄱陽湖《はようこ》のような馬鹿馬鹿しい大きさではなく、一と目で見渡される範囲において蒼茫《そうぼう》とした広さを持ち、優しい姿をした周囲の山や丘陵と極めて適当な調和を保って居《い》る点にあるのだと思う。雄大だと思えば雄大のようにも見え、箱庭のようだと思えば箱庭のようにも見え、その間に入り江があり、長堤があり、島嶼《とうしょ》があり、鼓橋があって、変化はありながら一枚の絵を拡げた如く凡《す》べてが同時に双の眸に這入《はい》って来るのが、この湖の特長である。——谷崎潤一郎「西湖の月」（『谷崎潤一郎全集』巻六巻、一九八一年）

再整備を促した。西湖の観光開発は満城跡地の整備と並行して進められ、それが杭州の近代観光の発端となったのである。

なお、本書一一八、一一九頁上段の写真の「杭州西湖」は、観光の夜明けの段階を見せている。絵葉書の［孤山］や［断橋］（一九三五年ごろ）と比較して、明らかに橋や建物が未造作である。

その後、一九二〇年代に入り、時の浙江省・杭州市政府を中心に、西湖の観光開発が積極的に推し進められた。具体的には、西湖を巡る環状道路の開発、さらに西湖北岸での産業文化博覧会「西湖博覧会」の開催（一九二八年）と観光客向けホテルの建設、さらには観光名所の整備である。前述の絵葉書［孤山］［断橋］の状況はこの時の開発によるものであり、［孤山］

［中支風景］（【学】C） 西湖にまつわる名所をまとめたもの。西湖北岸の保俶塔、断橋、平湖秋月（孤山にある湖に映る月を眺める名所）及び湖中の湖心亭（湖の中心にある島）、三潭印月（湖の中の島の傍らに建てられた三本の灯篭。仲秋の名月の際にはその灯篭に月の光が灯る）が挙げられている。

に見える建物（西冷印社、浙江博物館など）はこの時期に整備されたものである。このころ、谷崎潤一郎や芥川龍之介（一八九二～一九二七）など、日本人の「文人墨客」も杭州を訪れ、前述の観光客向けホテルに宿泊している。

絵葉書は、日本人の観光客向けに作られたものであり、掲示したもののほか、他の「西湖十景」、南宋の忠臣・岳飛の廟、及び霊隠寺、飛来峰の仏像など、日本人に馴染みの深いもので構成されている。一方で、一九二四年に倒壊した西湖南岸の雷峰塔（小説『白蛇伝』で有名な仏塔。写真［杭州西湖］にはぼんやりと映っているが、絵葉書［孤山］には見えない）や、開発の遅れていた西湖西岸の蘇堤（蘇軾が杭州知事時代に築いた西湖を縦断する堤）など、現在なら必見とされる名所が含まれていないことは、撮影の時点で観光地として未整備であったことを示すであろう。

大戦期に一時日本の占領下に置かれた杭州は、二〇世紀後半の激動を経て、現在再び中国きっての「観光都市」としての立場を取り戻している。その観光都市の原点を、その時代の人々の憧れの目線に立ち戻って見るというのも、一つの「旅」であり醍醐味であると言えないだろうか。

（小二田章）

（杭州の古写真の出典は、学習院大学図書館所蔵、金丸健二『支那大観　第一集　中部支那』上海家庭写真会、一九二二年による。）

［蘇小小の墓］（【図】） 蘇小小は六朝時代の有名な妓女。その悲恋は白居易や李賀（791～817）といった多くの詩人に詠われた。西泠橋畔に墓がある。

［秦檜夫妻の石像］（【図】） 西湖北岸の、南宋の名臣・岳飛（1103～41）を祀る岳王廟にある。秦檜（しんかい：1090～55）は時の権臣で、金との和平のために対金戦において功のあった岳飛を獄死させた。明代以降、岳飛の墓前に秦檜夫婦を罪人としてひざまづかせる像が置かれ、現在にいたる。

蘇州

詠われた水郷

Suzhou

［楓橋］（【図】）唐代張継「楓橋夜泊（ふうきょうやはく）」の詩で広く知られ、蘇州旧市街西城門から五キロ離れた楓橋鎮にある穹窿（きゅうりゅう）形の石橋である。

［寒山寺］（【図】）楓橋を渡って約一町（約一〇〇メートル）余の距離にある古寺。梁の天監年間（五〇二～五一九）に開基され、風狂の僧寒山（生卒不明）がこの寺に住むことから、後世寒山寺と呼ばれるようになった。

古くから長江の南、太湖の東に位置し、春秋時代には呉の国都姑蘇城として繁栄した蘇州は、東洋のヴェニスとも呼ばれ、城内には三横四直の運河を中心とした用水路と縦横交差して架かる石橋によって、いわゆる「姑蘇三千六百橋」たる面貌を現している。

「夢の船唄、鳥の歌。水の蘇州の、花散る春を…」蘇州と聞けば、多くの人がこの昭和の歌謡名曲「蘇州夜曲」を思い浮かべるだろう。谷崎潤一郎、芥川龍之介、小林秀雄、司馬遼太郎など、近現代の文豪たちも蘇州をめぐる紀行文を残している。

蘇州の古城は、長さ一六キロの城壁に囲まれ、出入口として多数の城門が開かれていた。城門の数は春秋時代の八門から現在まで、時代に合わせて増減する歴史があり、最多一一門（一九四〇年代）まであったといわれるが、現在唯一残っているのは南西門の盤門である。そのすぐ近くに、瑞光塔という七層の宝塔があり、真北にそびえたつ北寺塔とともに、古城のランドマークとなっている。

城中には、宋代から清代まで地元の名士によって造られた個人所有の私家園林が点在し、そのうち九か所がユネスコの世界遺産に

［宝帯橋］（【図】）古城から南に3キロ下った場所にある船曳き用の橋。53の連続アーチがあり、長さ317メートルで中国最長の石橋である。橋の上部はほぼ平坦だが、中央だけがふくらんで、そこの3つのアーチが大きい。唐の元和年間（816〜819）に創建され、時の蘇州刺史だった王仲舒が宝の帯を売って造ったと伝われている。現在残っているものは唐代の原型を重んじて、1873年に大補修されたものである。

［虎丘］（【図】）古城外西北方向にある小高い丘、春秋時代の呉王闔閭（こうりょ）の陵墓がある。虎丘の名前は、闔閭がここに埋葬された三日後に白虎が現れて墓を守ったという言い伝えから由来する。闔閭をとともに埋められた3000本の宝剣を探し求めて、秦の始皇帝や三国の孫権が掘った跡だといわれる剣池という池がある。写真に写っている「虎丘剣池」の文字は、唐の書家顔真卿（がんしんけい）の書である。

◀［北寺塔］（【図】）古城内北部にある報恩寺の塔。寺は三国時代に孫権が築造したが、塔は南朝梁の時代に創建され、宋代に九層の塔に再建された。芥川龍之介はこの塔の頂上から蘇州の市街を眺望した。

◀［瑞光寺塔］（【図】）旧城の南西部・盤門の隣に位置する高い宝塔。三国時代、孫権に建てられたといわれる。当初は十三層だったのが、北宋宣和年間（1119〜25）に七層に建て直し、現在まで保存されている。

登録されている。獅子林、留園、拙政園、網師園などは蘇州の絵葉書や観光パンフレットによく掲載されており、日本人にも馴染み深い。

二五〇〇年の星霜が流れ、幾度の戦火で破壊されては復活し、その名のとおり、「蘇《よみがえ》」る都市である。

（呉修喆）

（蘇州の古写真の出典は、学習院大学図書館所蔵、金丸健二『支那大観　第一集　中部支那』上海家庭写真会、一九二二年による。）

旅を語る言葉◉

町には小さな支那馬の引く馬車が往来する。古くから栄えた古跡に富んだ町である。今事変に於《お》いても殆《ほとん》ど戦禍に蒙《こうむ》らず、為《ため》に治安も非常に良好だそうである。市の西北に車を走らせ虎邱山に行く、山上に少し右に傾斜している筒型の塔が聳《そび》えて居《い》る約千三百年前に建てられた純支那風の様式である。此所《ここ》を去りあの詩で有名な寒山寺を訪れる。清の末、日本人山田寒山によって再建されたと聞く。寺内に詩中にある寒山寺の鐘がある。其《その》音は古い支那の歴史を語る様に吾々の耳に響いて来る（中略）クリークの下手からあの長江の名物筏《いかだ》が多勢の苦力《クーリー》に引っ張られて上って来た。成程筏の上には小さな家も出来ている。綱を引く苦力の掛声も如何《いか》にも大陸的な長閑《のどか》さである。再び車を城内に入れ蘇州の殷賑街を通り元朝の時僧の天如禅師が造ったという獅子林庭園を見る。支那風な優美な建物が木々の間から見えるのも一風変った景色だ。

——田敏夫・田英夫「中支那の旅」（『学習院輔仁会雑誌』一六六号、一九四〇年）一一頁

南京

文雅の淵藪《えんそう》

[南京総統府]（【学】C）江総督署（こうそうとくしょ）の外門だったが、国民党政府が成立すると撤去されて新たに建てられた（1929年12月）。「国民政府」の字は潤筆料4000大洋（ダーヤン：大洋は中華民国期の通貨単位）で書家の譚沢闓（たんたくがい）に依頼された。

南京は長江下流の南岸に築かれた古都である。現在は江蘇省の省都となっている。都市の南西から東北方面にむかって長江が流れ、東には鍾山が聳え、城北には玄武湖、城内には莫愁湖《ばくしゅうこ》がある。また、城内を秦淮河《しんわいが》が東南から西北へと横断する。古くは「建康」「金陵」などとも呼ばれ、中国四大古都の一つに挙げられており、伝統中国を代表する街の一つである。日本語でも「南京米」「南京豆」「南京繻子《じゅす》」などのように、「南京」を冠することにより中国産のものや中国方面から渡来したものであることを示す用法があった。

[中山陵]（【学】）紫金山西麓にある孫文（1866～1925）の陵墓。呂彦直（1894～1929）の設計で、伝統的な皇陵建築に範をとった。1926年から1年で完成する予定であったが、3年を費やした。孫文の遺体はしばらく北京の碧雲寺に安置された後、本人の遺志で南京に移され、中山陵完成後の1929年6月1日、棺が北京から南京中山陵に移された。棺を迎えるに際して、南京政府はその1カ月前から全国的に宣伝活動を展開、とりわけユニークだったのが列車を利用した広告である。12両という長い列車に孫文の遺訓や業績、略歴を書き連ね、南から北へ、列車を走らせたのである。「奉安大典」は空前の規模で盛大に挙行され、棺の奉迎のために中山路が造られた。

　かつて、『三国志』で有名な諸葛孔明（一八一～二三四）は「鍾阜《しょうふ》、龍のごと蟠《わだかま》り、石城、虎のごと踞《うずくま》る。真に帝王の宅なり」（鍾山は龍がとぐろを巻いているようであり、石城は虎がうずくまっているようである。まことに帝王の御座所にふさわしい。『太平御覧』一五六巻所引『呉録』）と絶賛した。

　呉の孫権（一八二～二五二）が初めて、首都として建康を建設して以降、東晋・南北朝時代には五つの王朝の都となり、明代には洪武帝（一三二八～九八）によって首都とされ、やがて永楽帝（一三六〇～一四二四）により北京に首都機能が移ると副都とされた。一九二七年四月には蒋介石（一八八七～一九七五）によりこの地に国民政府が発足する。同年には「首都建設計画」が策定され、欧米式の都市計画が取り入れられ、新街口の商業区や秦淮河の観光地区などが整備された。

　秦淮河は南京市街地を湾曲して流れ、長江に注ぐ、風光明媚な河川である。古来、中国を代表する歓楽街としても知られた。往時、幾艘もの画舫船《がぼうせん》（装飾の施された遊覧船）が舳先を並べ、岸辺には遊郭や妓楼が立ち並び、遊客で賑わった。流れの真ん中あたりに

[秦淮河](【学】) 南京城を東南から湾曲しつつ横断し、揚子江に注ぐ。画舫船が舳先を連ね、畔には楼閣が立ち並び、殷賑をきわめた。芥川龍之介「南京の基督」の舞台にもなった。

[南京貢院](【図】) 高級公務員試験である科挙の試験場。2万人以上の人が同時に受験可能であった。1919年には、明遠楼など一部の建物を除いて撤去された。

南京

孔子廟と公務員試験の会場となる貢院《こういん》があるため、訪れる者の多くが文人や学者であった。彼らをもてなしたのが高い知性と教養をそなえた妓女といわれる女性たちであり、そこでの交流が文壇の逸事として話題になることもあった。秦淮河は文学作品の舞台になることも多く、古くは例えば唐の詩人・劉禹錫《りゅううしゃく》(七七二〜八四二)の「烏衣巷《ういこう》」や杜牧《とぼく》(八〇三〜八五二)の「秦淮に泊す」(秦淮河のほとりに泊まる)などの漢詩が有名である。

ただ、南京は地理的に要衝の地であるため、近世末から近代にかけて、太平天国の乱、辛亥革命、日中戦争など、幾度もの戦禍を被った。中華人民共和国成立後も大躍進政策や文化大革命により、多くの文物や歴史遺産が破壊された。城壁は中国現存のもののうち最大規模を誇るが、一九八八年に全国重点文物保護単位に指定され、一九九二年以降三度にわたる保護計画が策定され、土壁の整備や周囲の環境との調和、あるいは城壁を損壊する道路計画の中止など、様々な試みがなされている。

(原信太郎アレシャンドレ)

(南京の古写真の出典は、学習院大学図書館所蔵、金丸健二『支那大観 第一集 中部支那』上海家庭写真会、一九二一年による。)

旅を語る言葉◉

数万の貢院の連なったさまは、田の畝か、霜よけをした人参ばたけのようである。だいぶこわれたといわれているが、それでもまだ大変なものだ。盛んなときには三万人も試験したそうだ。それで及第するのは二百人くらいであったとのことだから、日本の文官試験よりはよほどむずかしい。——森本角蔵*『雲烟過眼日記 鮮満とところどころ』(目黒書店、一九二六年)一七四〜一七五頁

[莫愁湖](【図】) 水西門外にある湖。六朝時代、莫愁という美女が身を投げたことからこの名がある。湖には一面に蓮花が植えられている。

＊森本角蔵…1883〜1953。東京高等師範学校教授、漢学者。鳥取県倉吉市出身。著作に『四書索引』『五経索引』などがある。

香港

世界にひらく移民雑居の街

Hong Kong

[ビクトリアピークからの眺望](c. 1940年)(京都大学東南アジア地域研究研究所グローカル情報ネットワーク「戦前期東アジア絵はがきデータベース」)

[九龍半島からみた香港島](2015年筆者撮影) 国際金融センターなどの高層建築の多くは、もとの海岸線であった干諾道(Connaught Road)から北の埋め立て地に建てられている。

香港は、「極東のカサブランカ」とも称され、欧米文化とアジア文化が融合された都市であると理解されがちである。しかし、香港にとっては、西方のイギリスや東方の日本よりは、北方の「中国内地」や南方の華僑ネットワークの影響のほうがずっと強かった。二〇一七年の香港人口は約七三九万人だが、非華人人口は、そのうち一割にも満たず、明らかに華人の都市でありつづけている。

一九世紀、清はイギリスに対して香港島と九龍半島を割譲し、新界を租借地とした。中国最南端の漁村であり、商品搬出港であった

香港は、こうして近代的な都市へと変貌していく。イギリスによる植民地統治は、香港総督をトップとする香港政庁を中心としたが、経済的には香港上海銀行、ジャーディン・マセソン(怡和洋行《いわようこう》)などの外資系企業が牛耳っていた。かれら欧米人ビジネスマンや各国政府関係者は、競って香港島北岸やビクトリア・ピークに商業ビルや邸宅を建設した。香港の近代建築群は、イギリス植民地統治時代の約一〇〇年間の建築遺産だとみてよい。一九五五年に上映されたヘンリー・キング監督作品「慕情」は、そのステロタイプな都市像を描写した恋愛映画の名作であるが、そこに描かれた都市イメージは、世界の多くの観光客を香港に引き寄せることに成功した。

しかし、実際には、イギリス植民地統治下の香港では、開発の中心は香港島に限られており、日本人の集住区も同島の中環《セントラル》(のちは湾仔《ワンチャイ》が中心)にあった(日本人倶楽部の成立は一九〇五年)。一方、九龍半島は一九二〇年代に一部開発が進んだものの、依然として下町でありつづけ、新界に至っては当時開発の手さえ入らず、農村や山林が広がっていた。

一九四一年一二月二五日、いわゆるブラック・クリスマスといわれる日、香港はイギリスの統治下から、日本軍の軍政下に移った。日本の終戦を迎えるまでの「三年零八個月」、イギリスの植民地的色彩を払拭し、日本の政治・経済・文化が強制された。むろん、この

［中環の徳輔道（Des Voeux Road）と雪廠街（Ice House Street）の交差点］（1920年代）（京都大学東南アジア地域研究研究所グローカル情報ネットワーク「戦前期東アジア絵はがきデータベース」）1929年の大火で営業停止する英皇大酒店（King Edward Hotel）が映っている。

［旧最高法院］（【学】1910年代）1912年に竣工した新古典主義の建物。現在は、終審法院大楼。

［香港の屋台街］（【学】1910年代）中環の文咸東街（Bonham Strand）から禧利街（Hillier Street）を望む華人露店街の風景。

時期、日本から香港への人口が飛躍的に増え、日系の中小企業も進出し、日本人学校も建設されたが、日本人に対する反発も強く、彼らの統治を定着させたとはいえなかった。

終戦から、一九四九年の中華人民共和国成立直後まで、国共内戦の影響で中国内地から多数の中国人が香港に流入し、とりわけ上海人と香港人たちとの間に軋轢が生じた。九龍半島では、秩序紊乱《びんらん》を回避するために、一九五〇年代には街坊福利会（民政処管轄下の相互扶助組織）が林立することになる。さらに、冷戦期には、東南アジアの華僑資本が香港に流れこんだ。そうしたなかで、香港映画を世界に配給する「ショウ・ブラザーズ（邵氏兄弟）」が設立されたのである。

そして、一九六〇年代から九〇年代まで、香港が、韓国、シンガポール、台湾とともに、「四つの龍」といわれるような高度経済成長、急速な工業化を実現するなかで、周辺地域からの資本投資はさらに増加し、また一九六六年から起こった文化大革命の影響もあって、人口増加、都市化、商業化が加速度的に進んだ。この頃から、キッチュな香港というイメージも大きく変わっていく。一九七〇年に成立したゴールデン・ハーベスト（嘉禾電影有限公司）制作の映画は、そうした変化を如実に反映していた。さらに、遅れていた新界の開発が進んでベッドタウン化が進み、新空港・港湾開発が進む中でビクトリアハーバー両岸の埋め立て面積も拡大していくのである。

そして、一九九七年の香港返還を契機として、中国内地の影響は急速に強まっていき、香港人アイデンティティは大きく揺るがされるような事態を迎えている。中央政府＝北京の「脅威」への不安を抱く香港人たちの心象風景を描いたのが、二〇一五年にクォック・ジョン（郭臻）ら五名の監督が製作した映画作品「十年」であり、香港では爆発的にヒットした。実際、中国内地から香港に流れこむ資本や文化は、香港という街を急速に「中国化」しつつある。人口は、返還時よりも二〇〇万人も増えているし、香港を訪れる観光客は中国内地からの人びとがもっとも多い時代を迎えている。悲喜こもごもの現実のなか、香港の変化には目を離すことができない。

（貴志俊彦）

山本照像館と写真師たち

［紫禁城　保和殿］（【図】『震旦旧跡図彙』（1933年）所収）右下に「東京青山　山本明」とある。

　本書の「北京」では学習院大学図書館所蔵の写真帖、岩田秀則『北京写真帖』（一九一八年）と山本明『震旦旧跡図彙』「北京及其付近上・下」（一九三三年）から数枚を掲載した。前者は右開き右綴じで一〇〇枚近くの写真を掲載し、後者は帙《ちつ》入りの豪華本で紙焼きを一枚ずつ厚紙に貼り付けたやはり総計一〇〇枚のものである。ともに北京およびその郊外の名所旧跡、あるいは市街の情景をレンズに収めたもの。広島県井原市生まれの写真家・山本讃七郎（一八五五〜一九四三）はこの二部の写真帖両方に関係している。ここでは山本と彼が創設した山本照像館をめぐる写真師たちに目を向けてみたい。

　山本は一七歳で上京後、林董《ただす》（一八五〇〜一九一三）や中島精一（?〜一九三八）らに写真術を教わり、芝日影町に「山本写真館」を構えた。一八九七年五月に中国に渡航、北京東安門外霞公府路南に住居を借りて活動を開始する。この時、山本は北京城内外の風景や人物、風俗などを撮影し、それを『北京名勝』（一九〇六年）として発表した。義和団事件が勃発すると、義勇兵として日本大使館に籠城した。

　正式に「山本照像館」を開業したのは、受勲による一時帰国を挟んだ渡航四年後の一九〇一年一一月二五日であった。場所は東安門外霞公府路南である。その確かな技術と誠実さは人々の信頼を得て、やがて山本照像館は清朝高官の肖像写真も請け負うようになり、一九〇四年五月には西太后の肖像撮影もおこなっている。これは近年の遊佐徹氏の研究（「近代中国の写真文化と山本讃七郎」『岡山大学文学部プロジェクト研究報告書』二〇一三年）によって、事実であることが確認されている。一九〇六年には山形出身の青年・岩田秀則（一八八五〜一九六二）が訪中し、助手として照像館に勤め始めるが、その四年後に独立し、北京前門街大李沙帽胡同に「岩田写真館」を開いた。そこで出版されたのが前記『北京写真帖』である。その頃、讃七郎の長男・明も照像館に入った。一九一六年になると讃七郎は照像館を明に譲り、帰国して葉山に隠居する。

　一九二一年頃に照像館は東城王府井大街東二六号に移転。ここには魯迅や斎藤茂吉（一八八二〜一九五三）も訪れた。魯迅が来店したのは一九二三年七月三日で、「雲岡石窟仏像写真十四枚および正定木仏像写真三枚」（『魯迅日記』）を買った。この写真の一枚が北京の魯迅博物館に残されている。

　一九三〇年、明は写真館を岩田に譲り帰国、讃七郎と同居する。その後、青山南町に移転、「山本写真場」を開く。一九三三年に二人が北京で撮りためた写真を編集し、部数限定で頒布したのが『震旦旧跡図彙』である。

　明治の絵葉書ブーム以降、大量の絵葉書・写真帖が作られた。写真師たちはそうしたビジュアルメディアの盛行を支えただけでなく、研究者らによる中国各地の史跡調査といった学術研究にも協力し、腕を振るった。彼らはレンズの前に立つことはないが、彼らがいなければ写真帖や絵葉書は存在しえず、その功績は作品群とともに記録／記憶されてしかるべきである。（原信太郎アレシャンドレ）

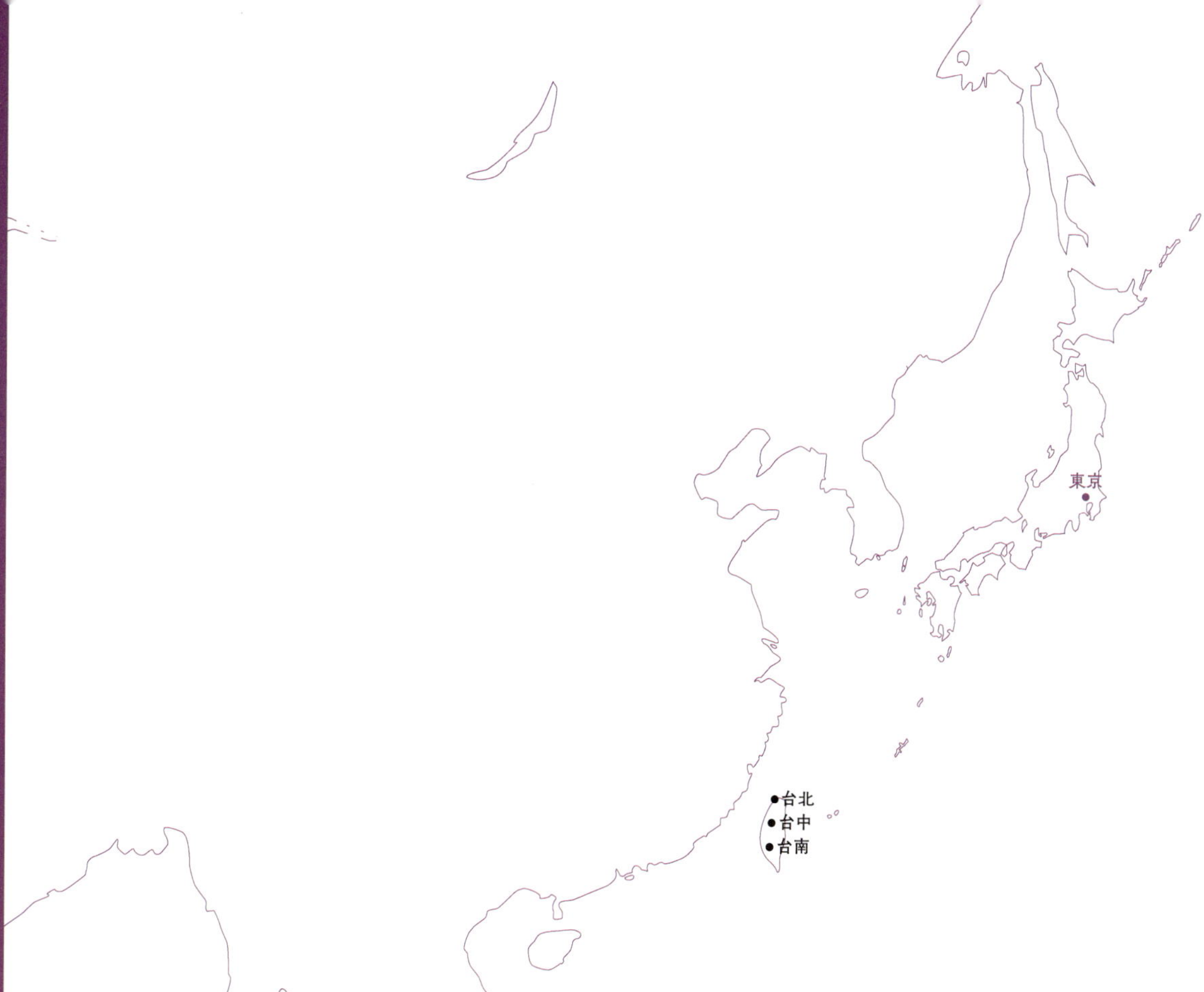

台湾を旅する

16世紀中葉、ポルトガル人が台湾を「麗しの島（フォルモサ）」と呼んだ。この地は台湾本島と77の付属島嶼からなり、中部には富士山よりも高い玉山（旧称・新高山《にいたかやま》）がある。17世紀からのオランダ統治時代、島の開発のために福建省、広東省沿岸部から大量の漢人移民を募り、西側の平野部に集住させて開拓を促した。19世紀末、日本による植民地統治の開始後、台北と高雄とをむすぶ縦貫線路、台東線（東花蓮港～台東）、阿里山森林鉄路などが敷設され、砂糖や石炭、木材などの移出、工業製品を移入する輸送網を形成し、台湾の旅客サービスも発展した。

台湾は、戦前から太魯閣《タロコ》渓谷や日月潭《にちげつたん》、玉山といった景勝地が多く、また台北の文化施設や夜市、地方の温泉なども観光客を引きつけた。戦後に成立した中華民国政府は、屏東《へいとう》県の枋寮《ぼうりょう》駅と台東市の台東駅をつなげる南廻線を敷設して、1991年ついに環島鉄路を完成させた。さらに、2015年には台湾一周するサイクリングロード「環島一号」も整備され、観光立国を実現しつつある。

台北

「南進」の拠点

[「台湾総督府庁舎」（現・中華民国総統府）]（【学】D）→地図D－①

台湾は、台湾本島、金門、馬祖、澎湖、蘭嶼、緑島からなる、地震によって生まれた島々である。本島北側は亜熱帯、南側は熱帯。本島中央に富士山より高い、標高三九五二メートルの新高山《にいたかやま》（玉山、明治天皇命名）があり、その北には、標高三八八六メートルの次高山《つぎたかやま》（雪山、昭和天皇命名）がある。台北は、台北城跡を中心として街がつくられた（地図A）。台北城跡とその付近では、もともと大稲埕《だいとうてい》につながる西門市場から台北駅に近い北門までが栄えていたが、旧城内の街づくり開始後ほどなくして日本人街が北東に広がるようになった。

日本による台湾統治は一八九五年から一九四五年までの五〇年間に及ぶ。台湾は南方の玄関口として認識されると同時に、台北は日本の理想的都市を実現させるための実験都市でもあった。

一九〇四年、日本軍によって台北城の城壁が取り壊され、旧城内を中心に街づくりがおこなわれた。もともと台北城は、風水上の観点から、他の中国の諸城郭のように南北に垂直ではなく、東に傾けて造られていた。さらに日本は街路を東に一五度ほど傾けて、この土地で吹く南東から北西への風と日光とを街に取り込み、衛生環境の改善をはかった。

台北城跡には台湾総督府（現・総統府）をはじめ日本人が建てた建築物が多数残っており、現在も使われている。こうした建築や公園、そのほか水源池・温泉・農事試験場・神

地図A　台北の位置

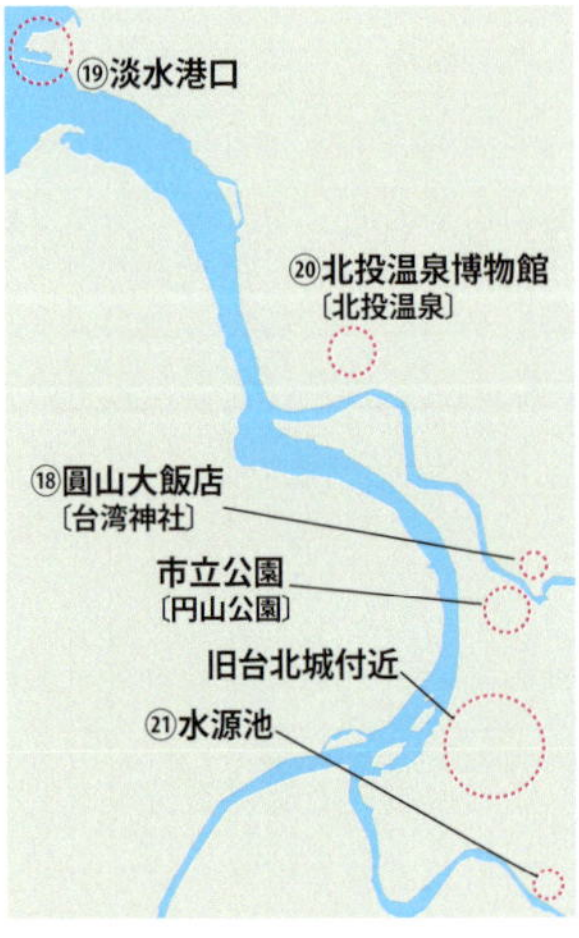

地図B　台北とその近郊

Taipei

社など、日本が造った諸施設は旅行者に人気のスポットだった。内地よりもはるかに進んだ都市計画、上下水道、建築が、当時の日本人旅行者の興味をひいた。

台北は、北にある風光明媚な観光地の淡水、温泉地である北投、台湾神社（のち台湾神宮）の手前にある円山公園、台湾総督府を中心とした主要施設のある旧台北城とその周辺、南の水源池が主な観光スポットであった（地図B）。これらの主要地域は、淡水河の東側に集中していた。

淡水河は、年々増加する堆積物のために川底が浅くなっており、大型船が入ることができなかった。そのため、旅行者は台北市の東北にある基隆《キールン》港から、汽車を使って台北市に入っていた。

台北において主要な地域は、旧台北城と、そこから伸びる道を北上した先にある円山公園、伊東忠太（一八六七〜一九五四）と武田五一（一八七二〜一九三八）が設計した台湾神社の三つである（地図C）。旧台北城の中で早期から発展したのは西門市場と大稲埕であった。日本人が少なかったこの地域は、淡水河を利用した河上運輸によって発展した。現在でもこの地域には、古い建築物が多く残っており、往年の街並みを拝むことができる。また、円山公園は、一九世紀末に完成した、台湾初の公園である。もともと、陸軍墓地であったのを、動物園・遊園地・運動場を備えた公園となった。この円山公園を北に進み、基隆河を越えた先の小高い山の上に、台湾神社があった。つまり、円山公園は、台湾神社から見下ろせる位置にあったことになる。

日本統治時代に、絵葉書用に撮影された建築物等が多いのは、やはり旧台北城内とその周辺である（地図D）。旧台北城の東北に位置する大正町から南の台北苗園までには、多くの歴史的建造物がある。以下、詳細にみていく。

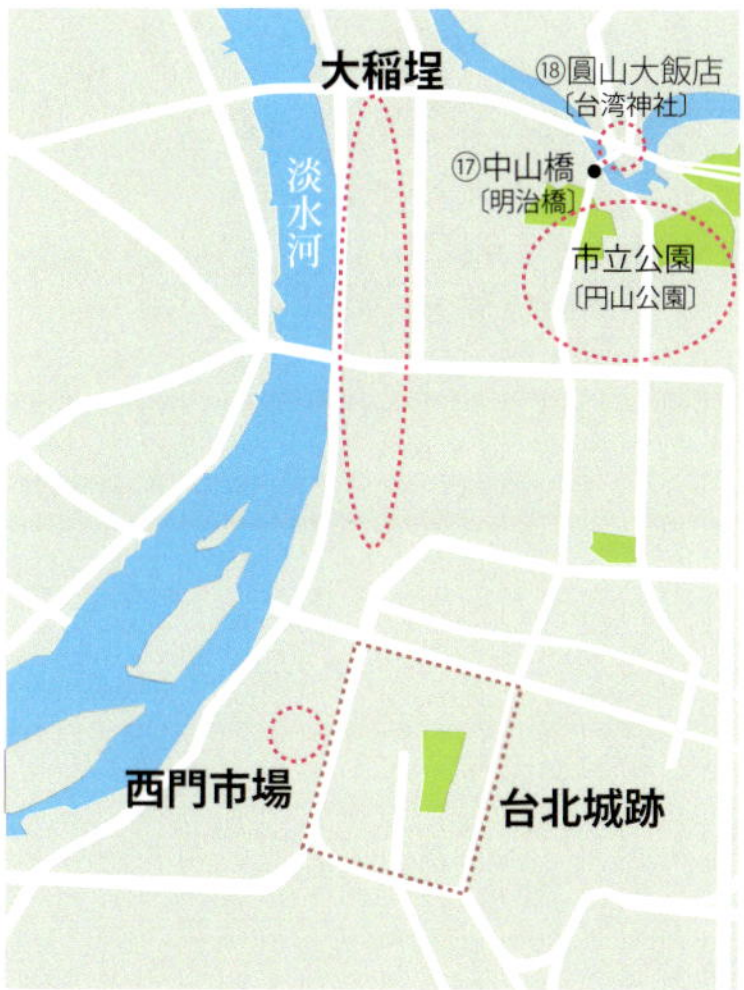

地図C　淡水河東

台北市内——台北城跡とその周辺

旧台北城周辺をガイドブックなどの地図で見てみると、地下鉄が多く走っているなかに、東を淡水信義線、南を松山新店線、北と西を板南線が囲む長方形のエリアがあることに気づく。日本でも、街道などの広い道の下に地下鉄を通すことが多いため、これが旧台北城の外郭だと錯覚してしまいそうになる。実際には、東の淡水信義線が走る道（公園路）よりもさらに一本東の「中山南路」（日本統治時代は勅使街道とも呼ばれた）が旧台北城の東の外郭であった。上図に示したエリアは、旧台北城跡を手掛かりにすると、各歴史的建築物の位置が把握しやすい。

地図D　台北城周辺

[「台湾総督府新庁舎」(現・中華民国総統府)](右:【史】B　左:2015年筆者撮影) →地図D－①
この絵葉書の総督府は、囲いがあることから建築中だと考えられる。総督府の完成は1919年だが、この絵葉書の発行は1918年3月までであるため、写真は1917～18年に撮影されたものと推測できる。

[「台北苗園」(現・台北植物園)](上:【史】B　下:2015年筆者撮影) →地図D－②
植物園は、日本統治時代と現在とでは様子が大きく異なっている。絵葉書のような広大な池は現在はない。

[台北鉄道ホテル(現・新光三越)]46階展望台より(2016年筆者撮影) →地図D－③
白字はすべて旧名称。

［「台湾総督府高等女学校」（現・台北市立第一女子高級中学）］（右：【史】B※（絵葉書の絵柄周囲の余白は割愛した。以下※で示す）　左：2015年筆者撮影）→地図D－④

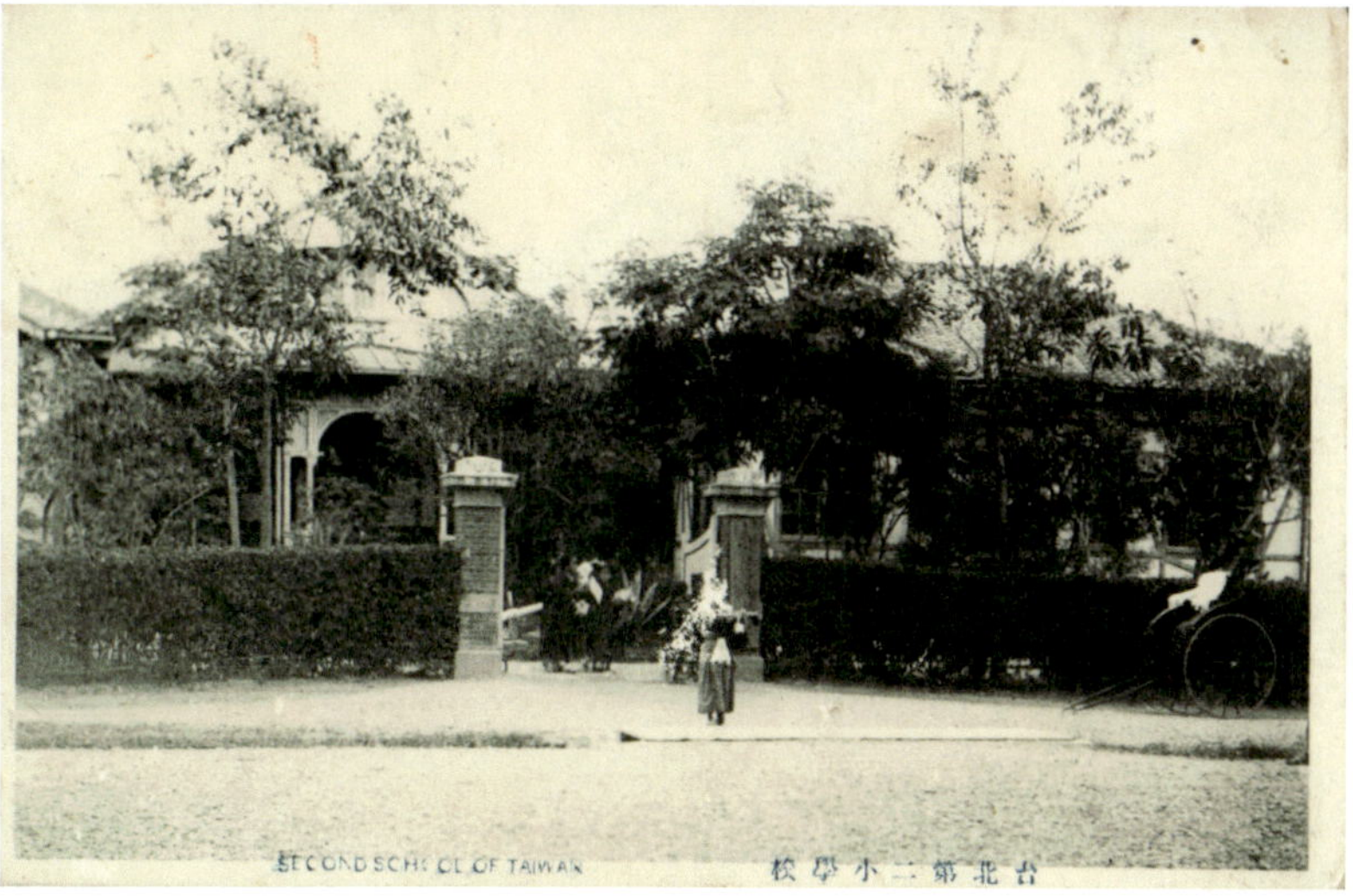

［台北第二尋常高等小学校（現・台北市中正区東門国民小学）］（右：【学】B　左：2017年筆者撮影）→地図D－⑤　この小学校は、1915年9月に「台北城東尋常小学校」という名称になる。しかし、絵葉書には「台北第二小学校」とあることから、それ以前の撮影であると判断できる。

台湾総督府

現在の建物は一九一二年に建設が始まり一九年に完成。それ以前、総督府はいまの中山堂のあたりにあった旧布政使司衙門（清の地方官庁。建物は植物園に移築保存）などに置かれていた。赤レンガと白い花崗岩を組み合わせたいわゆる「辰野式」建築。ビル本体は五階建て（地下一階、地上四階）で、六〇メートルの中央塔がそびえる。エントランスの車寄せは、イオニア式の柱頭をもつ二層分の高さの円柱を六ヵ所に配した荘厳なデザイン。一九四四年一〇月、四五年五月の空襲で塔をはじめ大きな被害に遭ったが、修復され、五〇年より中華民国総統府として使われている。六基のエレヴェーターが導入された。現用機関であるが、国定古蹟となっている。

台北苗園

一八九六年の創設以来、規模が拡張され、南門外に土地を広げた。当初はわずかに三〇〇坪しかなかったが、度重なる改善を経て規模を拡張し、最大で約四万坪にもなった。この植物園では、本島森林の固有樹木だけでなく内外国産の樹木栽培を審査・試験していた。内部は、経済的林地の植栽より庭園賞玩の植物にいたるまで、これに要する苗種を養成し、母樹園、移植園、園芸園の三部に分けられていた。栽培されていた樹木の本数は、母樹園に一五四一〇本、移植園に六二万七五九三本、園芸園に二万八四五〇本であった。

台湾総督府高等女学校
台北第二尋常高等小学校

台湾総督府高等女学校は、台北州立第一高等女学校を前身として、一九〇九年に設立された。これは台湾初の女学校である。現在も、「北一女中」として知られている。

台北第二尋常高等小学校は、一八九六年に、日本本土に本籍を持つ内地人が通う学校として設立され、一九〇一年四月にこの名称に改められた。また、一九〇五年に現在の場所に移転した。

［「台湾総督府専売局」（現・台湾煙酒股份有限公司）］（上右：【史】B※　上左：2015年筆者撮影）→地図Ｄ－⑥

［台北公園（現・二・二八和平紀念公園）］（下右：【史】B※　下左：2015年筆者撮影）→地図Ｄ－⑦　遠くに総督府が見えることから、1912年以降の撮影だと考えられる。ただし、この総督府が全体像が出来上がっているように見えることから、撮影時期を1915～18年に狭めても良いかもしれない。

台湾総督府専売局

一九〇一年に統合・設立された政府機関。台湾のアヘン、塩、樟脳、煙草、酒を製造販売し、植民地経営の大きな柱となった。戦後はいずれも台湾省専売局に接収された。台北市児玉町（現・南昌街）の台湾総督府台北専売局（現・台湾煙酒股份有限公司）は一九二二年竣工。その向かいに南門工場（一八九九年より一九六七年まで稼働、一部建築物が国立台湾博物館の分館として残る）があり、樟脳などの製造がおこなわれていた。台北煙草工場は一九一一年築。製造ラインは一九六六年に新店の新工場に移転した。現在は国定古蹟となっている。

台北公園

台湾最初の西洋式都市公園で、一九〇八年に開園。正式名称は「台北公園」だが、台北神社そばの円山公園（一八九七年）がすでにあったため、人びとは「新公園」と呼んだ。現在は「二・二八和平紀念公園」と呼ばれている。この二・二八は、一九四七年二月二七、二八日に起こった事件を指す。城内の総督府と台北医院に挟まれた約二万坪の敷地には、台湾総督府博物館（現・国立台湾博物館）、台北放送局（現・台北二・二八記念館）のほか、音楽堂や野球場、西洋料理店ライオンなどがあり、かつては児玉源太郎総督、後藤新《ごとうしん》平《ぺい》（一八五七～一九二九）民政長官、柳生一義台湾銀行頭取らの銅像が立っていた。一九三五年台北博覧会の会場ともなった。

大正町

大正町——現在の南京東路以南、市民大道以北、新生北路以西、中山北路以東——は、この区域が大正時代に計画されたことから名づけられた。「一条通」から「九条通」までの道路が整然と通っており、当時の高級住宅街であった。一九三〇年当時、大正町の人口は三二〇五人。その大多数は、日本本土に本籍を持つ「内地人」であった。なお、当時の通りの名称と現在の通りの名称を照合すると以下のようになる。

一条通（市民大道二段）
二条通（中山北路一段三三巷）
三条通（中山北路一段五三巷・林森北路六七巷）
四条通（長安東路一段）

五条通（中山北路一段八三巷・林森北路八五巷）
六条通（中山北路一段一〇五巷・林森北路一〇七巷）
七条通（中山北路一段一二一巷・林森北路一一九巷）
八条通（中山北路一段一三五巷・林森北路一三三巷）
九条通（林森北路一三八巷・一四五巷）

台湾総督府博物館

一九一三年に総督府の野村一郎と荒木栄一によって設計、児玉総督および後藤民政長官が起工し、一九一五年に落成した。一九〇八年に建てられた初代の建物は「児玉総督後藤民政長官紀念館」と呼ばれていたが、落成後の正式名称は「台湾総督府民生部殖産局付属博物館」。一九〇九年、台湾総督府博物館に改称。第二次世界大戦後は「台湾省立博物館」と改称し、一九九九年に行政院文化建設委員会の所轄となり、国立台湾博物館と改称される。現用の国定古蹟となっている。

鉄筋コンクリート造とレンガ造の混構造二階建て、地下一階建て。外観意匠は、ヨーロッパの古典様式である。正面のペディメントを支える二層分の長さの列柱と、頂部のドームが印象的な建物で、台湾における古典様式の装飾を用いた建築のなかではとくに秀逸なものとされている。

台湾病院

一八九五年に大稲埕に開設され、九八年城内の現在地へ移転し、台湾総督府台北医院と改称。しかし、このときの木造建物はシロアリ被害で腐食した。現在、台湾大学付属医院の旧館として使用されている建物は煉瓦造二階建てであり、その裏側に鉄筋コンクリート造四階建ての病棟を建てたもので、一九一二年から一〇年かかって増築された。この結果、建坪の合計は三二〇〇坪に、付属施設を含めると六〇〇〇坪にもなった。しかし、一九三八年、台北帝国大学医学部の付属医院となる際に手狭であるとして、建坪約五〇〇〇坪の四階建ての研究室と病舎を増築し、一九四一年に竣工。当時東洋一の規模と設備を誇った。湿気を嫌って床高があり、車寄せに勾配がある。これも現用機関であるが、台北市市定古蹟となっている。

[「台北大正街」(大正町)(現・中山北路一帯)](上:【史】B※　中左:2015年筆者撮影) →地図D－⑧
[台湾総督府博物館(現・国立台湾博物館)](下:【史】B※　中右:2015年筆者撮影) →地図D－⑨

上:[「台湾総督官邸と東門」(現・台北賓館と景福門)](【史】B※）→地図D－⑪⑫
中:[東門(現・景福門)](2016年筆者撮影)
下:[台湾総督府官邸(現・台北賓館)](2017年筆者撮影)

上:[「台湾総督府台北医院」(現・台大医院)](【史】B※）→地図D－⑩
中:[「(台北)赤十宇(ママ)病院ト医学校」](【学】B)
下:(2015年筆者撮影)

東門と台湾総督官邸

東門（現・景福門）は、台北城内で最も発展が遅れた地域であった。この東門の建つ、南北に走る路が、台湾神社へと通じる勅使街道である（現・中山路）。また、東門から西へと延びる道は総督府に通じていた。さらに、この路の北側、東門に最も近いところにあるのが台湾総督官邸である。

総督官邸は、台湾総督の居住と執務以外にも皇族など賓客を迎えるために建設された木造建築物である（一八九九年着工、一九〇一年竣工）。二万七二六〇円余りかけて造られたが、シロアリ被害が激しく、一九一二年に改築された。構造は煉瓦石材混用の二階建てでルネサンス式。屋根はマンサード屋根で、ウロコ形の石板ストレート葺きになっている。建物の前方には、左右に広がる三〇〇坪の大花壇、後方には日本の池泉回遊式庭園が築造されている。一九二三年には皇太子（後の昭和天皇）が摂政宮の立場で台湾を訪問し、二泊の行程の半分を総督官邸に宿泊した。一九五二年に日本と中華民国（台湾）との間で結ばれた「日華平和条約」はこの建物で調印された。戦後は迎賓館「台北賓館」として使われた。

台湾総督府台北測候所

一八九六年に設置され、島内七か所にあった測候所の中心として気象観測をおこなっていたが、一九三七年に修築し、翌年台湾総督府気象台が成立した。外観から「インク壺」

［「台湾総督府台北測候所」（現・交通部中央気象局）］（左：【史】B※　右：2015年筆者撮影）→地図D－⑬

［「台北停車場」（現・台北車站）］（左：【史】B※　右：2015年筆者撮影）→地図D－⑭

［「台湾日日新報社」（現・兆豊国際商業銀行衡陽分行）］（左：【史】B※　右：2015年筆者撮影）→地図D－⑮

と呼ばれた。

現在は、交通部中央気象局となっている。

台北停車場

一九〇一年八月に竣工した、煉瓦石造の二階建てで、七万二〇〇〇余円の工費をかけて造られた、台湾で最大の駅舎であった。そして、大正年間に入ってから構内を拡張して噴水池を造ったとある。

清の光緒年間（一八九一年）に造られた初代台北駅は淡水河のほとりにあったが、日本統治時代の一九〇一年、路線変更に伴い、現在の忠孝西路の北側へ移り、赤レンガ造りの二代目駅舎が建てられた。乗降客の増加により、一九四〇年に改築。現在の建物は、萬華―松山間の地下化に伴い、一九八九年旧駅の東隣に建てられた四代目である。

台湾日日新報社

台湾において、発行部数最大、発行期間最長の日刊紙。一八八九年五月一六日に台湾新報と台湾日報が合併し、朝刊のみの和文版五面、漢文版一面の六面で発行。一九〇一年には和文版、漢文版とも一面ずつ増やした。一九〇五年から一一年までは漢文版が独立刊行される。一九二四年に夕刊が刊行

右：[「台湾総督府殖産局博物館・台湾鉄道旅館（台湾鉄道ホテル）」]（【史】B）
下：絵葉書全体
左：[現・新光三越ビル]（2017年筆者撮影）→地図D－③

[「台北庁」（現・監査院）]（右：【史】B※　上：2015年筆者撮影）→地図D－⑯

[「台北三線道路」]（右：【史】B※　上：2015年筆者撮影）

される。一九三七年に漢文版廃止。一九四四年四月一日に、台湾新聞（台中）・台南新報・興南新聞など五紙と統合し、「台湾新報」となるが、翌一九四五年十月二十五日には国営の「台湾新生報」となる。

　台北城内西門の近く、台北庁台北城内西門街四十七番戸にあった。

台湾鉄道ホテル

　一九〇八年に台湾総督府鉄道縦貫線が開通し、基隆から高雄までの四〇四キロを八時間で結んだ。これに合わせて鉄道ホテルが開業した。当時としては高層に分類される三階建てであった。また、一階から二階にかけてエレベーター（床材は台湾ヒノキ。二坪半ほどの広さ）が初めて導入された。米軍の空襲で破壊され、現在は新光三越ビルと五鉄秋葉原百貨ビルになっている。

台北庁

　一九一五年竣工。庁舎前には、当時、第五代民政長官であった大島久満次《くまじ》の銅像があった。現在は国定古蹟となっている。

　一九一六年四月二三日、「全島マラソン競走大会」（台湾日日新報社主催）は、台湾人が初めて参加したマラソンである。そのスタート地点であった。

三線道路

　一九〇五年頃、台北市市街改正のもと、台北城の城壁（厚さ約三・六メートル、高さ約五・五メートル）を取り壊し、城壁跡に幅約四〇メートルの砂利敷きの三線道路が設置された。道路が二つの緑地帯によって三線に分けられていたためにこの名称になった。左右の両端は人や自転車、人力車が通行し、中央の道は自動車専用であった（車道・歩道・車道という説もある）。現在の中山南路（東）、中華路（西）、愛国西路（南）、忠孝西路（北）が三線道路であった。中山南路と愛国西路には三線道路のなごりである緑地帯が一部残っている。

明治橋——台湾神社への入り口

明治橋は中山北路から台湾神社に入る道にあった鉄橋である。長さ約九〇メートル、幅約一二メートルで、中央が馬車道、左右が人道であった。台湾神社とともに、一九〇一年一〇月二七日に鎮座式がおこなわれた。一九三三年には二代目明治橋としてアーチ橋が架けられたが、二〇〇二年に撤去された。現在、この辺りは幾本もの橋が交差する交通の要になっているが、位置としては中山橋がこれにあたろう。

なお、中山北路は、総督官邸（現・台北賓館）の東から台湾神社までを繋いでおり、当時は、勅使街道と呼ばれていた。一九二三年に、皇太子が台湾神社に参詣した際にもこの路を通っている。これ以降、御成《おなり》街道とも呼ばれるようになった。

台湾神社は、一九〇一年創建の官幣大社である。台湾総鎮守として北白川宮能久《よしひさ》親王ほかを祀る。台湾神社土工は一八九九年二月に着手、建築工事は一九〇〇年五月二八日に始まり、〇一年一〇月二〇日に竣工。工事の担任は神社の建築と架橋（明治橋）とに分け、建築は総督府技師片岡浅次郎、架橋は同技師十川嘉太郎主任が担った。かかった費用は金二五万一八五八円一四銭（境内鳥居燈篭等の諸経費を含む）。一九〇一年には三万人余りだった参詣者は、一四年には二〇万人を超えた。一九四四年一〇月に旅客機が円山の山頂に墜落し、鳥居などが焼失した。一九四五年に神社が廃止され、取り壊された。一九七三年に、台湾神社の跡地に圓山大飯店が竣工した。

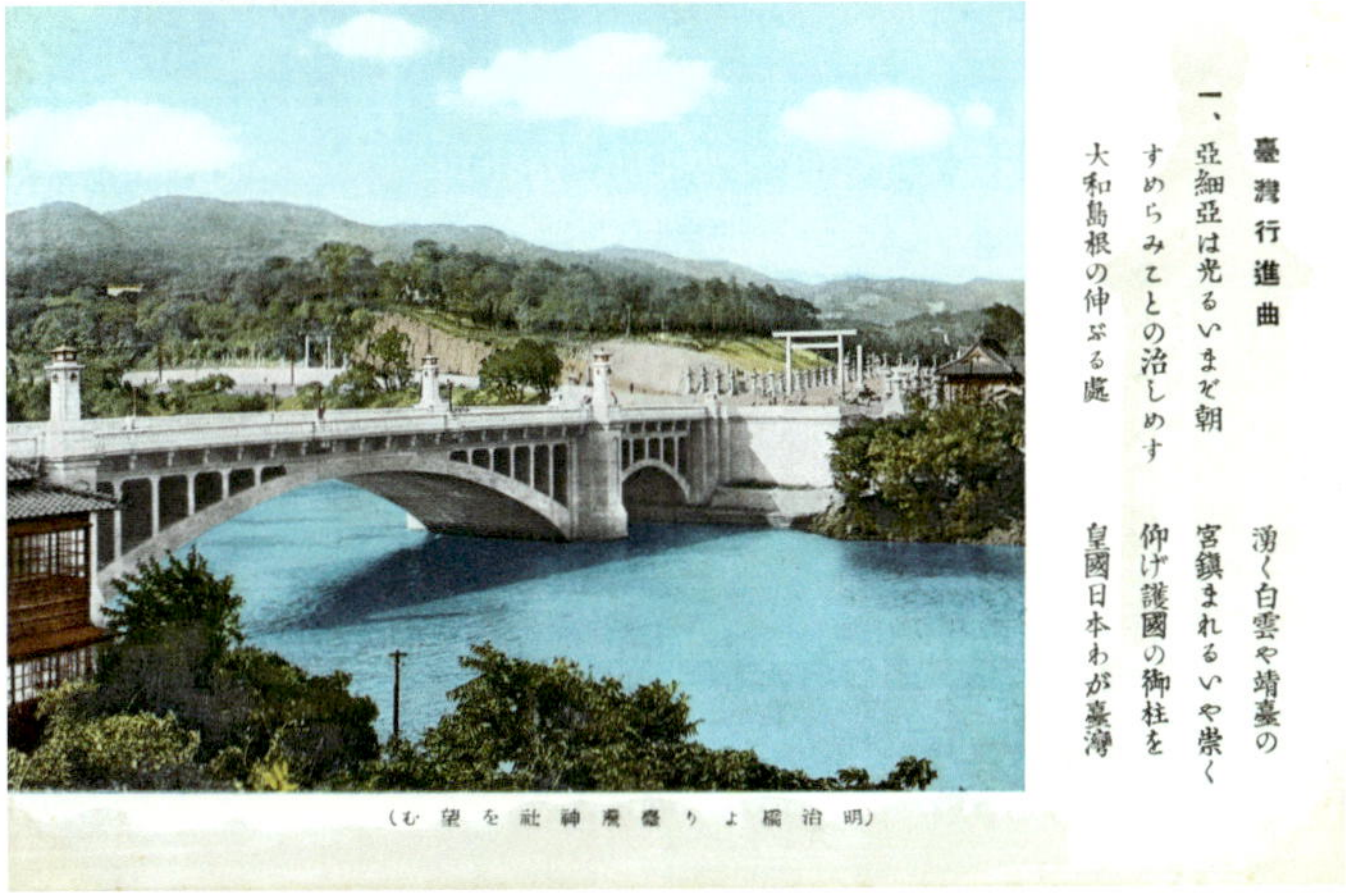

上：[「台湾神社前明治橋」（現・中山橋）]（【史】B※）→地図C－⑰　中：[中山橋]（2016年筆者撮影）上の明治橋（初代）と同じアングルで撮影。　下：[「（台北）明治橋」]（【学】D）橋の奥に鳥居が見えることから、円山公園側から撮ったものであると考えられる。

[台湾神社跡地に立つ圓山大飯店]（2016年筆者撮影）→地図B－⑱、C－⑱

[「台湾淡水港口」]（右：【史】B※　左：2016年筆者撮影）→地図B－⑲　海を背にして、河の上流を撮影した写真である。右の古写真は高台からの撮影、現在の写真は河の傍からの撮影と、撮影場所の高さが違う。しかし、双方の写真の奥に映る山の稜線は一致している。

[現・北投温泉博物館]（2016年筆者撮影）→地図B－⑳　台北州立公共浴場（現・北投温泉博物館）である。右の古写真の中央に映る建物がこれにあたる。1912年の皇太子行啓に際し、増築をおこなった。なお、建物の右側の二階部分は、大座敷の休憩所となっている。

[「北投温泉」]（【史】B※）

近郊——淡水・北投

台北市の東側を流れる淡水河は、一八六〇年に淡水港が通商港として開港してから、たくさんの船が行き来する、商業の中心となった。しかし、川上からの流砂で年々河底が浅くなっていき、港としての機能は失われていった。当時、台湾八景の一つに数えられた淡水は、現在も「台湾のヴェネチア」と呼ばれ、夕暮れ時の風景が人気である。

北投温泉は一九一三年に建設された公共浴場だが、戦後は寂れた。荒廃していた浴場は、一九九八年に北投温泉博物館が設立されたことで、当時の面影を残したまま現在に至っている。建物も修繕こそされてはいるが、昔の情景を偲ばせるものである。

[現・北投温泉博物館内部]（2016年筆者撮影）→地図B－⑳　台北州立公共浴場（現在は北投温泉博物館、上部写真参照）で最も広い大浴場である。ここは、当時としては珍しい、立ち湯であった。入浴料は、大人5銭、小人3銭であった。ただし、台北州立公共浴場には、娯楽室や休憩室があり、それらを使用するためには、大人20銭、小人10銭が必要であったという。修復の際に湯舟の底を浅くしたため、現在は、立ち湯であった面影は残っていない。しかし、四方を柱と柵で囲まれた構造は変わっておらず、現在も豪華な内装である。

近郊——水源池

一八九五年に台湾総督府がおかれるまで、台湾では井戸水や灌漑用水など、水質の悪い、非衛生的な水を生活用水としていた。これは、伝染病を蔓延させる元凶となっていた。

そのため飲料水、船舶用水に良質な水を供給する上水道施設の整備が急務とされ、総督府内務省衛生局衛生工事顧問であったイギリス人のウィリアム・バートン（W. K. Burton）を顧問技師として台湾に招聘する。

水源池は、一九〇七年着工、〇九年に竣工となり、毎日一二万人分の水を供給した。これにより、台北市民の衛生状態は改善され、死者数も激減した。現存するポンプ室は一九〇八年竣工。建物内部は半地下になっている。ポンプによる騒音の対策のためとも考えられている。

THE SOURCE OF WATER WORKS, TAIHOKU.
臺北水道水源池

[「台北水道水源池」]（【史】B）→地図B－㉑　浄水池と観音山が写っている。扇形のポンプ室の前には、二つの大きな浄水池があった。水は、新店渓から観音山まで引き上げられ、浄水池に移されてから台北市内に運ばれていた。

[復元されたポンプ室]（2016年筆者撮影）

当時の建物が現在も残っている。（2016年筆者撮影）

建物の裏には、当時の配管が残っている。（2016年筆者撮影）

[当時使用されていた水道管]（二〇一六年筆者撮影）自来水博物館のある自来水園区内の高台には、戦前に使用されていた水道管が数多く展示されている。水道管は、小さいものから大きいものまであり、とくに大きいものは二メートルを超える。また、左の写真の水道管内部には、バルブが見えている。構造から、これはバタフライバルブであろうと推測できる。

一九七七年に使用中止。その後、一九九三年六月に国家三級史跡に指定されるとともに、台北市が八千万元を投じて修復に乗り出し、ポンプ室を発足当時の姿に甦らせると同時に、水道の歴史に関わる写真や器材を収集して、台湾最初の自来水博物館を誕生させた。現在は、市内の水道のための浄水場で、ポンプ室を中心に造った公園は、市民のくつろぎの場となっている。（武藤那賀子）

台湾の絵葉書発行元

旅の道標⑭

　絵葉書のオモテを見ると、発行元が書かれていることがある。台湾で発行された絵葉書の発行元を辿ってみたい。

台北新高堂書店

　台北新高堂書店は、一八九八年に、台北市栄町一丁目二〇番地で創業している。店名の「新高堂」は、台湾で一番高い山である「新《にい》高山《たかやま》」に因んだものである。戦後に引き揚げた後、一九四七年に、「新高堂」というそのままの名称で、東京都中目黒で営業を再開し、現在に至る。

　台北新高堂の建物は、現在は東方出版社になっている。所在は、承徳路二段八一号と、重慶南路一段と衡陽路が交差するところの二箇所にある。

　なお、「新高堂」は、いち早く出版をおこなった書店であり、最初に出版したのは、人類学者・民俗学者伊能嘉矩《いのうかのり》（一八六七～一九二五）の『領台十年史』（一九〇五年）と『台湾巡撫トシテノ劉銘伝』（一九〇五年）であった。そのほかにも、地図を売る店としても有名であった。

［旧台北城内にある東方出版社の入った建物］（2015年筆者撮影）

愛国婦人会台湾支部

　『愛国婦人会台湾本部沿革誌』（一九四一年）によると、愛国婦人会は、一九〇一年に千代田区で創設された。戦死者の遺族や傷病兵のために活動した団体で、内地だけでなく、台湾や満洲国などにも支部があった。〇四年一月に岩倉久子会長（岩倉具視《いわくらともみ》の義娘）から台北、台中、台南三庁長へ支部設置依頼が出されると、翌二月には台中支部（台中庁内）と台南支部（台南博物館内）が、同年六月には、台北支部（台北庁内、現・中華民国総統府）が開設された。しかし、翌〇五年七月には、この三支部を廃止し、台湾支部を台北（総督府内）に設置した。一九二二年には、台湾支部を、総督府内から、その近くの文武町六丁目一番地に移している。

　絵葉書関連の記事を探してみると、一九一〇年八月に「討蕃隊慰問用記念絵葉書」を発行し、同一〇月一二日に、このうち二〇〇〇組を宜蘭《ぎらん》方面前進隊と傷病兵に寄贈している。さらに、同月三〇日には、宜蘭前進隊へ絵葉書用の切手四〇〇〇枚を寄贈している。また、一九二九年一〇月に、殿下門司御出航の記念絵葉書と、台湾本部設立二五周年の印刷がおこなわれたようである。また、この時には、記念品も作られたらしい。

　この他、台湾の絵葉書を発行していた企業には、市田オフセット印刷株式会社、台北杉田書堂、台北橋本新聞堂、東京印刷株式会社印行台湾総督府、東京日本橋区数奇屋町ともゑ商会、東京四谷尚山堂、南洋堂、澎湖島坂井商店、澎湖島妙中写真館などがあった。

（武藤那賀子）

旅の道標⑮

高松宮宣仁親王下賜絵葉書

［台北物産共進会開設記念　焙茶工場内部］（表・裏）（【史】B）

物やものごとの現象を絵や図により直接示す、また標本などの実物に触れさせるという行為により、生徒の理解を高める「直観教授法」は、ペスタロッチにより提唱され、明治日本の教育界に導入された。旧制時代の学習院にも、直観教授のための実物を収蔵展示する「歴史地理標本室」が、白鳥庫吉教授の尽力により設置された。この日本での嚆矢ともいえる「歴史地理標本室」の開設のために白鳥庫吉は自ら満韓地方へ赴き、各種標本の蒐集をおこなった。

しかし、一九二三年の関東大震災により、「歴史地理標本室」も罹災し、白鳥蒐集の標本類をはじめとする教材類はほぼ灰燼に帰した。このため教授陣は各地を奔走し、標本の再蒐集をおこなうと共に、皇族・華族へも復興の協力を求めた。これに即応したのが、高松宮宣仁《のぶひと》親王であった。

高松宮宣仁親王は大正天皇の第三皇子として、一九〇五年に誕生し、一九一〇年に学習院初等学科に入学した。一九二三年当時は江田島の海軍兵学校に在学していたが、一〇月には母校学習院へ被災見舞いに訪れ、手許にあった標本類を教材として下賜した。その中には一一冊の絵葉書帖も含まれる。

この絵葉書帖には、日本及び外地の風景・風俗を写した絵葉書二三五二枚が収納されていた。絵葉書帖には高松宮宣仁親王の「お印」である「若梅」印が押されている他、絵葉書の中には第三皇子である宣仁親王を略称したと思われる「三」「3」と記された絵葉書も在り、兄宮達（後の昭和天皇・秩父宮）と生活した「皇孫御殿」に所有されていたことが推察される。

これらの絵葉書には使用された形跡はなく、コレクションアイテムとしての絵葉書であり、そこには収集者である高松宮宣仁親王のまなざしを見ることも出来るのである。

（長佐古美奈子）

［宣仁親王（一九一一年学習院初等学科入学頃）］（【史】）
（注：宣仁親王が高松宮家を創設するのは、一九一三年からである）

台中
台湾第二の都市

上・下：[台湾縦貫鉄道全通紀念]（【史】B・上は1908年撮影か）
上の絵葉書は、中央に橋を渡る列車の写真が描かれている。その左上に「台湾鉄道の父」と呼ばれた長谷川謹介が、右上に台湾総督府民政長官や、満鉄初代総裁、鉄道院総裁を歴任した後藤新平が描かれ、中央に「台湾縦貫鉄道全通紀念」「台中公園」「41-10-24」と書かれた判子が押されている。これは、1908年10月24日に、台中公園にて、台湾縦貫鉄道の全線開通式典がおこなわれたことを意味している。下の絵葉書は切符の形をした紙に、台北停車場、打狗（高雄）港、台湾神社、内社川鉄橋が描かれている。台北停車場と台湾神社があることから、1901年10月下旬以降の撮影だとわかる。

[台鉄台中駅 旧駅舎]（2017年筆者撮影）→地図A－①

[高鉄台中駅ホームと車両]（2017年筆者撮影）→地図A－②

[台鉄線車両]（2017年筆者撮影）

Taichung

台中は、台湾第二の人口を誇る都市である。台鉄台中駅周辺には、古い時代の建築物が多く残っている。台中は、一九〇八年一〇月に台湾縦貫線路が全線開通して、アクセスがよくなった。台湾の鉄道は、清朝統治時代に台北から台南までの線路の基盤が敷かれ、日本統治時代に台北と高雄を結ぶ縦貫線路が完成した。また、日本統治時代には、台東線や森林鉄道なども敷設された。終戦後、中華民国時代には、これらの線路が延長、一続きにされ、環島鉄路が完成。これにより、台湾には、島を一周する線路が出来上がった。

現在の台湾の線路は、台鉄線（在来線）が島を一周しており、高鉄線（高速鉄道線）は、台北から左営（高雄市）まで通っている。なお、高鉄線の車両は、日本の新幹線と同じものを採用している。

台中市においては、西側に高鉄台中駅、東側に台鉄台中駅がある。台鉄台中駅は、現在

台中

左・上：[台中公園における日月湖の湖心亭]（2017年筆者撮影）→地図A－③

[宮原眼科]（2017年筆者撮影）→地図A－⑤

[台湾基督長老教会台中中会柳原教会]（2017年筆者撮影）→地図A－④

は新駅舎ができつつある。その南西側には旧駅舎が建っており、現在も、この旧駅舎の内部を通って台中市内に出るようになっている。しかし、旧駅舎は、駅として機能しているわけではなく、カフェや売店等の店舗、および、新駅舎への通路として使用されている。

一九〇三年に整備された台中公園は、一九〇八年一〇月の台湾縦貫線路の全線開通式典の開催地となった。この祭に、閑院宮《かんいんのみや》載人《ことひと》親《しん》王《のう》（一八六五～一九四五）が主賓として参列した。親王の休憩所として、台中公園内にある日月湖に湖心亭が建立された。

台中市には、高鉄が通る台中駅があるが、二〇一七年現在、この駅の周辺には目立つ建物等は何もない。また、台鉄台中駅周辺は旧市街となっているが、駅から少し離れるとシャッターの閉まった店が多く、また、窓ガラスがないなど、人が入っていないとわかるビルも多く散見する。しかし、草悟道を西北に向かって過ぎたあたりから逢甲大学あたりまでは新市街となっており、人通りが多く、新しい建物が多くなる。

台中市内には、日本統治時代の建築物が多く残る。とくに、台鉄台中駅を中心とした旧市街には、当時の建築物がそのまま残っていたり、リノベーションされて別の店になっていたりする。たとえば、台中公園の西北にある柳原基督長老教会は、一九一六年に建てられた。現在の地名は「中区興中街」だが、統治時代の町名「柳原」からこの名称となり、現在もその名が残っている。また、台鉄台中駅の西北には、宮原眼科がある。一九二七年に日本人の宮原武熊がここに眼科を開業した。終戦後には台中市衛生院として利用されたが一九五六年に閉鎖。近年日出グループの経営するスイーツショップとして再活用されている。「日出グループ」の名前は、統治時代に宮原眼科のあった地域の地名からつけられたという。

（武藤那賀子）

地図A　台中広域図

旅の道標⑯

台湾随一の湖・日月潭

[日潭側]（2017年筆者撮影）

[月潭側]（2017年筆者撮影）

[水力発電施設]（2017年筆者撮影）日月潭の水は、西側にある明潭（日月潭との高低差は380メートル）に落とされ、また、日月潭に汲み上げられる。

[日潭・月潭]（【史】B）中央の丸い囲みの中に日潭、下の長方形の中に月潭、背景は日月潭の景色が絵画化されたものが描かれている。絵葉書の下部にある文字から、日本が台湾を統治した1895年から23年後の1918年に発行されたものだとわかる。なお葉書のオモテ面の切手貼付部分に、内国には1銭50厘切手、外国には4銭切手を貼るようにという記載がある。

日月潭《にちげつたん》は、台湾のほぼ中央に位置する、浅葱色の湖で、日本統治時代以降、台湾八景に必ず入る景勝地である。湖面の高さは満水時で海抜七四八・五メートル、水深は二五メートルほどだが、湖底には厚さ五メートルに達する腐泥が沈殿している。面積は八・三平方キロと広くはないが、そもそも台湾には湖沼が少ないため、台湾随一の湖であるといえる。

この付近の盆地は、断層によってできた湖沼跡である。日月潭のみが干上がらずに残っているのは、日本統治時代に、総督府がこの湖に地下水路を用いて濁水渓の水を引き込み水力発電用の貯水池としたためである。

現在の日月潭は一つの湖であるが、もともとは日潭と月潭という二つの湖であった。完全に分離されていたのかどうかは定かではない。しかし、佐藤春夫は、日潭が赤い色、月潭がいぶし銀の色であったと述べている（『霧社』昭森社、一九三六年）。この二つの湖の間には拉魯《ラルー》島という大きな島があった。しかし、水力発電所建設で湖の水高が増したうえ、一九九九年九月二一日の大震災により、拉魯島はその大半が湖に沈み、現在は登頂部のみが見えているだけである。

さて、この拉魯島であるが、もともとは、この一帯に住んでいた原住民族サオ族の祖霊が集う聖地であるとされていた。サオ族は「ラル」、清の統治時代は「珠嶼」、日本統治時代は「玉島」（珠仔島とも）、国民党政権下では「光華島」と名称が変化したが、一九九九年には「ラル島」に戻された。また、日本統治時代、一九三一年には、山頂に、市杵島姫《いちきしまひめ》命を祀った玉島神社という名の神社が設けられた。

また、日月潭では、四手網漁が伝統的におこなわれていたようで、古写真にその様子が残っている。この漁の様子は、現在も見ることができる。

日本統治時代から台湾八景の一つに数えられる日月潭だが、当時の様子がわかる史料もある。一九二三年の学習院生の修学旅行記にも日月潭が出てくる。それによると、七月二五日に、左記のような行程で日月潭に行ったらしい（喜代丘「日月潭の一日」『輔仁会雑誌』一二一号、一九二四年七月一〇日発行）。

［日月潭の四手網］（【史】B）

［四手網］（2017年筆者撮影）

［涵碧樓から見た日月潭］（2017年筆者撮影）中央がラル島

六時一二分　台中発（汽車）
八時二一分　二水《にすい》着
九時二〇分　二水発（軽便鉄道）
一一時頃　外車埕《がいしゃてい》着
　　　　外車埕発（＊臺車）
　　　　＊トロッコの上に椅子を置いて苦力が押す乗り物
一時四五分　五城《ごじょう》着
二時頃　五城発（徒歩）
　途中に長い鐵線橋（釣橋）あり。

この行程を見ると、台中から一度南下してから東へ行き、最後に日月潭の北側に着くことになる。現在は、台中から東に行き、日月潭の北東側から入るルートが一般的であるが、これは、電車で行くか車で行くかの違いである。

この旅行記には、以下のようにある。

僕等の泊る宿屋は涵碧樓《かんぺきろう》とか云《い》う宿屋だけれどもカンジンの案内役殿が落伍したのでどこにあるのかわからない。……宿に二階から日月潭が一目に見える。以前此潭《このたん》は水社湖と呼ばれたものだったがその形状が珠仔島という中の島を境に一方は円形をなし、一方は孤形をなして居《い》る所から日月潭と呼ぶ様になったのだ相《そう》である。……日月潭の水深は年々と浅くなり学者の説によると一千年の後には全く水が涸れてしまうとのことである。（中略）しかし現在台湾電力株式会社が水力電気を得るために工事中で其《その》竣工の暁には珠仔島も水中に没して仕舞《しま》い又、水社大山の麓にある化蕃の部落も湖底に沈まなければならない。

学習院生が宿泊した涵碧楼は、リニューアルこそしているが現存している。なお、このホテルは、同年に当時の皇太子（後の昭和天皇）が宿泊したことでも有名である。

このホテルから日月潭を見ると、正面に拉魯島が見える。ここから、左側が日潭、右側が月潭であるとわかる。

（武藤那賀子）

台南
重なり合う歴史の街

[ゼーランディア城(安平古堡)](上:【学】C　下:2018年筆者撮影）オランダ人によって築かれた台湾で最も古い城堡(じょうほう)。現在の、台南市安平区に位置する。日本統治時代にはオランダ時代の城砦は取り払われ、燈台が建てられた。現在の展望台は戦後建設されたもの。

[赤崁楼](上:【学】C　絵葉書の絵柄周囲の余白は割愛した。　下:2018年筆者撮影）別名紅毛楼とも称される。防御拠点としてオランダ人によって造られ、清代には火薬庫として利用されたが、その後、荒廃し、19世紀末には海神廟・文昌閣として新たに生まれ変わった。日本統治期には台南市長の羽鳥文男(1892〜1975)によって孔子廟とともに修築された。

Tainan

台湾西南の嘉南平原南部に位置する台南は、外港の安平とともに前近代台湾の政治・経済の中心地であった。古都・台南は、四〇〇年の時をかけて台湾先住民・オランダ人・漢人、そして日本人によってゆっくり重なり合うように造り上げられた歴史の街である。

オランダ人と鄭成功

嘉南平原の開発は、一六世紀、中国大陸から移住してきた漢人によって始められた。一七世紀初頭にはオランダ東インド会社が海港拠点・ゼーランディア城（現・安平古堡）を建設し、さらに、湾内部の平原部に防御拠点・プロヴィンティア城（現・赤崁楼《せきかんろう》）を設置した。一七世紀後半になると、明朝復興を目指し、大陸から渡ってきた明の遺臣・鄭成功が、オランダ勢力を排し、ゼーランディア城を安平城、プロヴィンティア城を承天府と改変し、大陸文化の象徴である孔子廟を建設した。清は鄭氏勢力を一掃して、台南に台湾府を置いた。こうして、台南は一九世紀後半まで約二〇〇年にわたり台湾全島の中心都市となった。

日本人と台南

日清戦争後の日本統治時代、台湾の政治・経済の中心地は台北に移ったが、台南でも日本人による大規模な都市・農村開発がおこなわれた。ロータリーを中心に道路が放射線状

［台南孔子廟］（左：【学】C　上：2018年筆者撮影）鄭成功の子の鄭経の時期に創建された。台湾で最も古い孔子廟で「全台首学」（台湾第一の学校）の扁額がある。写真は大成殿で、孔子とその弟子の像が安置されている。1917年に再建されたもの。毎年9月におこなわれる「孔子節」では台南市長が祭主を務め、古式にのっとった盛大な祭りがおこなわれている。

左：［児玉源太郎像（大正公園）］（【史】B）
上：［湯徳章記念公園］（2018年筆者撮影）1911年、ロータリーを整備する際、1907年に立てられた第4代台湾総督・児玉源太郎（こだまげんたろう：1852〜1906）の像を中心とする円環公園（児玉公園）が建設された。1916年には、大正町という地名にちなんで大正公園と称され、戦後は民生緑園、現在は湯徳章記念公園と呼ばれている。湯徳章（とうとくしょう）は二・二八事件の際に大正公園にて処刑された犠牲者。現在、公園は修復中だが、児玉像の台座は残されている。（本書117頁参照）

左：［台南神社］（【学】C）
上：［武徳殿］（2018年筆者撮影）
1895年にマラリアのため台南で薨去した北白川宮能久（よしひさ）親王を祭神として、1923年に創建された神社。孔子廟の隣に位置する。戦後、廃社となり、現在は忠義国民小学が建てられている。校内には台南神社の事務所、武徳殿等が残されている。

に広がる都市計画がすすめられ、その中心には大正公園が造られた。公園の周りには台南州庁（現・国立台湾文学館）や台南測候所が建設され、道路は台南駅・台南公園・台南神社・林百貨店等、日本人が造った建物へとつながっていた。郊外には、八田與一による大規模なダム（嘉南大圳《かなんたいしゅう》・烏山頭ダム）、サトウキビ製糖工場（塩水港製糖）、台南養殖試験場などが建設された。これら日本人が建設した建物や施設の多くは現在でもリノベーションを繰り返しながら使い続けられている。（村松弘一）

あの作品の舞台⑨

アニメ「パッテンライ!!——南の島の水ものがたり」

日本統治時代の台湾で土木技師として活躍し、不毛の大地・嘉南平原に灌漑施設を築いた八田與一の業績と台湾地元民の交流を描いたアニメーション映画。表題の「パッテンライ」は「八田さんが来た（八田来）」の意味。（製作年：二〇〇八年／配給：北國新聞社・虫プロダクション）

［烏山頭ダム］（2018年筆者撮影）アニメ映画の舞台になったダムの周辺には八田與一記念館や銅像があり、現在でも多くの台湾人観光客が参観に訪れている。

学習院で学んだアジアからの留学生

学習院は日本の華族の子弟のために発足した教育機関であるが、一八九九年から一九四四年までの四五年間に、中国大陸から一一名、台湾から九名、朝鮮から二二名、タイから四名の計四六名ものアジアからの学生を受け入れたことはあまり知られていない。彼らの多くは、旧制学習院を卒業したのち、帝国大学や陸軍士官学校へと進学した。

一八九九年、最初に清から来た留学生は、張厚琨《ちょうこうこん》であった。彼は清から日本への留学の旗振り役をした張之洞《ちょうしどう》（一八三七〜一九〇九）の孫にあたる。当時の学習院長は近衛篤《このえあつ》麿《まろ》で、彼は東亜同文会を創設するなど清朝要人とのネットワークを持っていた。張厚琨は来日後、近衛院長の官舎に居住し、そこに監督の教授一名と指導係の学生二名が同居するという特別待遇で、ほかの学校に留学した学生に比べ恵まれていた。張厚琨は当時、学習院教授であった著名な東洋史学者・白鳥庫吉とも会っている。

その後も大陸から岑春煊《しんしゅんせん》・黎元洪《れいげんこう》・斉燮《せいしょう》元《げん》といった清・中華民国の政治家の子息が学習院で学んだ。一九二〇年に入学した黎紹《れいしょう》基《き》の父・黎元洪は当時の北条時敬《ほうじょうときゆき》学習院長に「普通教育であっても品性の陶冶に高尚であると聞いている学問研究とともに武士道精神も習得させることもできる」との期待を手紙にしたためている。ところが、共和制に移行したばかりの中華民国のメディアのなかには日本の貴族の子弟に教育を施す以外、何ら学問上の権威なき学習院に入学するのは共和国民の資格に抵触するとその留学を批判するものもあった。

昭和前期になると満洲人の子弟が入学した。最も有名な学生はラストエンペラー愛新《あいしん》覚羅《かくら》溥儀の弟・愛新覚羅溥傑《ふけつ》（一九〇七〜九四）である。彼は金秉潘《きんしょうはん》と名を変え、潤麒（溥儀の妻・婉容の異母弟）とともに天津から密航し、来日して一年、日本語を学び高等科に入学した。学習院での勉強について、「漢文は前から基礎があったため骨は折れなかったが、理数の方はかなりきつかった。ほかにドイツ語を選んだ。学習院では『忠孝一致』の教育をしており、平素は礼儀正しく、教室では忠君孝親、上を敬う道を教え込まれた。漢文教師の塩谷温は明治維新をたたえるばかりではなく、清朝の『康熙乾隆之治《こうきけんりゅうのち》』をも終始ほめたたえたので、日本人も清朝を尊敬しているのだと思った」という（『溥傑自伝』）。その後、満洲事変の勃発、満洲国の建国を経て、一九三三年三月学習院を卒業し、陸軍士官学校へと進学した。

朝鮮からは李王家、朝鮮の貴族・公族の子息が入学した。李王家では朝鮮王朝最後の王の高宗の子・李垠《イウン》やその子・李玖《イグ》が入学した。タイからは王族のモム・ラジャヤ・ランダ・ナクサット（日本名：政尾勲、名草勲《なぐさいさお》）が入学している。台湾からは錦茂茶行《きんぼうちゃこう》の郭春秧《かくしゅんえい》や錦記茶行《きんきちゃこう》の陳天来《ちんてんらい》など茶貿易で成功した実業家の子息や孫が学習院に学んだ。また、瑞芳での金鉱採掘に成功した実業家一族の顔恵《がんけい》民《みん》・顔恵忠《がんけいちゅう》兄弟は戦中戦後の学習院で学んだ。顔恵民は、今ではエッセイストの一青《ひとと》妙《たえ》、歌手の一青窈《ひととよう》姉妹の父としても有名である。

参考文献　村松弘一「明治——昭和前期、学習院の中国人留学生について」（『学習院大学国際研究教育機構研究年報』三号、二〇一七年）

（村松弘一）

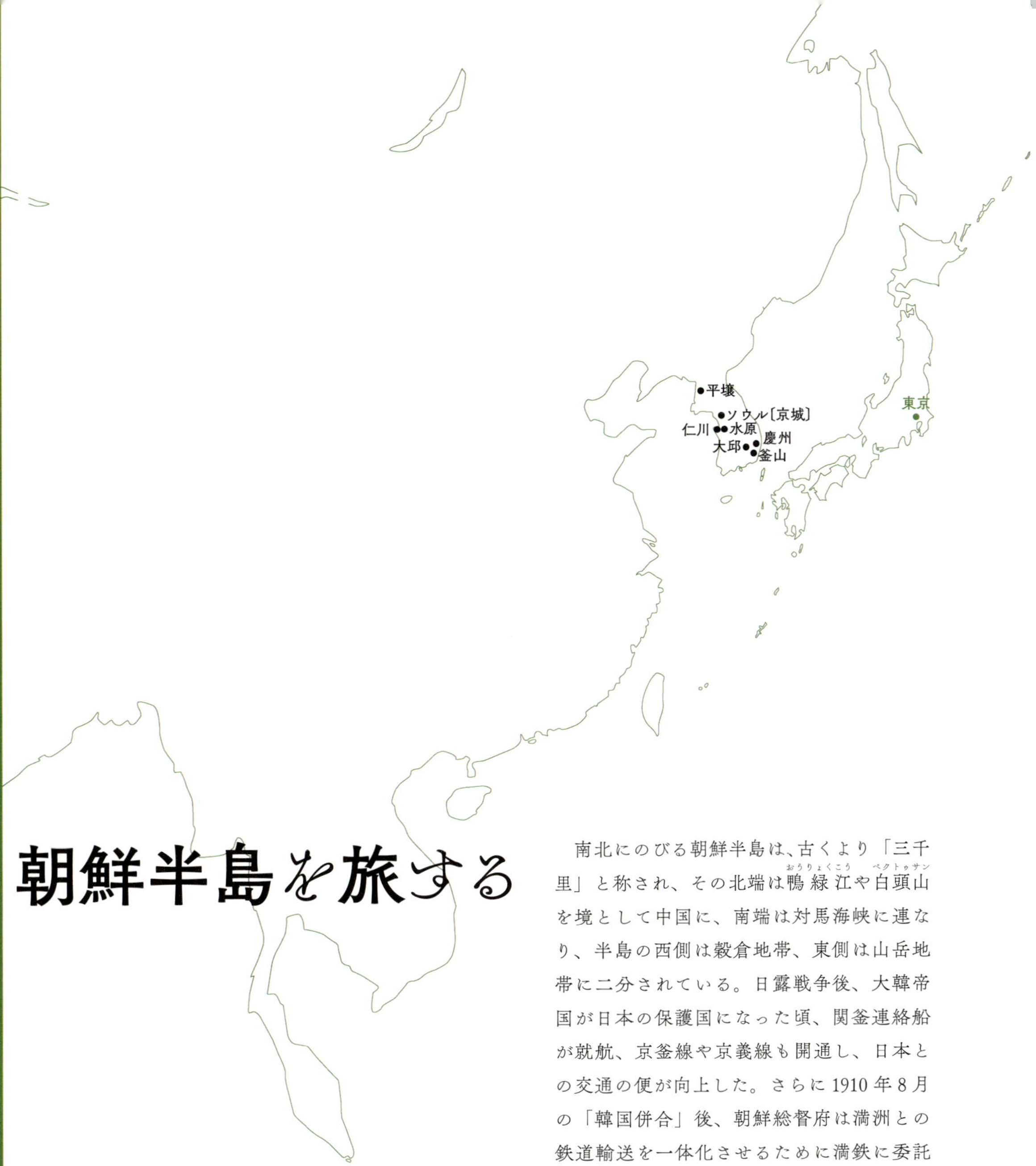

朝鮮半島を旅する

南北にのびる朝鮮半島は、古くより「三千里」と称され、その北端は鴨緑江《おうりょくこう》や白頭山《ペクトゥサン》を境として中国に、南端は対馬海峡に連なり、半島の西側は穀倉地帯、東側は山岳地帯に二分されている。日露戦争後、大韓帝国が日本の保護国になった頃、関釜連絡船が就航、京釜線や京義線も開通し、日本との交通の便が向上した。さらに1910年8月の「韓国併合」後、朝鮮総督府は満洲との鉄道輸送を一体化させるために満鉄に委託経営を依頼する一方で、23年には民営の朝鮮鉄道の発足を支援した。こうした交通網の整備により、慶州の歴史地域、水原の華城、ソウルの景福宮《キョンボックン》や宗廟《チョンミョ》や昌徳宮《チャンドックン》のほか、開城の歴史遺跡地区、朝鮮半島北端の白頭山、中部の金剛山などを観光資源として、日本内地や満洲、欧米から旅客を引き寄せた。

しかし、1945年8月日本からの独立を祝賀するも、まもなく北緯38度線を境として南北分断統治が施行され、さらに1950年からの朝鮮戦争によって、国土は疲弊してしまった。その後、現在に至るまで、半島全体を行き来することはできなくなっている。

ソウル〔京城〕

朝鮮半島の中核都市

Seoul

VIEW OF NANDAI-MON GATE, KEIJO.
（京城）南大門の雄姿

［南大門］（【学】C）→地図A－①　白衣を着た朝鮮の男性が歩いているのが見える。

ソウル〔京城〕のある地域は、朝鮮半島のほぼ中央に位置して水陸の便もよく、歴史的にも要地とされてきた。一三九二年に開かれた朝鮮《チョソン》王朝は、一三九五年、風水に基づきこの地を都・漢城《ハンソン》府とし、周囲の山に沿って城壁を築き、東大門《トンデムン》・南大門《ナムデムン》など大小八つの門を置き、城内には景福宮《キョンボックン》や昌徳宮《チャンドックン》などの宮殿を建てた。一九一〇年に日本が朝鮮を植民地化すると、ここには統治機関として朝鮮総督府が置かれ、名称は京城府に変更された。植民地期には、景福宮勤政殿《クムジョンジョン》の正面を塞ぐように建てられた朝鮮総督府庁舎に代表されるように、京城駅・京城府庁舎などの近代建築が建設される一方、城壁の一部は撤去され、南山《ナムサン》に朝鮮神宮が建設されるなど、都市景観が変わっていった。一九四五年に朝鮮が植民地支配から解放されると米軍政下でソウル（서울）と改称された。ソウルは「みやこ」を意味する朝鮮語である。一九四八年の大韓民国建国以後は首都・ソウル特別市となるが、朝鮮戦争で戦

THE GREAT VIEW OF KEIJO-CITY LOOKING DOWN FROM NANZAN.
（京城）南山より望みたる京城市街の偉観
B

［南山（ナムサン）から見たソウルの様子の比較］（上：【学】C 1920～30年代　下：2013年筆者撮影）→地図A－②

線が何度も通過し、両軍が占領を繰り返したため多くの地域が破壊された。休戦後は韓国の経済成長の中で漢江《ハンガン》以南の開発が進み都市圏が拡大。現在も韓国の政治・経済の中心で人口は約一〇〇〇万人である。

朝鮮王朝時代の王宮・城門

植民地期には朝鮮王朝の王宮や城門の多くは開発等により毀損されたが、景福宮の勤政殿・慶会楼《キョンフェル》（次頁）、南大門などは残され、京城の観光名所となっていた。これらの建物は植民地支配からの解放後も保全され、現在も大韓民国首都のランドマークとなっている。

朝鮮王朝の王宮のうち、初めに正宮として使われたのは景福宮である。一三九二年に朝鮮王朝が開かれると、二年後の一三九四年に漢城への遷都が決まり王宮建設が始まった。完成後の一三九五年より正宮として使用されていたが、豊臣秀吉の侵略時の混乱によりほとんどが焼失した。その後離宮である昌徳宮が正宮として使用されたため放置されていたが、一八六七年に興宣《フンソン》大院君《デウォングン》が再建した。日本による植民地化後には正殿である勤政殿の前に朝鮮総督府庁舎が建設され、博覧会会場になるなどしたため、多くの宮殿建築が破壊・撤去された。一九八〇年代以降景福宮の復元工事がおこなわれ、一九九五年には総督府庁舎は撤去され、現在は往時の姿を取り戻している。

朝鮮王朝期に都である漢城の正門として建設されたのが南大門である。南大門の正式名称は「崇礼門」で、一三九六年に建てられはじめ、一三九八年に完工した。植民地期には京城の市域拡大によって城門の意味は後退した。城門をとりまく城壁も逐次撤去され、朝

[景福宮勤政殿]（上:【学】C　下:2016年筆者撮影）→地図A－③　景福宮の正殿として国王の国家儀礼などのために建設された。現存の建物は1867年に景福宮が再建された際に造られたものである。植民地期に多くの宮殿建築が撤去される中この建物は残されたが、1926年この前に朝鮮総督府庁舎が建設された。

地図A　ソウル市街図

鮮神宮への参道整備などに利用されたが、南大門は残されて京城のランドマークとして表象された。京城駅から南大門をへて、京城府庁、総督府庁舎へと続く景観は、植民地都市京城の都市景観の主軸となっていた。

［慶会楼］（上：【学】C　右：2016年筆者撮影）→地図A－③　勤政殿の西北にあり国の慶事や使臣が来た際に宴会を開いた場所である。現存の建物は1867年に景福宮再建の際に建てられたものである。植民地下においても勤政殿とともに残され、京城の「名所」として観光利用された。単一坪数では韓国最大の楼閣であり、国宝221号に指定されている。

あの作品の舞台⑩

映画「王になった男」

一七世紀、朝鮮王朝第一五代国王光海君《クァンヘグン》の時代を史実とフィクションを織り交ぜながら描いた映画。光海君は勢力争いの末国王に即位したため、即位後も命を狙われているのではないかと疑心暗鬼に陥っていた。側近は王と瓜二つの道化師ハソンに影武者をさせていたが、王が病に倒れると、ハソンがしばらく王の代役を務めることになる。ハソンは次第に既存の政治に疑問を抱き、独断で王として民のための決断を下していくが…

光海君とハソンをイ・ビョンホンが一人二役で演じた。光海君在位直前に、景福宮は豊臣秀吉軍の攻撃に際し荒廃したため、光海君は慶運宮（徳寿宮）や昌徳宮に住んだが、映画の中で国王に扮したハソンが王妃を連れて側近たちから宮殿内を逃げ回るシーンは実際の昌徳宮とともに景福宮でも撮影された。

（監督：チャ・チャンミン／出演：イ・ビョンホン、リュ・スンリョン、ハン・ヒョジュ他／制作：リアライズピクチャース、CJエンターテイメント／公開：二〇一二年（韓国）、二〇一三年（日本））

南大門は韓国に現存する最古の木造建築物であるとともに最大規模の城門建築物として大韓民国の国宝第一号に指定された。一九五〇年の朝鮮戦争において著しい損傷を受けたために大規模な改修工事が必要となり、一九六二年に解体重修された。それ以来、ソウルの街のシンボルであり続けていたが、

［東大門］（上：【学】C　下：2016年筆者撮影）→地図A－④

［南大門］（上：【学】C　下：2016年筆者撮影）→地図A－①（本書152頁参照）

二〇〇八年には放火事件によって大きく損壊した。現在では五年以上におよぶ復元工事を経て、二〇一三年から再び一般公開されている。

東大門も現存している。正式名称は「興仁之門」で、一三九六年にはじめて建てられたが、その後幾度かの改修築を経て現在に至る。大韓民国指定宝物第一号。もとは「興仁門」であったが、風水上漢城の東の地気が弱く、それを補完するため「之」の文字を入れて漢字四文字としたとされ、他の大門が三文字であるのとは異なっている。

［京城駅駅舎（現・文化施設「文化駅ソウル284」）］（上【学】C　下:2016年筆者撮影）→地図A－⑤　現在は駅舎として使われていない。

［朝鮮銀行本店（現・韓国銀行貨幣金融博物館）］（上:【学】C　右:2016年筆者撮影）→地図A－⑥　1912年竣工。1909年に第一銀行韓国総支店として起工されたが、同年大韓帝国の中央銀行である韓国銀行本店となり、建設中に1910年の植民地化を経たため、完成時には朝鮮銀行本店となった。解放後は韓国の中央銀行である韓国銀行の本店として使われていた。

京城府内の近代建築

京城駅・京城府庁・朝鮮銀行などは、京城や朝鮮半島の流通・行政・金融を担う重要な役割を担っており、その役割は植民地支配後にも引き継がれた。これらの建物はそれぞれソウル駅・ソウル市庁・韓国銀行として長く使用されたのち、現在ではその文化的価値が認められて博物館・図書館・文化施設などに利用されている。

　京城駅は一九〇〇年七月、ソウルと仁川を結ぶ京仁鉄道の停車駅として設置された鉄道駅である。現在でもソウル駅として、首都の表玄関となっている。設置当初は南大門駅と呼ばれ、木造の駅舎であったが、一九〇五年の京釜線、京義線、一九一四年の京元線の開通にあわせて一九一五年に京城駅と改称され、京城府の表玄関となるべく駅舎の改築工事が計画された。

　写真の駅舎は一九二二年に着工し、二五年に竣工。設計は総督府鉄道局の主管のもとで塚本靖（一八六九～一九三七）が担当した。

　駅舎は解放後も継続して二〇〇四年まで使用され、一九八一年には韓国で最も古い鉄道建築として史蹟二八四号の指定をうけた。現在では駅舎としての役割は終え復元工事後、二〇一一年からは文化施設「文化駅ソウル284」となっている。

　「韓国併合」後、京城府庁舎は、それまで日本総領事館や理事庁として使われていた建物

[京城府庁舎（現・ソウル図書館）]（左：【学】C 右：2015年筆者撮影）→地図A－⑦　解放後もしばらくソウル市庁舎として使われていたが、新庁舎が建設されたため、図書館として使用されている。

[京城郵便局（現・ポストタワー）]（左：【学】C 右：2016年筆者撮影）→地図A－⑧ 現在は同じ場所にポストタワーというビルが建ち、ここにソウル郵便局が入っている。

[京城商業会議所]（【図】）中村與資平の設計で、1919年3月～20年7月にかけて建設された。京城公会堂が併設されていた。建物は現存していない。

を転用して使用していたが、一九二六年一〇月新庁舎が朝鮮総督府によって徳寿宮前広場と呼ばれた京城府の市街地の中心に建てられた。この場所は、景福宮の正門である光化門《クァンファムン》の前から南大門を通り京城駅に至る南北の街路と、徳寿宮《トクスグン》から東に延び市街地を東西に貫く黄金町通（現在の乙支路《ウルチロ》）が徳寿宮の前で丁字の形に交差する場所であり、都市計画が進めば京城の中心地となるべき場所であった。戦後はソウル市庁舎として使用されていたが、隣接地に新庁舎が新築されたことにより改修され、現在は図書館として使用されている。

　京城郵便局は一九〇〇年、日本人居留民の郵便施設として彼らが多く住んでいた現在の忠武路《チュンムロ》二街付近に建設され、一九〇五年四月の韓日郵便協定によりソウル全般の郵便事務を管掌し、統監府の設置後にはその管掌下におかれた。絵葉書の建物は一九一三年一〇月に着工、一九一五年九月に竣工したもので、地下一階・地上三階で二三ヵ所の受付窓口、延建面積一三二〇坪でレンガと石造の融合した華麗で巨大な構造であった。この庁舎は当時のソウルで最も壮大な建築物の一つであった。

　京城郵便局は一九四九年八月にソウル中央郵便局に改称され、朝鮮戦争の戦火で大きく損壊したのちも建物を復元して使用されたが、一九七九年から一九八二年に改築され新庁舎となった。現在は二〇〇三年から二〇〇七年にかけて工事された地上二一階建てのポストタワーとなっている。

在朝日本人による景観形成

景福宮勤政殿の正面には朝鮮総督府庁舎が建てられ、威容を誇示した。また風水上、首都を守護する山とされていた南山には、朝鮮半島の総鎮守である朝鮮神宮、初代統監・伊藤博文を祀った博文寺が建てられた。朝鮮神宮・博文寺は日本敗戦直後に解体、総督府庁舎も光復五〇周年を契機に取り壊され、現存していない。

朝鮮総督府は、「韓国併合」当初は南山北麓にあった統監府庁舎を使用していたが、新庁舎建設を計画して一九一二年にその敷地を景福宮内に決定し、ゲオルグ・デ・ラランデ、伊東一郎、国枝博などに基本設計を委嘱した。新庁舎建設は一九一六年六月から着工され、一九二六年一〇月に竣工。景福宮は一九一五年「施政五周年記念朝鮮物産共進会」の会場となったため、王宮建築の多くは撤去されていたが、その中心部分である勤政殿と光化門の間に新庁舎が建設された。なお光化門は撤去される予定であったが、柳宗悦《やなぎむねよし》（一八八九～一九六一）の反対論等により、王宮東側に移転された。総督府庁舎は五階建てのコンクリート造りで外壁全面に花崗岩をはり、中央にドームをのせた。日本による朝鮮支配の象徴的建築であり、朝鮮王朝時代の支配の象徴である勤政殿の前に立ちふさがる位置に建ち、その威容をもって市内を睥睨《へいげい》するとの意味で植民地都市京城の都市景観を形成した。

解放後には大韓民国政府の中央庁舎として使用されたが、朝鮮戦争（一九五〇～五三）の戦火で内部が焼失。一九六〇年代以降に再び改修され、工事が完了した一九八六年から一九九四年まで国立中央博物館として使用された。しかし、一九九五年には「日本植民

[朝鮮総督府庁舎跡]（上:【学】C　下:2016年筆者撮影）→地図A－⑨
現在は総督府庁舎の建物は撤去され、往時の景福宮の様子が復元されている。

[朝鮮神宮跡（現・南山公園）]（上:【学】C　下:2015年筆者撮影）→地図A－②　植民地朝鮮の「総鎮守」として1925年南山に建てられた。祭神は天照大神と明治天皇であり、社格は官幣大社。敗戦後はアメリカ軍政庁の許可を得て日本の宮司らにより解体・「奉焼」された。現在は南山公園となっている。

[博文寺（現・新羅ホテル迎賓館）]（上:【学】C　中左:2016年筆者撮影）→地図A－⑩　現在、博文寺のあった場所には新羅ホテル迎賓館が建っている。
[昌慶苑（現・昌慶宮）]（下:【学】C　中右:2016年筆者撮影）→地図A－⑪　絵葉書に見られる博物館は昌慶宮の復元工事のため撤去され、現在は往時の姿となっている。

地支配の象徴」として撤去することが決定され、跡地には景福宮の復元工事が進められた。ドーム柱頭部分は撤去ののち、忠清南道天安《チョナン》市の独立記念館に野外展示されている。

博文寺は統監府初代統監である伊藤博文（一八四一～一九〇九）の菩提寺として建立された仏教寺である。その建立は一九二九年、朝鮮総督府政務総監の児玉秀雄が提唱し、一九三〇年に設立された伊藤博文公記念会によって実務が進められた。「文化政治」期の「内鮮融和」を目的に建てられた宗教施設であり、神社ではなく朝鮮にも基盤のある仏教寺の形式がとられ、建築としては鎌倉時代の禅宗建築の模倣を基本とし、細部に朝鮮様式を加味する形で設計された。山号は伊藤博文の雅号からとられ、寺の宗旨は彼が帰依していた曹洞宗となっている。建設工事は一九三一年六月に開始され、伊藤の命日である一〇月二六日に落成・入仏式がおこなわれた。建立後は曹洞宗本山の直轄運営とされたが、伊藤の菩提寺でありながら彼の墓もなく、檀家もいないという特異な寺であった。解放後はここに迎賓館が建てられ、現在は新羅ホテルとなっている。

昌慶宮《チャンギョングン》は一四八四年に創建され、豊臣秀吉の朝鮮侵略の際に焼失したのち重建された。その後も数度の出火等により焼失したがその度に修繕改築され、朝鮮王朝の王宮の一つとして機能し続けた。しかし近代以降の日本の侵略・植民地化の過程で、昌慶宮は大きく変化した。一九〇八年に昌慶宮東側の北部分を植物園、中央を博物館、南側には動物園を開設する工事がはじまるなかで王宮の殿閣は毀損・撤去された。一九〇九年には王宮から格下げとなり昌《チャン》慶苑《ギョンウォン》に改称され、一般市民にも開放されて行楽地となった。昌慶苑は解放後も動植物園として存続したが、一九八三年に動物園の移転と昌慶宮復元が決定された。復元工事は一九八五年から始められ、現在では往時の王宮の姿が再現されている。

学習院生のみた京城

学習院では一九一八年以降、夏季休業期間に学生の海外見学旅行を実施するようになった。そして多くの場合、その旅程に植民地朝鮮（京城）の訪問が組み込まれていた。

旅に出た学習院生が、京城の何を見聞し、どんな感想を残したのか。一九三九年七月二九日・三〇日の旅行記録（『学習院輔仁会雑誌』第一六四号）を、当地の絵葉書とともに見てみよう。

一九三〇年七月二九日

京城へ着く。（中略）一同揃って駅前①に出る。出るとムッとした暑さが感ぜられるが、丁度駅の蔭になっているところに入って居《い》ると何所からともなく涼しい風が吹いてくる。我々の正面には山が見え、左手には大きな門が見える②。この門は京城には四あり、北に向かう門は支那よりの使者が入り、東にあるのからは日本の使者、南及び北にあるものからはその他の使者が入るとの御説明がある。この御説明の最中にも、朝鮮に来たと云《い》う感じが深い。

白一色の服に、黒くて丁度シルクハットを粗くして更に涼しそうにした帽子を被った老人、上衣が白または透いて見える様な黒等で下は桃色や緑色あるいは水色等の朝鮮服を就けた年若き婦人が、先のほうがつまみ上げた様に高くなっている朝鮮靴、又はハイヒールを履いて、裳をひらめかせて我々の眼前を通る。

自動車三台に分乗して徳寿宮③に赴く。徳寿宮は李朝第四世たる世宗王の兄君、月山大君邸宅であったのを李太白殿下の時、慶運宮と改められ、さらに李王殿下が昌徳宮に移られた時、徳寿宮の名が与えられたとの事で、今日では一般に開放されて居るのである。その正殿は広大で天井も極めて高く、朝鮮産の柱も高さ五五尺の立派なものであった。天井には鳳凰の絵があり、又正面一段と高きところには扉あり。往時は国王此処《ここ》より出入りされたとの事で、この扉にも鳳凰の絵がある。その前には日韓合併前には台が設けてあったが、合併後には一般と同様にという御趣旨か

①京城駅（現・文化施設「文化駅ソウル284」）（【学】C）→地図A－⑤（本書156頁参照）

②南大門（【学】C）→地図A－①　（本書152・155頁参照）

③徳寿宮（【学】C）→地図A－⑫

④昌徳宮秘園（【学】C）→地図A－⑬

⑤昌慶苑（現・昌慶宮）大温室及花壇（【学】C）→地図A－⑪

らこの台を取り除かれたそうである。正殿に続く廊下より見ると、朝拝を為す文武官が立ち並んだと云う所も見える

我々は次いで秘苑（④）を拝観した。秘苑は昌慶苑即ち宮廷の一部が開放されたものの後方に広がる庭園で、朝鮮庭園の粋として有名である。自然の高地低地を利用してその間に清き流れあり、池あり、鬱蒼たる樹木あり、諸所に点在する小亭は、これら自然と共に一幽境を成して居る。愛蓮亭、芙蓉台、観覧亭、尊徳亭、勝在亭、演慶堂等、その名を見て凡《およ》そ風景の想像できそうな名ばかりである。

秘苑の参観を終わり、植物園（⑤）、動物園を見学した。温室にはバナナの木があって美味しそうなバナナが熟して居る。更にこの前には「海駝」（ヘテ）なる想像の怪物が頑張って居る。

動物園には鷲、バイソン、北満に出没する狼（ぬくて）等が居たが、中にも猿の一種は額の上の毛が真中からポマードでもつけた様に分かれ、その顔は一行の、恐らくは読者諸君の極めてよく知れる某先生にそっくりで、我々一同まるでその先生に御目に掛かって居るようで非常に嬉しくなってしまう。我々は動物園を出でて、宿屋常盤旅館に入った。

⑥南山より望む京城市街（【学】C）→地図A－② （本書152頁参照）

⑦朝鮮神宮（【学】C）→地図A－②

一九三九年七月三〇日

本日は快晴で極めて暑い。八時頃、我々が出発の支度をしている所へ、高三の李君が来訪され、八時半の貸切遊覧バスで行かれることになる。

宿を出て南大門を右手に見ながら暫く行くと南山（⑥）が見える。南山の中腹にはご祭神を天照大神、明治天帝とする荘厳な朝鮮神宮（⑦）がある。「伊勢大廟と同様寝殿造り」と半島人の女性車掌が云う。神宮附近は中腹のために市城の俯瞰には最適の地で、暫く説明を聞く。南山を降りて下車、京城で最古と云われる小学校を見ながら博文寺⑧へ行く。これは読んで名の如く伊藤博文公の菩提寺で、急勾配の石段がある。御寺はコンクリート建ての建立もきわめて新しいもの。その中央には舎利を安置するとか。

総督府⑨を訪れる。今日は休みとの事で館内は凡そガランとして無気味である。此処は実に堂々たるコンクリートの五階建て、約一〇年の年月と六〇〇万円の費用を以って造られたもので、中央ホールは大理石であって物凄く立派である。ホールの壁画には、日本中世時代と朝鮮古代の風俗の比較をした絵画、三保の松原の天女と金剛山の天女の伝説を対象とした絵があり、何れも我々の目を奪うに十分なものであった。更に又《また》、寺内・斉藤両総督の椅子に掛けられた等身大の銅像が左右に並んで居る。

総督室を見て後、総督府の裏手にある景福宮⑩を見学する。此処は宮殿で、建設中最大のものは勤政殿⑪といって朝見式のおこなわれた所である。

その後方には君臣の宴会場として用いられ、東西一九間、南北一〇間、高さ一〇尺の石柱数十本に支えられた会楼⑫がある。しかも佳勝の地である。慶会楼の横手には博物館⑬がある。陳列品は各時代の仏像、工芸品、書画等で、その他には瓦、或いは棺等の遺物あり。館長さんはこれに加えて平壌の古墳のことを話された。次いで美術館へ行く。美術館は古美術品と近代美術館とに分かれて居り、前者には青磁白磁等あり、後者には彫刻が多かった。（中略）館内実に三七度を超え、加えるに空腹とのために一行はグロッキー、フラフラである。一室見ては顔見合わせる。されど先生は一人悠然として見学されて居た様であった。

一時過ぎ、又バスでパゴダ公園⑭へ行く。元、円覚寺があった所で、有名な石塔がある。塔は先端が折れて、折れて居る部分は地上に横たえられて居る。この「パゴダ」なる名は石塔から出たそうである。公園そのものは大して広くない。

パゴダ公園を最後に京城の見学を終えることにして、旅館に帰る。一同はヘトヘトにへばってしまったが、「昼食」の声に猛然と元気を取り返して暑い午後の日光の下を、李君にご馳走になりに行く。唯一の冷房のある食堂で、特に食後のコーヒーに一同目が覚めたようになり、先ほどのへまりは何所へやら、誰のへまったあのときがどうだったとか何とか、勝手なお話を始める。元気を全く回復して旅館へ帰り、出発まで休む。

⑧博文寺（現・新羅ホテル迎賓館）（【学】C）→地図A－⑩

⑨朝鮮総督府庁舎（【学】C）→地図A－⑨　（158頁参照）

⑩⑪景福宮勤政殿（【学】C）→地図A－③　（153頁参照）

⑫慶会楼(【学】C) →地図A－③

三時前、駅⑮に着く。駅は猛烈な混雑と暑さである。汽車は新京行各等急行、その名を「ひかり」と云う。物凄い満員、車中の通路は人で一杯、之で平壌まで五時間揺られるのかと悲壮な決心を以って何とか乗り込む。勿論《もちろん》車中には入れないので仕方なく、それこそ止むを得ず我慢して便所の側で、余り人の来ない所へトランクをおろし、これを腰掛け代用とした。三時二〇分、この満員列車は李王家、総督府の方々や、李君と別れを惜しみつつ発車した。停車してもなかなか空かぬ。しかし先刻の昼食の故か一同元気旺盛である。入り口の所に尻の痛い腰掛を気にしつつ時間は経つ。併し暑い。猛烈な暑さである。

（金耿昊・小志戸前宏茂）

（ソウルの古写真の出典は、学習院大学図書館所蔵、朝鮮総督府『朝鮮』一九二五年による。）

⑬総督府博物館(【学】不明)

⑮京城駅(【学】C) →地図A－⑤

⑭タプコル公園(またはパゴダ公園)・寒水石十層塔(【学】不明) →地図A－⑭

絵葉書のタイトルは「東洋唯一の閘門式築港　仁川港」となっている。閘門式の港は現在でも世界的に見て珍しい。(【学】C)

仁川《インチョン》・水原《スウォン》

ソウル近郊の都市

Incheon　Suwon

仁川・水原ともに京畿道《キョンギド》の都市で、首都ソウルの近郊都市として韓国の首都圏の一部となっている。

仁川はソウルの西部に位置し、ソウルと隣接している。一八七五年の開港以降、ソウルの外港として発展した。二〇〇一年には仁川国際空港が開港し韓国の空の玄関口としても有名。

[仁川港](【図】③) 仁川港は干満の差が激しく、船舶の入港や港湾作業に不便なため、パナマ運河を参考にして、干満差を調節する閘門式の埠頭を建設した。

仁川は一八七五年の日朝修好条規による開港地の一つとなり、一八八三年には日本人の専管居留地が置かれた。仁川港のある地域は開港前には済物浦《チェムルポ》と呼ばれる小さな漁村であったが、開港後は都である漢城（ソウル）の外港として重要な位置を占めるようになり、京仁鉄道の敷設とともに貿易港として成長した。仁川港には一八八三年に清の租界も設置

[仁川郵便局](上:【図】③　左:2015年筆者撮影) 1924年完成、現在も仁川中洞郵便局として利用されている。1982年に仁川広域市有形文化財第7号に指定された。

左上下：[八達門]（上：【図】①　下：2015年筆者撮影）
右上下：[華虹門]（上：【図】②　下：2015年筆者撮影）ともに水原華城の城門。八達門は南門にあたる。華虹門は7つのアーチを持つ水門で、城の北側に位置する。

[水原牛市場]（【図】③）水原には華城築城作業のため牛が集められたが、のちに牛市場が開かれた。植民地期には朝鮮最大の牛市場となり、解放後も1970年代ころまで存在していた。水原の名物として「水原カルビ」が有名だが、この地に牛市場があったことが由来とされている。

され、貿易面では日本と清とが競合していたが、日清・日露戦争以後は清の影響力が後退し、日本の市場独占が進んだ。こののち、仁川港の地位は、京釜線開通や木浦《モクポ》・馬山《マサン》・群山《クンサン》の開港により相対的に低下したが、京城との距離が近いという地理条件のもとに京仁工業地帯を形成し、精米・紡績・鉄道車両などの工業を発達させた。仁川港には一九一八年に閘《こう》門《もん》式の埠頭が建設されて港湾機能が強化され、京仁工業地帯を支える港湾として成長した。

水原はソウルの南に位置し、ソウルとは約三五キロ離れている。一九六七年には京畿道庁がソウルからここに移転した（道は韓国の第一級地方行政区画）。一八世紀に朝鮮王朝第二二代国王・正祖《チョンジョ》が華城《ファソン》を造った都市としても有名で、近代以降ソウル近郊の観光地ともなった。水原華城は一七九三年から築城が開始され、九六年に完成した。実学の隆盛を受けて西欧の築城技術が取り入れられている。設計は実学に通じた丁若鏞《チョンヤギョン》（一七六二～一八三六）がおこなった。植民地期から朝鮮戦争の時期にかけて城壁の相当部分が破壊・損失したが、一九七五年から七九年の復元工事により往時の姿を取り戻した。一九九七年にはユネスコ世界遺産に登録されている。

（小志戸前宏茂・金耿昊）

あの作品の舞台⑪

ドラマ「イ・サン」

朝鮮王朝の第二二代国王である正祖（イ・サン）を主人公とした時代劇ドラマ。イ・サンが国王になるまでの朝廷内の勢力争いや、即位後も命を狙われながらも理想とする政治をおこなうための改革を進めてゆく姿などを描いた。

ドラマの後半で正祖は水原を新たな都とするため水原に華城を造り、完成後に行幸するシーンが登場する。一部のロケも実際に水原でおこなわれた。全七七話。

（出演：イ・ソジン、ハン・ジミン、イ・ジョンス、イ・スンジェ他／監督：イ・ビョンフン（「宮廷女官　チャングムの誓い」）／制作：MBC（韓国）／放映：二〇〇七～〇八年、（韓国）二〇〇八～〇九年（日本））

（仁川・水原の古写真の出典は、学習院大学図書館所蔵、①朝鮮風俗研究会『朝鮮風俗風景写真帖』一九二〇年、②朝鮮総督府『写真帖　朝鮮』一九二一年、③朝鮮総督府『朝鮮』一九二五年による。）

慶州《キョンジュ》・大邱《テグ》

慶尚北道《キョンサンプクト》の都市

[仏国寺]（上:【図】②　下:【学】C）吐含山中腹にある仏教寺院。創建は6世紀頃新羅法興王代、景徳王代の751年に伽藍が大規模に拡充されたと伝えられる。伽藍配置は日本の薬師寺と同じ双塔式で、東西二部に伽藍が営まれている。石築壇、基壇、礎石は新羅時代のものであるが、大雄殿、極楽殿、紫霞門などの建物は朝鮮王朝中期の再建であった。1972年にこれらの様式を統一して伽藍全体の復元がなされた。

慶州は慶尚北道に位置し、七世紀に新羅の都が置かれた都市（金城《クムソン》）であった。そのため慶州には主に武烈王陵《ムヨルワン》などの新羅時代に造られた古墳や仏国寺《プルグクサ》など、仏教関連の史跡が多く残されており、「屋根のない博物館」とも称される。近代以降は遺跡が多く残る古都として、観光地ともなった。

慶州には現在、三件のユネスコ世界遺産が存在する。一九九五年に「石窟庵《ソックラム》と仏国寺」が韓国初の世界遺産に登録され、続いて二〇〇〇年に瞻星台《チョムソンデ》や芬皇寺《プナンサ》を含む慶州周辺の新羅時代の古墳や史跡が「慶州歴史地域」として登録された。さらに二〇一〇年には、慶州市北部にある朝鮮時代の両班《ヤンバン》の伝統的生活様式を残す良洞《ヤンドン》村が、安東の河回《ハフェ》村とともに、「大韓民国の歴史的村落：河回と良洞」として登録された。

[石窟庵]（【図】②）吐含山の中腹、仏国寺から少し登ったところに位置する仏教遺跡。751年に景徳王の宰相である金大城が仏国寺の拡張とともに創建。花崗岩を積み上げた人口石窟である、本尊の釈迦如来坐像を中心に39の仏像彫刻が配置され、統一新羅時代の仏教美術を代表する文化財である。植民地期のセメント補修の影響で換気ができなくなり腐食が進むなどの問題が起きたため、1960年代に大規模な改修工事が施され、現在本尊はガラス越しの鑑賞となる。1995年に仏国寺とともにユネスコ世界遺産に登録された。

左：[瞻星台]（【図】①）『三国遺事』に記述のある善徳女王の時代に建てられた天文台という説が有力で、東洋最初の天文台として韓国の国宝第31号に指定されている。
右：[三層石塔（芬皇寺）]（【図】①）善徳女王の時代に建立された芬皇寺にある仏塔。芬皇寺には多くの建物が立っていたが、モンゴルや豊臣秀吉の侵略などで消失したといわれる。写真の石塔も本来は7層あるいは9層の塔であった。新羅で初めて造られた石塔で、韓国の国宝第30号に指定されている。

[武烈王陵]（【図】①）写真は王陵の前にある石碑のもの。石碑は亀をかたどった台座（亀趺）の上に龍を彫った碑首が乗っている。本来は碑首の上に碑が置かれていたが現在は消失している。碑首に彫られた文字から新羅の第29代国王である武烈王の陵と判明した。現在は石碑には屋根が掛けられている。

慶州から西におよそ七〇キロ離れた大邱は慶尚北道の中心都市として発展、植民地期は道庁所在地・大邱府となった。現在は行政区画上では慶尚北道から分離し大邱広域市となっている。ソウル・釜山・仁川についで韓国で四番目に人口が多い都市である。夏の暑さでも有名。

大邱は慶尚道の中心都市として市場が発展し、朝鮮時代には平壌《ピョンヤン》・江景《カンギョン》と並び朝鮮三大市場の一つといわれた。現在でも西門市場、薬令市などの市場があり、多くの人が訪れる。

（小志戸前宏茂）

◀[大邱市街]（【図】①）1905年に大邱駅が開業すると、大邱に住む日本人は増加し、大邱駅から西に延びる北城路には日本人街が形成された。

▼[大邱の市場]（左下：【図】②、右下：【図】③）大邱の市場は朝鮮でも特に大規模なことで知られ、写真も多く残っている。

あの作品の舞台⑫

ドラマ「善徳女王」

七世紀、新羅の第二七代国王として朝鮮で初めて女性統治者となった善徳女王の生涯を描いた時代劇ドラマ。第二四代真興王の側室となって以来宮廷内の権力を握るミシルとトンマン（のちの善徳女王）との争いを軸に物語が進んでいく。新羅の都であった慶州が主な舞台となった。二五〇億ウォンの製作費が投入されており、慶州にも撮影のためのセットが造られた。華麗な衣装も見どころ。全六二話。

（出演：イ・ヨウォン、コ・ヒョンジン、オム・テウン、パク・イェジン他／制作：ＭＢＣ（韓国）／放映：二〇〇九年（韓国）、二〇〇九～一一年（日本））

（慶州・大邱の古写真の出典は、学習院大学図書館所蔵、①朝鮮風俗研究会『朝鮮風俗風景写真帖』一九二〇年、②朝鮮総督府『写真帖　朝鮮』一九二一年、③朝鮮総督府『朝鮮』一九二五年による。）

釜山《プサン》 港湾都市

[釜山港]（【学】C）釜山港では船を降りた正面に鉄道駅があり、「船車連絡」がおこなわれていた。

[通度寺の金剛戒壇]（2013年筆者撮影）

上・下：[釜山港]　中：[通度寺]（【図】①）通度寺は釜山の北隣、梁山市にある古刹。建立は新羅時代で、唐で修業した慈蔵が仏舎利を持ち帰り金剛戒壇にこれを収めた。このため本堂である大雄殿には仏像が無い。大雄殿は豊臣秀吉が朝鮮に攻め込んだ際焼失しており、現存のものは朝鮮時代に再建されたもので、金剛戒壇とともに韓国の国宝第290号に指定されている。

釜山は朝鮮王朝時代から草梁地域に倭館がおかれていたことから、対馬藩を通じて江戸幕府との外交・通商窓口になっていた地域であった。一八七五年の日朝修好条規によって開港地の一つとなると翌年には日本人の専管居留地が置かれることになった。

釜山ではこれを契機に日本人居留者が急増し、仁川《インチョン》とともに朝鮮の二大貿易港として発展することになった。特に京釜線の敷設や関釜連絡船の就航によって釜山港は日本と直結した「表玄関」として朝鮮の貿易港の中でも圧倒的な地位を占めるようになり、その貿易額は一九三五年時点では全朝鮮の三五パーセント、一九四四年には四五パーセントにのぼっていたといわれている。

[梵魚寺]（【図】①）釜山郊外にある寺院。新羅時代の678年に建立。

[京釜線]（【図】②）京城（ソウル）と釜山を結ぶ路線。日露戦争開戦後に突貫工事がおこなわれ、1905年に開通した。京城と新義州を結ぶ京義線とともに朝鮮半島の幹線として日本の大陸政策のため重要視された。

[東莱温泉]（左:【図】①　右:【図】③）『三国遺事』にも登場する古くから有名な温泉であったが、植民地期に鉄道が開通し観光地として開発された。

上:[海雲台温泉]（【図】①）　下:[海雲台の海岸]
（2013年筆者撮影）

朝鮮戦争時には、ソウル陥落により韓国の臨時首都となり、全国から避難民が集まった。現在は韓国第二の都市で、人口は約三五〇万人。釜山港は韓国最大の港であり、世界でも有数のコンテナ港である。

釜山北部の東莱《トンネ》には、小高い山に囲まれた古くから知られる温泉地がある。ここより北の山地の中には、新羅時代に建てられた梵魚寺《ポモサ》や通度寺《トンドサ》といった仏教寺院が点在している。

釜山東部の海岸沿いにある海雲台《ヘウンデ》も古くから温泉が知られていたが、近代以降は観光地として開発された。現在は、ホテルが建ち並び、海水浴場が整備され、国際映画祭の会場ともなるなど、韓国有数のリゾート地となっている。

（小志戸前宏茂）

（釜山の古写真の出典は、学習院大学図書館所蔵、①朝鮮風俗研究会『朝鮮風俗風景写真帖』一九二〇年、②朝鮮総督府『写真帖　朝鮮』一九二一年、③朝鮮総督府『朝鮮』一九二五年による。）

平壌《ピョンヤン》

朝鮮半島第二の都市

[乙蜜台から大同江を望む]→地図A－① 陵羅島水源地を越して航空隊基地、その向こうにはガス会社、企業がみえる。(c. 1930s)

[旧市街]→地図A－② 朝鮮人向けの市場や旅館がひしめき、さまざまな性別、年齢の白衣姿の人びとであふれている。(c. 1920-30s)

六世紀、南北に流れる大同江《テドンガン》の西側に高句麗の首府として平壌城《ピョンヤン》が築造された。平壌城は、北城、内城、中城、外城からなり、総面積約一二平方キロもある広大な城郭都市であった。一九一〇年の韓国併合後、平壌府と改められて、二一年には釜山府をぬいて朝鮮半島第二の人口を有する商工業都市となった。

乙蜜台

平壌は、李氏朝鮮末期の一八九六年に平安南道の首邑とされ、一九一〇年の韓国併合時には道庁所在地として位置づけられた。当時から伝わる平壌の八景とは、牡丹峰《ぼたんほう》（モランボン）の乙蜜台《ウルミルデ》、浮碧楼《プビョンヌ》、永明寺、普通江、大同江、大同門から鐘路への道にあった池、龍岳山、大同江の馬灘《ばたん》とであった。とりわけ乙密台からの景色はすばらしく、そこから見える大同江とともに、絵葉書にはよくとりあげられた。一九一三年一月には、牡丹峰で平壌神社の鎮座式がおこなわれた。御神体は天照大神・国魂大神である。一九一六年五月に正式に神社となり、新しい社殿も三六年に建造された。

大和町

北城、内城は旧市街として朝鮮人の居住区、中城の南側に形成された新市街は日本人の集住区といった棲み分けがあった。

平壌への日本人の移住は、日清戦争後にはじまる。当時の日本人は、大同門《テドンムン》附近の城内に一〇〇名あまりが住んでいたにすぎなかったが、一九〇五年日露戦争終了後に本格的な移住が始まると、〇六年にはその一六倍以上に膨れ上がった。城外には新市街が形成され、ここに日本人の商店、病院、郵便局などもでき、上水道が整備されていった。平壌の植民地行政の中心は、この新市街、とくに大和町にあった。そのため、平壌の絵葉書には、しばしば大和町がとりあげられている。

一九二二年以降も人口が増えつづけたため、第一期市区改正が実施された。平壌停車場から新市街を縦貫し、平壌神社方面に至る南北方向の連絡工事がおこなわれ、大和町通、

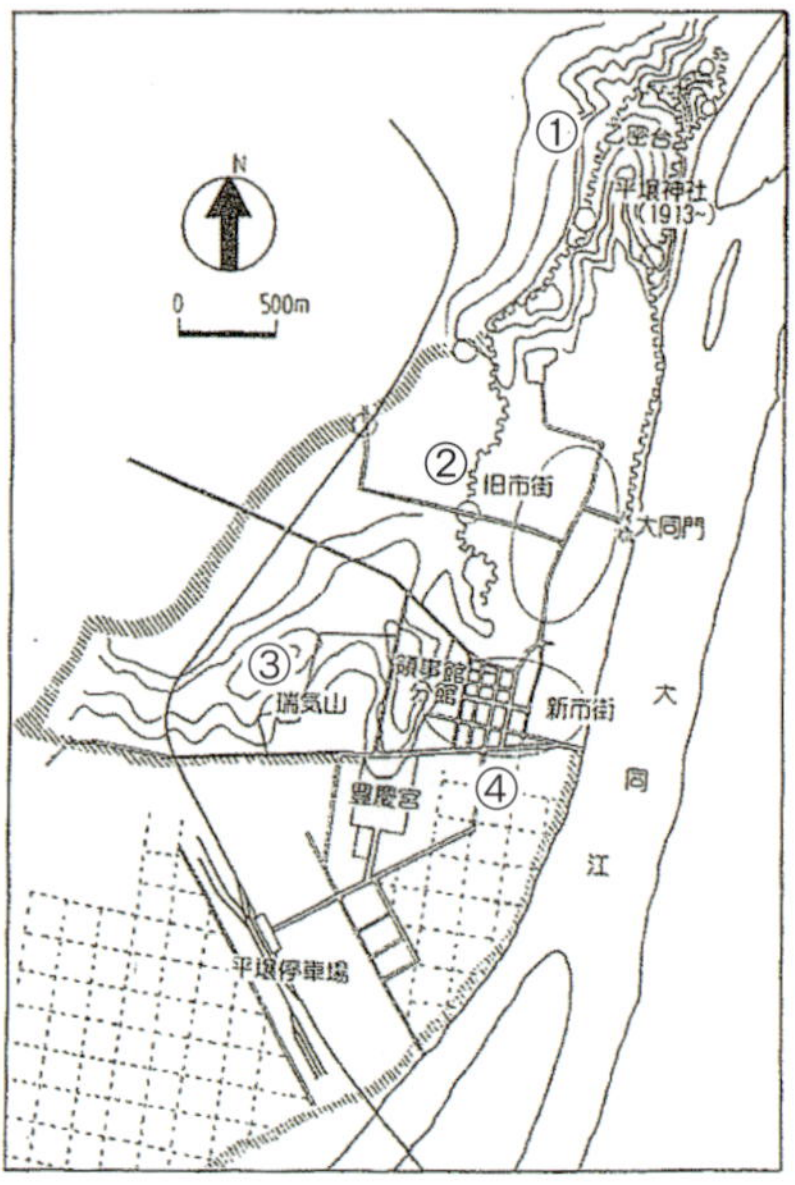

地図A　1909年頃の平壌市街図（五島寧「日本統治下の平壌における街路整備に関する研究」『土木史研究』14号、1994年、4頁）

[平壌鉄道ホテル]→A－③　地図1922年12月に開業した鉄道局直営ホテル。文化施設を完備していた。(c. 1920-30s)　瑞気山公園山麓にあった。

[大和町通]→地図A－④　新市街で最も繁華な通り。停留場「府庁前」に止まる路面電車。写真を拡大すると、「サクラビール」「プラトン文具」「少年倶楽部」など日本語の幟や看板が目立つ。(c. 1920-30s)

南門通の一部にも舗装がなされた。当時の平壌は、京城とは違って、道路のほとんどが砂利道であったし、道路幅は驚くほど狭かった。一九二七年からの第二期市区改正事業によって市区中心部の街路網の骨格は完成する。

鉄道ホテル

日露戦争のとき、軍用鉄道として京城と新義州をむすぶ京義線が敷設され、大同江に架橋されると、新市街から二キロほど離れた場所に平壌停車場が設置された。この駅周辺にも日本人が集住し、工場や官舎、兵営などの建物が集中した。

平壌駅から自動車で約五分のところには、鉄道局が一九二二年一二月に開業した平壌鉄道ホテルがあった。もとの木造旅館柳屋に洋館を増築したホテルである。ここの文化施設はサロンとしても利用された。

路面電車

新市街と平壌停車駅附近という二つの日本人町が離れていたため、住民は生活上の不便を訴えていた。そこで一九〇五年、平壌停車場前から大和町をむすぶ軌道交通が設置されたが、一〇年ほどで廃線となった。

つぎに登場するのが、平壌の絵葉書によく見られる路面電車である。一九二三年四月に平壌駅から新倉里まで複線ではじまり、当初は定員四〇名の車両一〇両で運行された。まもなく大同江の人道橋が開通すると、平壌郵便局前から分岐して橋の向こう側までの単線を敷設した。その後、一九二五年、二七年にも新線の敷設や複線化がおこなわれ、大同江対岸に工業地や航空隊が設置されると、船橋里にまで拡張された。一九三〇年には西平壌駅まで延長されて、市街を南北に縦断した。

一九四五年八月一五日、ラジオから終戦の勅諭が流された日の夜、平壌神社は放火により焼失した。その日、のち作家となる五木寛之《いつきひろゆき》(一九三二〜)は、平壌の町にいた。五木は、『運命の足音』(二〇〇二年)のなかで、次のように綴っている。

> 戦争に負けるという経験は、私たち日本人にとっては、はじめてのことである。しかも情けないことに、いままで植民地として支配していた土地で敗戦国の国民になることの重い意味が、私たちにはぜんぜん理解できなかったのだ。/要領のいい人たちや、政府高官の家族たちが、敗戦の直前から大きな荷物と一緒に続々と脱出しつつあることもまったく知らなかった。私たち一般市民は事態《じたい》にどう対処《たいしょ》していいかわからぬまま、政府の指示をぼうぜんと、ただ待っていたのである。
>
> (一三〜一四頁)

一九四八年九月に朝鮮民主主義人民共和国が成立すると、平壌は臨時首都として変貌していく(首都に位置づけられたのは一九七二年)。大和町通は勝利通りと改名し、トロリーバスやトラムが走っている。牡丹峰は公園となり、平壌神社の跡地には牡丹峰劇場が建てられている。朝鮮戦争の際、米軍による空爆の被害は甚大だったが、都市区画、線路、駅舎の位置は変わってはいない。

(貴志俊彦)

(平壌の写真画像の出典は、京都大学東南アジア地域研究研究所グローカル情報ネットワーク「戦前期東アジア絵はがきデータベース」による。)

旅のおわりに――描かれた近代都市・建築をめぐって

貴志俊彦

京都大学東南アジア地域研究研究所が公開する
Linked Archive of Asian Postcards
（http://asian-postcards.mydatabase.jp/）

本書は、画像研究、都市・建築研究、観光研究、文学研究を接合する意欲的な試みである。各論考は、戦前の絵葉書や写真が中国や台湾、シベリアや朝鮮半島、南洋への関心を高め、異国の旅への恋慕、海外への移住や資本投資への夢をいざなう役割をもはたす社会的記号であったことを示唆している。

いうまでもなく、近年の画像研究の進展は目覚しく、絵葉書や古写真などのメディアも文化資源であるという認識は研究者にも共有されつつある。この種の非文字メディアが描くイメージは、建築や都市、景観との親和性がもとより高い。土木学会は、早くからこうした点に注目して独自のデジタルアーカイブを公開しているし、[1]本書の執筆陣も学習院大学の所蔵資料を渉猟して、その点を検証している。

筆者が近年の画像研究の展望に期待するのは、ウェブ上でも画像の国際的な共有が可能になったことがある。写真の共有を目的としてYahoo!が運営するFlickrはよく知られているが、京都大学東南アジア地域研究研究所グローカル情報ネットワークも、米国ラファイエット大学のポール・バークレイ教授とともに、それぞれの絵葉書データベースを国際的に連携させる「Linked Archive of Asian Postcards」の構築を進めている（上図参照）。

ところが、画像へのアクセスを標準化し、画像の相互運用を容易にするトリプルアイエフ（International Image Interoperability Framework（IIIF））が登場すると、世界の著名な大学図書館や大英図書館、バチカンの図書館もが、この方式を採用することに踏み切った（次頁の左上図参照）。[2]トリプルアイエフは、世界各地に孤立し、散逸した画像資料を容易に連携できる画期的なフレームワークなのである。国際的な画像資料の共有によって、日本では絵葉書研究が「帝国」圏にとどまっていた段階から、世界各地で作成された画像資料との国際比較に着手する条件が整った。こうなると、絵葉書に描かれたイメージは、利用者の主観的解釈ではなく、数量的な分析をもとに検証ができるようになるだろう。

さらに、画像資料の可視化の方法も多様になりつつある。AI技術を用いて白黒画像を自動で色彩化できる技術も開発が進められ、[3]またこれをSNSやGoogle Earthと組み合わせて、人びとの失いつつある記憶の呼び起こしにチャレンジする試みも進められている。[4]いま一つの斬新な可視化の手法は、第二次世界大戦の写真と現在のそれとを重ね合わせる「The Ghosts of World War II」、[5]鎌倉の「今」と「昔」の写真を容易に切り替えることができるアプリ「鎌倉今昔写真」、[6]そしてフォトグラメトリーを用いて都市景観を3D化して再現しようとするプロジェクト「1964 TOKYO VR」[7]などがあるが、共通しているのは過去と現在の往来を容易にするという手法である。こうした画像の可視化の

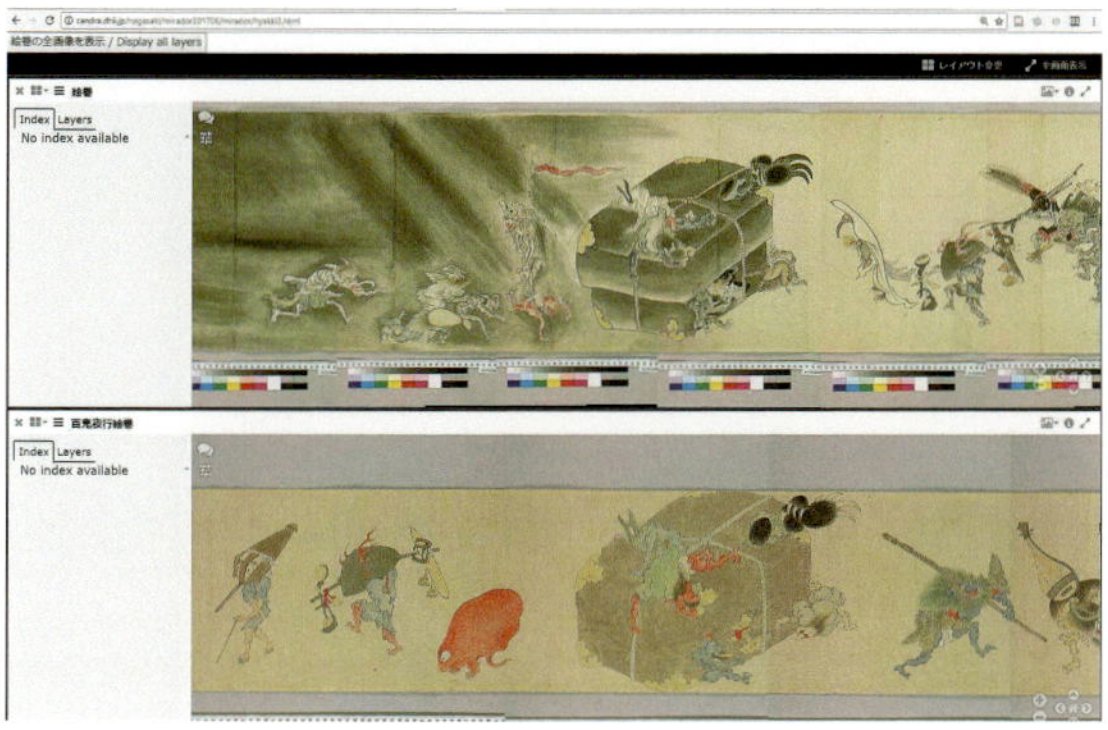

IIIFのビューワーで作成された百鬼夜行絵巻（作成：永崎研宣）

試みは、イメージが特定の意味内容に固定されるものではなく、時代の記憶や使用場所、思念によって変異することを示唆している。

ただ、今さら言うまでもなく、コンピュータ技術による画像分析や可視化だけで、そこに描かれた対象物の意味や意義を明らかにできるわけではない。画像研究は、文字資料や証言、フィールド調査などがあってはじめて成立するのである。都市や建築を語る場合は、設計や建築に携わった各企業の設計図・施工図、資材に関する記録、行政機関の都市計画・整備に関する文書、当該地で発行された新聞、関係者が発行した雑誌、さらにはそれぞれの都市を訪れた人びとの日記、文学、旅行記、手紙などが、検証のための重要な素材であり続けている。デジタル技術の有用性が認識される前にも、すでに藤森照信グループが中国の研究者とともに、『中国近代建築総覧』全一三巻、一九八九年（中国近代建築史研究会・日本アジア近代建築史研究会）、一九九二～九六年（中国建築工業出版社）などを発表し、各種文書や非文字メディア、悉皆《しっかい》調査に基づき、都市や建築の意味を明らかにしつつあった。[8]

むろん、本書には少なからず課題もある。取り上げられた都市の住民、そこを訪れた人びとは、日本人だけではなかったはずであり、国際都市や交錯する文化都市としての多様な側面についての検証が必要であったろうし、そのためには多言語資料、「帝国」圏以外で発行された非文字メディアの利用が不可欠であった。本書を手がかりとして、画像、都市・建築、観光などの研究を進めるにあたっては、デジタルリテラシーの向上に努めるとともに、マルチアーカイブを援用する人文学的な研究手法の習得をぜひ志していただければと思う。

ただ本書が示すように、多様な機能を備える都市や建築が今日の社会にとっていかなる「遺産」としての意味を持ちうるのかを見出そうとする点は、今後も継承されてよい。「旅」というソフトなアクティビティを前面にだしながらも、突き詰めていうと、その背後には簡単に建築を破壊する日本の社会、歴史的意義を看過したままリノベーションを進める中国の文化への現代的批判が秘められているからである。

注

（1）「土木図書館デジタルアーカイブス」http://www.jsce.or.jp/library/archives/index.html。

（2）高野明彦（国立情報学研究所）、北本朝展（人文学オープンデータ共同利用センター）、永崎研宣（一般財団法人人文情報学研究所）らが中心となって、日本におけるトリプルアイエフの開発や啓蒙普及活動を進めている（http://iiif.jp/）。

（3）石川博（早稲田大学）たちのディープネットワークを用いた手法があげられる（http://hi.cs.waseda.ac.jp:8082/）。

（4）渡邉英徳（首都大学東京）は、資料の〝フロー〟化とコミュニケーションの創発による記憶の継承を試みる手法を「記憶の解凍」と呼んでいる（https://twitter.com/hwtnv）。

（5）「Ghosts of History」（https://www.facebook.com/thenandnowghostsofhistory）。

（6）面白法人カヤック「鎌倉今昔写真」（https://www.kayac.com/service/client/1401）。

（7）この試みは、齋藤精一（ライゾマティクス）、土屋敏男（日本テレビ）、永田大輔（DISTANT DRUMS）らが発足させた一般社団法人1964 TOKYO VRによって進められている（https://1964tokyo-vr.org/）。

（8）このほか、村松伸『上海――都市と建築一八四二―一九四九年』（PARCO出版局、一九九一年）、汪坦・藤森照信監修『全調査 東アジア近代の都市と建築』（筑摩書房、一九九六年）のほか、越沢明『満州国の首都計画――東京の現在と未来を問う』（日本経済評論社、一九八八年）、西沢泰彦『海を渡った日本人建築家――二〇世紀前半の中国東北地方における建築活動』（彰国社、一九九六年）なども、いまや不可欠の入門書である。

読者のためのブックガイド

◉全体にかかわるもの

青井哲人『植民地神社と帝国日本』（吉川弘文館、二〇〇五年）
芥川竜之介著『芥川竜之介紀行文集』（山田俊治編、岩波書店、二〇一七年）
有山輝雄『海外観光旅行の誕生』（吉川弘文館、二〇〇一年）
伊藤真実子・村松弘一編『世界の蒐集――アジアをめぐる博物館・博覧会・海外旅行』（山川出版社、二〇一四年）
王成・小峯和明編『東アジアにおける旅の表象――異文化交流の文学史』アジア遊学一八二号（勉誠出版、二〇一五年）
大西国太郎・朱自煊編『中国の歴史都市――これからの景観保存と町並みの再生へ』（井上直美監訳、鹿島出版会、二〇〇一年）
学習院大学国際研究教育機構『アジアを観る――学習院大学所蔵古写真・絵葉書・ガラス乾板』（学習院大学、二〇一五年）
加藤祐三編『アジアの都市と建築』（鹿島出版社、一九八六年）
倉橋幸彦編『書斎ニテ中国ニ遊ブ――戦前中国旅行ガイド200』（好文出版、二〇一三年）
小牟田哲彦監修『旧日本領の鉄道』（講談社、二〇一一年）
小牟田哲彦『大日本帝国の海外鉄道』（東京堂出版、二〇一五年）
塩出浩之『越境者の政治史――アジア太平洋における日本人の移民と植民』（名古屋大学出版会、二〇一五年）
斯波義信『中国都市史』（東京大学出版会、二〇〇二年）
高橋泰隆『日本植民地鉄道史論――台湾、朝鮮、満州、華北、華中鉄道の経営史的研究』（日本経済評論社、一九九五年）
高村雅彦『世界史リブレット8　中国の都市空間を読む』（山川出版社、二〇〇〇年）
富田昭次『絵はがきで見る日本近代』（青弓社、二〇〇五年）
中西僚太郎・関戸明子編『近代日本の視覚的経験――絵地図と古写真の世界』（ナカニシヤ出版、二〇〇八年）
朴美貞・長谷川怜編『日本帝国の表象：生成・記憶・継承』（えにし書房、二〇一六年）
藤森照信・汪坦『全調査東アジア近代の都市と建築』（筑摩書房、一九九六年）
松浦章『汽船の時代と航路案内』（清文堂出版、二〇一七年）
若林純『謎の探検家　菅野力夫』（青弓社、二〇一〇年）
若林宣『帝国日本の交通網――つながらなかった大東亜共栄圏』（青弓社、二〇一六年）
和田博文・黄翠娥編『〈異郷〉としての大連・上海・台北』（勉誠出版、二〇一五年）

◉中国東北部（旧満洲）

一ノ瀬俊也『旅順と南京――日中五十年戦争の起源』（文藝春秋、二〇〇七年）
貴志俊彦『満洲国のビジュアル・メディア――ポスター・絵はがき・切手』（吉川弘文館、二〇一〇年）
木村遼次『大連物語』（謙光社、一九七二年）
越澤明『満州国の首都計画――東京の現在と未来を問う』（筑摩書房、一九八八年（ちくま学芸文庫、二〇〇二年））
大連市史編集委員会編『大連市史』（地久社、一九八九年）
高木宏之『写真で行く満洲鉄道の旅』（潮書房光人社、二〇一三年）
竹中憲一『大連歴史散歩』（皓星社、二〇〇七年）
竹葉丈編著『異郷のモダニズム――満洲写真全史』（国書刊行会、二〇一七年）
田中重光『大日本帝国の領事館建築――中国・満洲24の領事館と建築家』（相模書房、二〇〇七年）
西澤泰彦『海を渡った日本人建築家――二〇世紀前半の中国東北地方における建築活動』（彰国社、一九九六年）
――『図説「満洲」都市物語』（河出書房新社、一九九九年（増補改訂新版、二〇〇六年））
――『日本植民地建築論』（名古屋大学出版会、二〇〇八年）
――『東アジアの日本人建築家――世紀末から日中戦争』（柏書房、二〇一一年）
――『植民地建築紀行――満洲・朝鮮・台湾を歩く』（吉川弘文館、二〇一一年）
――『図説満鉄――「満洲」の巨人』（河出書房新社、二〇一五年、増補新装版）

◉華北

浅田進史『ドイツ統治下の青島――経済的自由主義と植民地社会秩序』（東京大学出版局、二〇一一年）
王軍『北京再造―古都の命運と建築家梁思成』（多田麻美訳、集広舎、二〇〇八年）
荻野純一・今井卓『青島と山東半島――〝ドイツの模範植民都市〟の虚像・実像』（日経BP出版センター、二〇〇七年）
貴志俊彦・白山眞理編『京都大学人文科学研究所所蔵華北交通写真資料集成』（全二巻、国書刊行会、二〇一六年）
倉沢進・李国慶『北京――皇都の歴史と空間』（中央公論新社、二〇〇七年）

陣内秀信・朱自暄・高村雅彦編『北京――都市空間を読む』（鹿島出版会、一九九八年）
瀬戸武彦『青島から来た兵士たち――第一次大戦とドイツ俘虜の実像』（同学社、二〇〇六年）
竹内実『世界の都市の物語9――北京』（文藝春秋、一九九二年（文春文庫、一九九九年）
バウワー、ヴォルフガング『植民都市・青島一九一四―一九三一――日・独・中政治経済の結節点』（大津留厚監訳、昭和堂、二〇〇七年）
日向康三郎『北京・山本照像館――西太后写真と日本人写真師』（雄山閣、二〇一五年）
柳沢遊・木村健二・浅田進史編著『日本帝国勢力圏の東アジア都市経済』（慶応義塾大学出版社、二〇一三年）
欒玉璽『青島の都市形成史：一八九七―一九四五――市場経済の形成と展開』（思文閣出版、二〇〇九年）

●華南

芦谷信和など編『作家のアジア体験――近代日本文学の陰画』（世界思想社、一九九二年）
伊原弘『蘇州――水生都市の過去と現在』（講談社、一九九三年）
榎本泰子『上海――多国籍都市の百年』（中公新書、二〇〇九年）
木之内誠『上海歴史ガイドマップ』（大修館書店（増補改訂版）、二〇一一年）
是永美樹『マカオの空間遺産――観光都市の形成と居住環境』（萌文社、二〇一七年）
司馬遼太郎『中国・江南のみち』（朝日新聞社、二〇〇五年）
陣内秀信編『中国の水郷都市――蘇州と周辺の水の文化』（鹿島出版会、一九九三年）
高橋孝助・古厩忠夫編『上海史――巨大都市の形成と人々の営み』（東方書店、一九九五年）
谷垣真理子・塩出浩和・容應萸編『変容する華南と華人ネットワークの現在』（風響社、二〇一四年）
陳祖恩『上海に生きた日本人――幕末から敗戦まで近代上海的日本居留民（一八六八―一九四五）』（大里浩秋他訳、大修館書店、二〇一〇年）
にむらじゅんこ・菊地和男『フレンチ上海――東洋のパリを訪ねる』（平凡社、二〇〇六年）
ベーコン、ウルスラ『ナチスから逃れたユダヤ人少女の上海日記』（和田まゆ子訳、祥伝社、二〇〇六年）
堀井弘一郎・木田隆文編『戦時上海グレーゾーン』アジア遊学二〇五号（勉誠出版、二〇一七年）
村松梢風『魔都』（ゆまに書房、二〇〇二年、初版は小西書店、一九二四年）
村松伸『上海――都市と建築　一八四二―一九四九年』（PARCO出版局、一九九一年）
――『図説上海――モダン都市の一五〇年』（増田彰久写真、河出書房新社、一九九八年）
劉建輝『魔都上海――日本知識人の「近代」体験』（ちくま学芸文庫、二〇一〇年）

●台湾

王惠君・二村悟『図説台湾都市物語』（後藤治監修、河出書房新社、二〇一〇年）
片倉佳史『古写真が語る台湾――日本統治時代の五〇年　一八九五―一九四五』（祥伝社、二〇一五年）
曽山毅『植民地台湾と近代ツーリズム』（青弓社、二〇〇三年）
陳柔縉『日本統治時代の台湾写真とエピソードで綴る一八九五―一九四五』（天野健太郎訳、PHP研究所、二〇一四年）

●朝鮮半島

川村湊『ソウル都市物語――歴史・文学・風景』（平凡社新書、二〇〇〇年）
坂元悠一・木村健二『近代植民地都市釜山』（桜井書店、二〇〇七年）
徐禎完・増尾伸一郎編『植民地朝鮮と帝国日本――民族・都市・文化』アジア遊学一三八号（勉誠出版、二〇一一年）
菅浩二『日本統治下の海外神社――神社と祭神』（弘文堂、二〇〇四年）
鄭在貞『帝国日本の植民地支配と韓国鉄道』（明石書店、二〇〇八年）
布野修司・韓三建ほか『韓国近代都市景観の形成――日本人移住漁村と鉄道町』（京都大学学術出版会、二〇一〇年）

●絵葉書集等

［日本］学習院大学史料館『絵葉書で読み解く大正時代』（彩流社、二〇一二年）
日本経済新聞社編『美しき日本の絵はがき展――ボストン美術館所蔵ローダー・コレクション』（日本経済新聞社、二〇〇四年）
［中国］鄭介初編著『北京旧影：老明信片記録的歴史』（北京：五洲伝播出版社、二〇〇八年）
［中国］立命館大学国際平和ミュージアム二〇一六年秋季特別展図録『絵葉書にみる日本と中国 一八九四―一九四五』（二〇一六年）
［中国］卞修躍主編『西方的中国影像（一七九三―一九四九）』全32巻64冊（合肥：黄山書社、二〇一六年）
［香港］『香港歴史明信片精選（1890s-1940s）』（香港：三聯書店有限公司、一九九三年）
［台湾］張良澤・高坂嘉玲主編『日治時期（一八九五―一九四五）絵葉書――台湾風景明信片』全三巻（台北：国立台湾図書館、二〇一三年）
［朝鮮］浦川和也編，崔吉城監修『絵葉書で見る近代朝鮮』全七巻（韓日対照）（朴昊遠、林維喜等訳、ソウル：民俗苑、二〇一七年）

［略歴］

●編者

村松弘一（むらまつ・こういち）

前・学習院大学国際研究教育機構教授。専門は中国古代史、東アジア環境史、近代中国文物史。

主な著書に、『知識は東アジアの海を渡った――学習院大学コレクションの世界』（共著、丸善プラネット、2010年）、『世界の蒐集――アジアをめぐる博物館・博覧会・海外旅行』（共編著、山川出版社、2014年）、『中国古代環境史の研究』（単著、汲古書院、2016年）、『馬が語る古代東アジア世界史』（共編著、汲古書院、2018年）などがある。

担当:「旅のはじめに」「西安」「台南」「旅の道標⑰」

貴志俊彦（きし・としひこ）

京都大学東南アジア地域研究研究所教授、日本学術会議連携会員。専門は20世紀東アジア史。

主な著書に、『満洲国のビジュアル・メディア――ポスター・絵はがき・切手』（吉川弘文館、2010年）、『東アジア流行歌アワー――越境する音 交錯する音楽人』（岩波書店、2013年）、『日中間海底ケーブルの戦後史――国交正常化と通信の再生』（吉川弘文館、2015年）など多数。

担当：「本書とあわせて」「香港」「平壌」「旅のおわりに」

●分担執筆者

学習院大学史料館　学芸員

長佐古美奈子（ながさこ・みなこ）

担当：「絵葉書の誕生」「旅の道標⑮」

学習院大学国際研究教育機構　ＰＤ共同研究員

犬飼崇人（いぬかい・たかひと）

担当：「青島」「上海」「旅の道標④⑩⑪⑫」

石野一晴（いしの・かずはる）

担当：「瀋陽」「長春」「旅の道標③⑤⑥」

金耿昊（きむ・きょんほ）

担当：「ソウル」「仁川・水原」

原信太郎アレシャンドレ（はら・しんたろう・あれしゃんどれ）

担当：「大連」「北京」「南京」「旅の道標①⑨⑬」

武藤那賀子（むとう・ながこ）

担当：「哈爾濱」「台北」「台中」「旅の道標②⑦⑧⑭⑯」

学習院大学国際研究教育機構　リサーチアシスタント

大知聖子（おおち・せいこ）

担当：「旅順」「済南」

金子元（かねこ・はじめ）

担当：「瀋陽」「旅の道標③④」

小志戸前宏茂（こしとまえ・ひろしげ）

担当：「ソウル」「仁川・水原」「慶州・大邱」「釜山」

小二田章（こにた・あきら）

担当：「杭州」

呉修喆（ご・しゅうてつ）

担当：「瀋陽」「撫順」「蘇州」

学習院大学国際研究教育機構ヴァーチャルミュージアム

「東アジアの都市における歴史遺産の保護と破壊――古写真と旅行記が語る近代」

http://www.gakushuin.ac.jp/univ/geore/research/2015a/index.html

担当：武藤那賀子

古《こ》写《しゃ》真《しん》・絵《え》葉《は》書《がき》で旅《たび》する東《ひがし》アジア150年《ねん》

2018年3月30日　初版発行

編　者　村松弘一・貴志俊彦

発行者　池嶋洋次

発行所　勉誠出版 株式会社

〒101-0051　東京都千代田区神田神保町 3-10-2

TEL：(03)5215-9021（代）　FAX：(03)5215-9025

〈出版詳細情報〉 http://bensei.jp

印刷・製本　中央精版印刷

ISBN978-4-585-22207-1　C0020